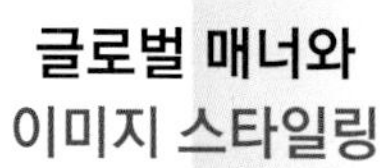

타문화 이해

글로벌 시대에 타 문화의 이해가 중요한 이유를 생각해 보라.

동서양 문화의 가장 큰 차이점은 무엇인가?

| 1 | 지구촌 시대의 국제 매너

- 지구촌 사회의 예절은 동서양 예절의 본질을 통합 절충하여 새로운 행동지침으로 마련되어야 한다. 개별성이 존중되는 동시에 타인과 화합이 가능하며 도덕적으로 질서 있는 사회를 이룰 수 있다.
- 개인보다는 공동체 삶을 우선한다. 우리는 공공질서의 교육에 관하여 어려서부터 철저한 교육을 받지 못하여 실례되는 행위를 하는 경우가 많다. 따라서 공동체 지향적인 예절의 확립을 도모해야 할 것이다.
- 수평적이고 평등적인 예절을 지향한다. 즉 민족, 문화, 성 등에 따른 차별이 있을 수 없다. 예를 들어 동양의 가부장제 문화에서 남성이 여성보다 우월한 지위에서 과도한 대접을 받았던 데서 벗어나 서양 중세의 기사도 정신에서 유래한 레이디 퍼스트를 토대로 남녀평등한 삶을 추구한다. 이와 같은 평등한 인간관계를 지향할 때 비로소 형식적인 예절은 사라지고 마음으로부터의 존경과 사랑이 담긴 예의 참뜻을 실현시킬 수 있다.
- 다른 문화를 인정하는 의식구조의 선진화가 필요하다. 평소에 가까운 동료나 이웃에 대한 관심과 배려 및 외국 문화를 직접 체험하려는 거시적인 노력도 필요하다.
- 지구촌 표준에 맞춰 예절의 형식을 변형시킨다. 실제 우리들의 태도나 수준이 이에 맞춰지고 변화하고 있는지를 되짚어 볼 필요가 있다.
- 좋은 매너가 좋은 분별력을 만든다는 이야기가 있듯이 언제나 시간과 장소 그리고 상황에 맞게 말하고 행동하며 복장을 착용해야 한다.
- 예절을 실천에 옮긴다. 예절은 행위로 표시되며 행위는 지켜야겠다는 강한 의지를 가지고 실천에 옮길 때 가능한 것이다. 따라서 어려서부터 교육을 통해서 국제 매너가 몸에 배도록 습관화해야 하며 급변하는 사회 경제 환경에 따라서 교육이 매우 중요하다.

타 문화의 이해는 매너를 익히는 데 가장 기본이 된다.

동양인들의 무표정이나 애매한 미소, 서양인들의 과장된 표정과 표현들은 언어를 통한 차이와 얼굴근육 발달 정도에 따라 차이가 있을 수 있으나 한 나라만이 가진 종교, 관습을 포함하는 문화적 산물이라고 할 수 있다.

문화에는 우열과 선악 또는 나쁨과 좋음이 아닌 구성원들이 만들어 놓은 약속이다. 즉, 다른 문화권에 형성되어 있는 우리와 다른 가치관과 삶의 양식을 이해함으로써 세계속의 글로벌 인재가 될 수 있을 것이다.

이처럼 한 개인을 매력적으로 만들어 주는 예절과 매너는 밝고 명랑한 사회를 실현하며 나아가 국가 이미지를 만드는 초석이 된다. 이러한 긍정적인 코리아브랜드 이미지를 만들기 위해 해야 할 가장 기본적인 것은 세계인들이 바라보는 우리의 모습을 객관적인 시각으로 한국인의 현 모습을 재조명하고 서로 다른 문화적 측면을 이해하고 존중하는 성숙된 매너인의 태도를 갖추는 일이다.

문화에는 우열과 선악 또는 나쁨과 좋음이 아닌 구성원들이 만들어 놓은 약속이다. 즉, 다른 문화권에 형성되어 있는 우리와 다른 가치관과 삶의 양식을 이해함으로써 세계속의 글로벌 인재가 될 수 있을 것이다.

이처럼 한 개인을 매력적으로 만들어 주는 예절과 매너는 밝고 명랑한 사회를 실현하며 나아가 국가 이미지를 만드는 초석이 된다. 이러한 긍정적인 코리아브랜드 이미지를 만들기 위해 해야 할 가장 기본적인 것은 세계인들이 바라보는 우리의 모습을 객관적인 시각으로 한국인의 현 모습을 재조명하고 서로 다른 문화적 측면을 이해하고 존중하는 성숙된 매너인의 태도를 갖추는 일이다.

누드비치 해변에서 지켜야 할 매너, 즉 약속은 무엇이 있을까요?
본인의 생각을 세 가지 이상 기재하여 봅시다.

누드 비치(Nude beach)는 옷을 입지 않는 해변

- 한 곳을 3초 이상 쳐다보지 않는다.
- 사람을 중심으로 사진을 찍어선 안 된다.
- 양해 없이 만지거나 혐오감을 주는 행위를 해선 안 된다.

출처: http://blog.daum.net/hs7005/6707264(김주희 국제매너 이미지 연구소)

| 2 | 동양 예절과 서양 매너

1 동서양 문화 발전 비교

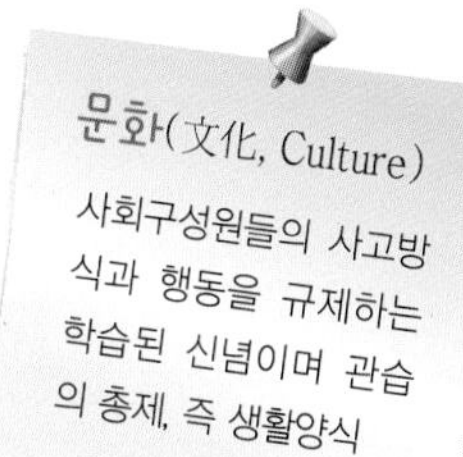

문화(文化, Culture)
사회구성원들의 사고방식과 행동을 규제하는 학습된 신념이며 관습의 총제, 즉 생활양식

(1) 동양 문화 발전

- 동아시아 대륙에서 생성되고 발달한 대륙문명
- 히말라야 산맥과 항해가 힘든 태평양 안에 지형적인 요소로 닫힌 세계속에 농업이 발달(폐쇄적이고 보수적)

  예 국을 먹을 때 숟가락을 밖에서 몸 안쪽으로 떠서 먹는다.
- 자연에 귀속된 인간으로서 조화의 문화로 발전

  예 자기소개 시 : 소속회사 ➔ 부서명 ➔ 직위 ➔ 이름 순으로 우리의 관계를 중시

(2) 서양 문화 발전

- 지중해의 해양을 중심으로 발달한 해양문화
- 지중해 바다를 항해하면서 열린 세계의 해항술이 발달(개방적)

  예 수프를 먹을 때 숟가락을 안에서 밖으로 떠서 먹는다.
- 인간과 자연의 분리 개념으로서 개체를 중시하는 문화로 발전

  예 자기소개 시 : 자신의 이름을 먼저 말함으로써 나를 중시

구분	동양	서양
주체	중국	유럽
환경	대륙(갇힌 세계)	해양(열린 세계)
자연에 대한 인식	변화	진화
인간과 인간과의 관계	관계에 중점을 두고 인간사회의 조화	개인의 중점을 두고 대립, 투쟁
인간과 자연과의 관계	조화(인간은 자연의 일부)	투쟁(인간과 자연의 분리)

정리해 보세요~

출처: 최영진, 동양과 서양의 세계의 사상 · 문화적 거리, 지식산업사, 1998

동양은 나는 집단의 일원이다 라는 인식이 강한 반면 서양은 나는 독립된 존재라는 가치관을 가지고 있다. 즉 동양 문화에서는 먼저 내가 속해있는 그룹이 있고 그 다음에 개인이 존재한다는 의식이 자연스럽게 형성되지만 그것이 결코 타 문화에도 적용되는 기준이 아니라는 것이다. 이처럼 다양한 타 문화를 이해하고 배려하는 가치관은 글로벌 시대의 경쟁력이 된다.

(3) 동양 수직 문화

- 어른을 공경하고 자신의 자세를 스스로 낮추고 상대를 높이는 겸양의 형태
  : 기본적인 예절 – 수직적인 문화
  예 인사 : 상대방을 향해 몸을 숙여 상대에게 예를 행하는 수직적인 행동 형태
- 농경문화 발달 : 탄수화물 음식 주식
- 식사 전개 방식 : 총체적이고 통합적이어서 국그릇을 두고 여럿이 함께 식사를 함으로써 서로 간 관계 형성
- 식사 도구 : 젓가락은 두 개의 작대기가 함께 한다는 공동의식

(4) 서양 수평 문화

- 삶의 다양성과 평등, 창의력을 발달시킴으로써 자유로운 의사 전달방식의 형태
  : 기본적인 매너 – 수평적인 문화
  예 악수 : 서로 평등한 자세에서 등을 펴고 오른손을 맞잡고 위아래 흔드는 수평적인 행동 형태
- 유목문화 발달 : 단백질 음식 주식
- 식사 전개 방식 : 시간을 두고 순차적이고 체계적으로 개성이 강하고 존중하듯이 개인적이고 독립적 형성
- 식사 도구 : 포크와 나이프 한 개씩 존재한다는 개인주의

동양 예절	서양 매너
• 자기를 낮추고 남을 높이며 검소함과 진실함을 표현 • 내면적 진실성을 강조 • 신분관계를 중시한 수직성 • 유교의 웃어른을 공경하는 마음의 기본	• 적극적인 사고와 행동 지향을 표현 • 외면적인 측면을 강조 • 신변의 안전을 중시한 수평성 • 중세 기사도 정신의 여성을 보호하는 마음의 기본

정리해 보세요~

우리의 예절만을 고집해서는 안 되고 세계인들과 더불어 사는 더 큰 사회에 적절한 글로벌 매너를 배우고 몸에 익혀 실천해야 할 필요성이 있다.

나의 인식 스타일은?

학습한 내용을 중심으로 내가 얼마나 분석적 또는 전체론적인가 테스트하는 연습을 해보자.

전혀 동의하지 않으면 1 / 강하게 동의하면 7
다음의 질문에 대해 어느 정도 동의하는지를 1부터 7까지의 숫자로 기입

- 현재 정직한 사람은 미래에도 정직할 것이다.
- 이 우주의 만물은 어떤 형태로든 서로 연결되어 있다.
- 사람의 행동을 이해하려면 그 사람의 성격뿐만 아니라 그 사람이 직며난 상황도 고려해야 한다.
- 현재 성공한 인생을 살고 있는 사람은 앞으로도 계속 순조롭게 살 것이다.
- 전체는 각 부분을 더한 것보다 크다.
- 미래의 사건은 현재 상황을 바탕으로 예측할 수 있다.
- 복수의 인간 사이에서 의견이 일치하지 않을 경우는 서로 양보해서 모두의 의견을 채용할 방법을 모색해야 한다.
- 극단적이 되기보다는 중립적인 입장을 취하는 편이 바람직하다.
- 전체상을 고려하지 않고 부분을 이해하기는 불가능하다.
- 디테일보다는 전체의 흐름에 주의를 기울이는 것이 더 중요하다.

40점보다 높으면 전체론적 인식 스타일, 점수가 낮을수록 분석적 스타일
미국과 유럽, 서양에는 좀 더 분석적인 성향의 사람이 많고 아시아권 동양에는 좀 더 전체록적 성향의 사람의 많다는 연구 결과
미국과 중국, 인도, 한국, 일본의 대학이 공동으로 "문화에 따라 인지 스타일이 어느 정도 차이가 생기는가?라는 연구를 바탕으로 그 일부를 발췌

출처: 후쿠하라 마사히로. 하버드의 생각수업. 엔트리. 2014.

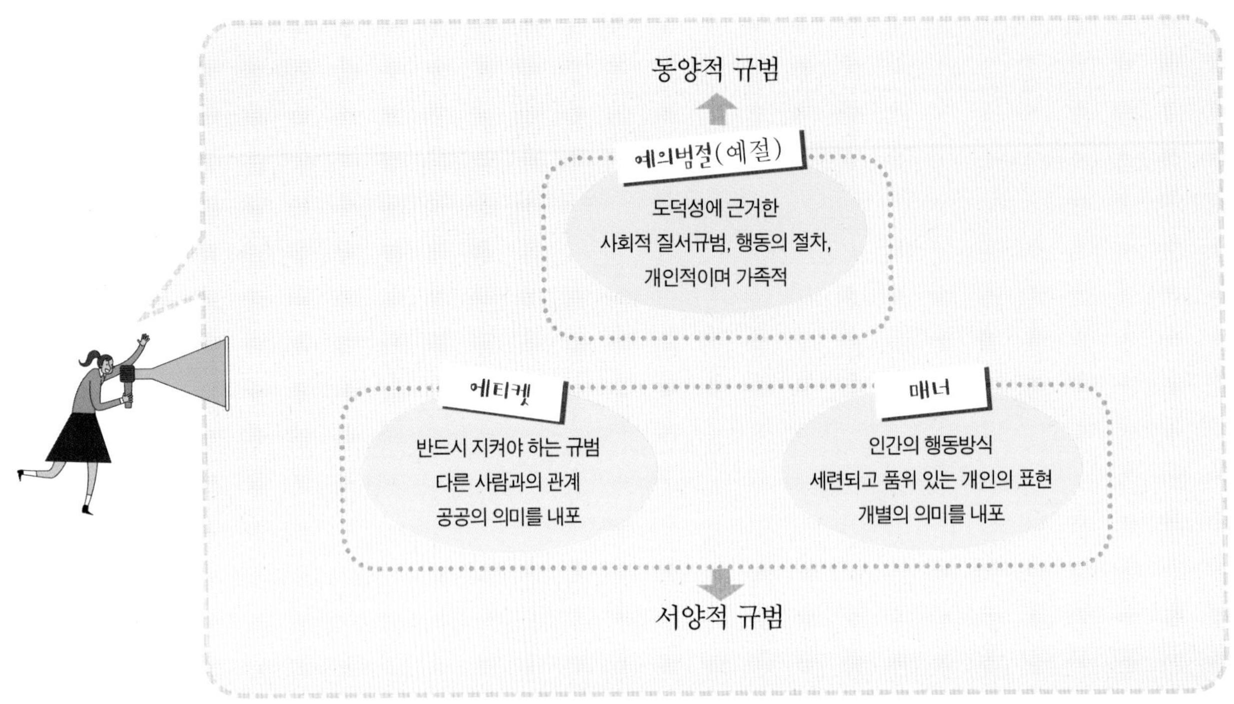

2 예절(禮節)

(1) 정의

생활문화의 전통 속에서 형성된 도덕성에 근거한 사회적 질서규범 및 행동의 표준절차를 말한다. 예(禮)란 인간이 지켜야 할 규범이며, 절(節)이란 규범을 따라 실행하고자 하는 행위로서 예의범절(禮儀凡節)의 준말이다.

(2) 기능

- 자기 수양으로 자기 자신에 관계되는 것. 스스로 부단히 바르게 관리하는 정성스러운 마음
- 다른 사람과 관계되는 것. 타인과 바른 관계를 갖기 위해 공경하는 마음
- 우리 모두에게 관계되는 기능. 공동체 구성원인 모두가 밝고 명랑한 사회를 만들려는 마음

3 매너(Manners)

(1) 정의

매너의 어원은 라틴어 마누아리우스(manuarius)이다. 사람의 손이라는 의미 외에 사람의 행동 · 습관 등의 뜻을 내포하고 있다. 매너는 사람마다 가지고 있는 독특한 습관이자 마음가짐에서 나오는 몸가짐으로 인간의 행동양식을 의미한다.

(2) 기능

- 얼마나 세련되고 품위 있는 방식으로 행동하는가를 중시

4 에티켓(Etiquette)

(1) 정의

인간관계를 원활하게 하기 위한 규범으로 타인에 대한 마음의 형식이다. 상대방을 존중하고 상대방의 감정과 정서를 고려하며 상대방에게 호감을 줄 수 있도록 헤아리는 마음가짐의 행동기준이다.

(2) 기능

- 반드시 지켜야 하는 규범으로서 이것을 모르면 상류층으로 대접받을 수 없는 불문율
- 귀족 신분을 나타내주는 증표와 같은 것 - 궁정 출입증 - 궁정 예법으로 발전

매너(manners)	에티켓(etiquette)
• 사람마다 갖고 있는 독특한 습관이나 몸가짐 • 개인 · 개별의 의미를 내포 • 좋다 · 나쁘다의 질적으로 평가	• 예의범절과 유사. 타인을 배려하는 마음을 형식화 • 공공의 의미를 내포 • 있다 · 없다의 유무로 평가
방식(ways)	형식(forms)
예 노크를 할 때 세 번 정도가 적당하다. ➡ 상황에 맞게 하는 행동의 양식	예 방에 들어갈 땐 노크를 한다. ➡ 선택의 여지가 없는 하나의 규범

아무리 에티켓에 부합하는 행동이라도 매너가 좋지 않았다면 세련되고 품위있는 행동방식이라 볼 수 없다.

| 3 | 서양문화의 기초

1 예약 제도

- 국제화 시대를 맞아 오늘날 예약이 모든 분야에서 보편화되어가고 있지만, 특히 서양은 전 과정이 예약으로 이루어진다 해도 과언이 아닐 정도로 예약문화가 발달되어있다.
- 특히 미국의 경우 모든 생활은 "예약"에서 출발한다. 호텔은 물론이고 이발소, 미장원, 식당, 병원, 심지어는 자동차에 문제가 생겼을 때도 먼저 전화로 "예약, 부탁합니다"라고 예약을 해야 한다.
- 우리나라의 경우 아직도 예약이 필요 없게 되었을 때, 즉시 예약을 취소하지 않아 다른 사람도 쓰지 못하게 하는 경우가 많으므로 불필요시에는 이를 취소해야 할 의무가 있다.
- 예약제도의 정착에는 반드시 전제되고 준수되어야 하는 몇 가지 조건이 있다.

예약제도의 정착을 위한 전제 조건

- **평등성과 공평성의 원칙** 동질의 서비스를 제공하는 조건하에서는 계급이나 신분, 지위고하를 막론하고 누구나 평등하고 공평하게 취급되어야 한다.
- **선착순 우선의 원칙** 같은 조건하에서 예약순서에 따라 서비스가 우선적으로 제공되는 선착순 우선 원칙이 존중되어야 한다.
- **예약조건의 절대 존중** 서비스 제공자나 이용자 모두가 자기의 책임과 의무를 다하려는 성실한 자세가 따라야 한다.

2 팁(Tip) 문화

팁이란 신속한 서비스에 대한 사례로 주는 돈을 의미한다. 서양에서는 사례라기보다는 베푼 서비스에 대한 당연한 보수란 느낌이 더 강하므로 팁을 주어야 할 상황에서는 꼭 주어야 한다. 서양에서는 식당, 이발소, 미장원, 호텔 등에서 서비스에 대한 팁을 주는 것이 매너이다.

(1) 팁 주는 법

팁은 대개 지불할 금액의 10~20%가 보통이며 너무 적거나 많아도 안좋다. 그러나 특수한 서비스를 요청했거나 심야, 조조에 서비스를 부탁했을 때는 조금 넉넉히 주어야 한다. 청구서에 서비스료가 포함되어 있을 경우에는 팁을 따로 주지 않아도 되나 잔돈 정도는 남기는 것이 스마트하다. 단 터무니없이 많은 팁을 요구하는 경우에는 분명히 거절할 줄 알아야 한다.

Tip 주는 법

- **팁을 주지 않아도 되는 경우** 봉사자가 공무원이거나 준 공무원 신분일 때, 셀프서비스를 할 때, 항공기나 선박에서 승무원의 서비스를 받을 때나 단체여행 시 대표가 일괄 지불하고 있을 때는 팁을 주지 않아도 된다. 그러나 이러한 경우에도 감사의 말을 곁들이는 것이 예의이다.
- **팁을 주어야 할 경우** 감사하는 마음으로 살짝 건네주는 것이 좋다. 과시하는 듯한 제스처를 써가며 드러나게 주는 것은 예의가 아니다.
- **팁을 줄 때 가장 중요한 것은 적절성이다.** 즉 '팁을 주기에 적절한 장소인가?', '팁으로서 적절한 금액인가?'를 고려해야 한다.

3 선물 문화

국제 비즈니스 시 합당한 이유 없이 주는 선물이나 접대를 거절하면 상대방에게 모욕을 주는 결과를 낳게 되며, 자칫 선물을 잘못 주면 다 이루어진 비즈니스를 깨뜨리는 결과를 낳기도 한다. 특히 지나친 고가의 선물은 상대방에게 뇌물의 성격으로 비춰질 수 있으므로 주의하고 선물을 주고받는 형식이나 방법도 중요하다.

(1) 선물은 간단한 것으로

받은 선물은 바닥에 놓지 말고 적당한 곳에 올려놓거나 그 자리에서 펴보고 감사의 뜻을 전한다. 무성의하다거나 과분하다고 무조건 돌려보내기보다는 부담스러운 것은 기회를 보아 적당한 때에 비슷한 것으로 선물한다.

(2) 집에 초대받은 경우

선물은 현관에서 처음 본 안주인이나 안내인에게 드리며 비즈니스 선물은 첫 만남이나 비즈니스 미팅 때 전달하는 것이 좋다.

4 레이디 퍼스트(Lady First)

숙녀 우선주의 관습은 원래 힘세고 강인함을 자랑하던 남성들의 여성 보호의식에서 비롯된 예의로써, 오늘날 국제사회에서 교양인의 가장 기본적인 매너가 되고 있다. 그러나 한국인들은 전통적으로 유교사상에 젖어 오랫동안 남성우위를 지키며 살아온 탓에 레이디 퍼스트가 일상생활에는 별로 실천이 되지 않고 있다. 그러나 이제 한국남성들도 국제사회의 일원으로서 레이디 퍼스트를 실천해 나가야 하겠으며, 여성들도 이를 자연스럽게 수용해야 한다.

(1) 신사가 숙녀에게 지켜야 할 레이디 퍼스트

- 숙녀를 위해 문을 열어준다.
- 숙녀가 자리에서 일어설 때는 같이 일어선다.
- 숙녀가 엘리베이터를 탔을 때는 모자를 벗는다.
- 숙녀가 자리에 편하게 앉도록 의자를 당겨주고 밀어준다.
- 숙녀에게 식사 후 팁을 지불하게 하지 않는다.

- 레이디 퍼스트 대접을 받으면 미소를 짓고 "Thank you"(감사합니다) 하고 가볍게 목례를 하면서 부담 없이 호의를 받아들이는 것이 좋다.
- 레이디 퍼스트의 대접을 받기 위해서는 여성들 역시 평소에 친절, 선의, 품위, 총명, 절도, 예의 등에 신경을 쓰고 언제나 우아하고 아름답게 행동할 수 있는 숙녀로서의 교양을 쌓는 데 스스로 노력해야 할 것이다.

5 서양인이 곤란해하는 질문

(1) 여성의 나이를 묻지 말라.

21세가 넘은 여성에게는 정당한 이유가 없는 한 나이를 물어보지 않는 것이 예의이다. 정당한 이유란 예를 들어 의사가 병 진단을 위해서 묻는 경우이거나 신문기자가 인터뷰할 때와 같이 꼭 알아야 할 필요가 있는 경우를 말한다. 남자의 경우는 보통 나이를 물어봐도 별 상관은 없다.

(2) 신체에 대한 질문은 하지 말라.

여성에게 키, 버스트(bust), 웨이스트(Waist), 또는 힙(hip)의 크기 등에 대한 질문을 삼간다. 특히 신체에 대한 콤플렉스를 느끼게 하는 질문은 삼가는 것이 좋다.

(3) 사적인 사항은 자세히 질문하지 말라.

결혼 유무, 아이들의 학비, 집세, 가정부 월급, 은행 저금, 유산, 상속 및 부부 생활 등 사적 상황에 속하는 문제는 정당한 이유가 없는 한 물어보지 않는 것이 예의이다.

외국인이 보는 한국의 이문화

❶ 꾸중 들을 때 상대방의 눈을 똑바로 바라보지 않는다. 한국인들은 특히 연장자의 눈을 똑바로 보는 것(eye - contact)은 예의에 어긋난다고 생각하나, 미국인들은 정면으로 상대를 보지 않는 것은 상대방이 무엇인가를 속이고 있다고 여긴다.

❷ 상대방의 주의를 끌기 위해 옷자락을 잡아끈다. 즉, 한국인들은 주의를 끌기 위해 "실례합니다"라는 말 대신에 간혹 상대방의 옷자락을 잡아끄는 경우가 있는데, 특히 미국인들에게는 이것이 매우 무례한 행동으로 간주된다.

❸ 양복 차림에 흰 양말을 신는 것은 매우 촌스럽다고 생각한다. 보통 흰 양말은 스포츠용으로 간주되므로 정장차림에는 착용하지 않는다.

❹ 동성 간에 손을 잡고 길을 걷는다. 특히 미국인들은 동성연애자로 오해할 수도 있다.

❺ 자신이 마신 잔으로 다른 사람에게 술을 권한다. 이것은 비위생적이며 해서는 안 되는 행동으로 인식한다.

❻ 나이에 집착한다. 만나지 얼마안되어 나이를 질문하는 것은 큰 결례이다.

❼ 음식 문화가 공동체이다(찌개에 다같이 수저를 넣는 것, 가위로 음식을 자르는 것).

❽ 만나서 인사할 때 "식사하셨어요?" 라고 묻는 것을 의아해 한다.

우리가 보는 이문화

❶ 식사 중에 밥그릇에 수저를 꽂아둔다. 한국인은 제사를 지내는 경우에 밥그릇에 수저를 꽂아둔다.
❷ 둘째 손가락으로 사람을 가리킨다. 미국인들은 주목을 끌기 위해 흔히 손가락질을 한다.
❸ 사교적인 자리에서 코를 푼다. 한국인들은 남 앞에서 코를 푸는 것을 큰 실례로 생각하나, 유럽인들은 식탁에서 코를 풀어도 예의에 어긋난다고 생각지 않는다.
❹ 연장자의 이름을 부른다. 한국인들은 아주 가까운 사이가 아니면 이름을 부르는 것은 무례한 행동이며, 특히 연장자의 이름을 부르지 않는다. 보통 상대의 성에 직함을 붙여주는 것이 예의이다.
❺ 연장자에게 한 손으로 물건을 주고 한 손으로 받는다. 한국인들은 연장자에게는 반드시 두 손으로 물건을 주고받는다.
❻ 빨간색으로 사람의 이름을 쓴다. 한국인들은 죽은 사람의 이름을 쓸 때에만 빨간색으로 쓴다.
❼ 신발을 신고 집안에서 생활한다.

| 4 | 다양한 나라의 인사

1 각국의 인사 방법

(1) 미국

1) **인사말** 하이, 헬로우
2) 악수할 때 상대방의 눈을 바라보면서 힘있게 쥐고 흔든다. 이때 윗사람일 경우 아랫사람의 어깨를 두드리기도 한다.

- 서로 모르는 남성이 소개를 나눌 경우 미국에서는 우선 자기 이름을 대면서 악수를 한다. 이때 우리나라에서처럼 허리를 굽히지 않는다.

(2) 태국

1) **인사말** 싸왓디카(크랍)

2) 남녀를 불문하고 자신의 가슴 위로 두 손을 펴서 손끝을 마주 댄 합장의 자세에서 상대방을 바라보면서 공손하고 가볍게 머리를 숙이고 입으로는 "싸왓디카(크랍)"라고 말한다.

- 이러한 인사법을 "와이"라고 하는데, 일반적으로 나이가 어리거나 신분이 낮은 사람이 먼저 인사를 하고 상대방은 가볍게 미소를 띠우고 고개를 끄덕이며 답례를 하나 고개를 숙이지는 않는다.
- 보통은 자신의 가슴 부위에 따라 편안한 자세로 합장하고 와이를 하나 상대방에 따라 다소 다르다.
- 대등한 관계라면 합장만 하고 고개를 숙이지 않아도 되나 상대방이 어른이거나 상급자일 경우에는 합장한 손을 자신의 코 부분까지 올리고 눈을 아래로 향한 채 공손한 자세로 "와이"하고 고개를 숙이는 것이 보통이다.
- 존경심을 나타낼 때나 감사를 표시할 때는 자신의 턱 부분에 합장한 손을 대고 공손히 인사한다.

(3) 인도

1) **인사말** 손에 입을 대었다 떼면서 "살라모아!"

2) 대부분 아이들에게는 두 손을 펴서 가슴 높이에서 모으고 고개를 다소 숙이며 "Namaste(나마스테, 안녕하세요?)"라고 말하라고 가르친다.

- 사찰에서 하는 인사법과 유사한 이 제스처는 "신께서 당신과 함께 하기를 기원한다" 또는 "감사합니다", "미안합니다" 등 다양한 의미를 내포하고 있다.

(4) 중국

1) **인사말** 니하오(마)

2) 한 손은 주먹, 한 손은 펴고 서로 부딪힌다.

(5) 티베드

- 자신의 귀를 잡아당기며 혓바닥을 길게 내민다. 의미는 '난 악마가 아니다.' 라는 뜻으로 못된 악마는 혀가 없기 때문에 나는 악마가 아님을 증명하는 것에서 유래되었다.

(6) 포르투갈

- 남자와는 악수를 하지만 여자와 인사할 때는 여자 쪽에서 먼저 악수를 청할 경우에만 응하는 것이 상례이다.
- 포르투갈인은 처음 만날 때 서로 끌어안고 상대방의 등을 가볍게 두드리며, 여성들은 친근한 몸짓을 하며 양쪽 뺨에 키스하는 습관을 가지고 있다(외국인의 경우는 간단히 악수 정도로 인사를 하는 것이 좋다).

(7) 중동 아랍 국가

1) 인사말　중동의 노년층들은 "Salaam alaykum(살람 알라이쿰, 평화가 있기를)"이라고 살렘 인사를 한다. 인사를 받으면 "wa'alay - kum' as - sala:m(와 알라이쿰 아 살람, 당신에게도 하느님의 평화가 깃드소서)"라고 답한다.

2) 아랍 국가에서 악수는 처음 만난 사람에게도 손을 내밀어 청한 후, 길을 묻기도 한다.

- 포옹은 가까운 집안 식구나 친척, 친구 간에 하는 인사로 먼저 머리를 오른쪽부터 시작해 왼쪽으로 서로 어긋나게 하는 인사법이다.
- 뺨을 맞추는 인사는 일반적으로 가까운 사람들 간에 많이 사용하는 인사법이다.
- 오른손을 들어 하는 인사법은 멀리 있는 사람에게 손바닥을 상대방이 보도록 앞으로 하고, 보통 머리 높이까지 들어서 인사를 하는 방법이다.
- 가슴에 손을 얹어 하는 인사는 오른손을 가슴 가운데 댄 상태에서 상대방에게 존경을 표시하는 인사 방법이다.
- 눈썹으로 표하는 인사는 여럿이 모인 공식적인 자리에서 일일이 인사를 나눌 수 없을 경우에 눈썹을 약간 위로 치켜뜨면서 인사말을 들릴 듯 말 듯 중얼거리는 방법이다. 이 인사의 답은 고개를 약간 숙여주면 된다.
- 손등에 입을 맞추는 인사는 부모나 높은 사람에 대한 존경의 표현인데, 가족이거나 사회적으로 강한 유대감이 있음을 나타내는 표현이다.

(8) 사우디아라비아

- 악수를 한 후 양쪽 뺨에 키스를 한다. 이 밖에 이스라엘, 쿠웨이트에서도 남성 간에 오른손을 잡고 왼손을 어깨에 올려 서로의 볼에 입맞추기도 한다.

(9) 파키스탄

- 파키스탄 등의 무슬림 남성들은 이성이나 동성 구별 없이 포옹 등의 접촉은 피한다.

(10) 프랑스인

- 프랑스의 경우, 가볍게 악수를 하거나 또 하나는 친근감이나 호감, 또는 친밀함의 표시로 주로 하는 "비주(bisou)"라는 인사, 즉 서로 상대방의 뺨을 양쪽으로 두 번 대는 것이다.
- 비주는 엄격한 상하 구분이 있는 인간관계를 제외하고는 남녀노소를 막론하고 모든 사람이 누구에게나 할 수 있는 인사법이다.

(11) 이탈리아, 스페인과 지중해 연안 나라

- 주로 양쪽 뺨에 키스를 한다.

(12) 뉴질랜드 마오리족

- 마오리 전통 인사법을 "홍이(Hongi)"라고 하는데, 우선 악수를 하고 손을 잡은 채 "키오라!" 하면서 서로 마주보며 코를 두 번 부딪친다. 이는 '삶의 숨결을 서로 교환하다.'는 의미를 가지고 있다. 세 번 비비면 청혼의 뜻이다.

(13) 에스키모족

- 서로의 뺨을 친다. 친한 경우엔 서로 마주보며 코를 비빈다.

(14) 러시아

- 주로 키스를 하고 포옹을 한다. 친한 남자들끼리 힘있게 악수한 후 베어허그(bear hug) 포옹을 한다.

(15) 남미

- 서로 깊게 포옹하여 상대방의 등을 따뜻하게 여러 번 토닥이는 아브라조(abrozo)를 자주 행한다.

(16) 케냐 마사이족

- 동부 아프리카 케냐에서 부터 탄자니아와 빅토리아 호수 근처에 넓게 퍼져 사는 마사이족은 상대방의 얼굴에 침을 뱉는다. 물이 부족한 곳이라 상대방에게 귀중한 수분을 발라주는 것이 우정과 축복의 표현이라고 한다.

바디랭귀지(Body language)

- 심리학자인 알버트 메라비안(Albert Mehrabian)은 메시지 전달에 미치는 전체적인 효과를 분석하여 공식화한 바 있는데 그에 따르면 말이 7%, 청각적 이미지가 38%, 그리고 시각적 이미지가 55%라고 밝히고 있다. 시각적 이미지가 태도, 표정, 제스처 등으로 이는 전체적으로 우리들의 의사소통에 있어 절대적인 비중을 차지하고 있음을 시사한다.
  제스처는 우리가 외국에 나갔을 때 사용할 수 있는 공용어일 수 있지만 때로는 사고나 오해를 불러 일으킬 수도 있다. 동일한 제스처라도 나라나 지역에 따라서는 정반대의 의미를 가질 수도 있기 때문이다.

1. 만날 때

- **악수** : 가장 일반적으로 행하여지는 인사법
- **코비비기** : 뉴질랜드의 마오리 족의 친밀함의 표시이다.
- **포옹** : 소련에서 친한 남자 친구들은 세게 악수를 하고 나서 하는 포옹으로 이는 종종 상대방의 등을 따뜻하게 한두 번 쳐준다. 대부분의 북미인들, 북유럽인, 그리고 동양인들은 이런 접촉이나 포옹을 불편해 한다.

2. 헤어질 때

- **미국인들의 헤어질 때 인사** : 손을 위로 올려 손바닥이 보이도록 하고 손목을 세워 손과 팔뚝 전체를 좌우로 흔든다. 유럽에서는 이 제스처가 "안녕"을 뜻하지 않고 대신 "No"를 의미한다.
- **유럽인들의 헤어질 때 인사** : 유럽에서는 "안녕"이나 "잘가"라는 표시로 손을 흔드는 방법은 팔을 올려 앞으로 뻗고, 손바닥을 아래로 향해서 손만 위아래로 움직이는 것이다.
- **이탈리아인과 그리스인들의 헤어질 때 인사** : 팔을 펴서 손바닥이 위를 향하도록 하여 손가락을 앞뒤로 자신을 향해서 구부린다. 대부분의 미국인들은 그 제스처를 "이쪽으로 오세요"라는 제스처로 이해한다.

3. 사람을 부를 때

- **검지를 들고 손을 머리 높이나 그보다 조금 높이 올리는 제스처**
  - 미국 : 웨이터를 부를 때, 다른 사람의 주의를 끌 때 사용
  - 일본 : 사람에게 손가락을 가리키는 것을 불손한 것으로 여긴다.
- **검지를 앞뒤로 구부리는 제스처**
  - 미국 : "이쪽으로 오세요"라는 신호
  - 유고슬라비아, 말레이시아 등 많은 나라에서는 동물을 부를 때만 사용되므로 사람을 부를 때 이 행동을 하는 것은 매우 공손치 못한 행동이다.
- **손바닥을 아래로 하여 손짓**
  - 중동, 극동 지역 : 누군가를 오라고 부르는 의미
  - 서구지역 : 가라는 의미

4. 손가락으로 하는 링 사인

- **미국, 서유럽** : OK 표시
- **남부 프랑스** : 0이나 쓸모없다(무가치함)
- **한국, 일본** : 돈
- **브라질, 남미** : 음탕하고 외설적인 사인

5. 손바닥을 바깥쪽으로 향한 V자 사인

- **유럽 등** : 일반적으로 두 손가락을 높이 쳐드는 것은 수많은 사람들에게 "평화"나 "승리"를 표시한다.
- **그리스** : 욕의 의미

6. 손등을 바깥쪽으로 향한 V자 사인

- **영국, 프랑스** : "꺼져버려"
- **그리스** : 승리

7. 손바닥을 펴서 흔드는 행위

- **유럽, 한국** : '안녕'의 의미
- **그리스(무챠)** : 당신의 일이 잘되지 않기를 바란다.

8. 대화 중 코와 턱 만지기

- **대화 중 코를 문지르는 것** : 구미 여러 나라에서 상대와 의견을 달리한다거나 거절하는 것을 뜻하며, 엄지로 코를 살짝 밀어 올리는 것은 상대를 멸시하거나 조롱하는 것을 의미한다.
- **엄지로 코를 미는 행위** : 유럽에서는 조롱의 의미이고, 코에 원을 그리는 행위는 콜롬비아에서는 동성연애자를 의미한다.
- **턱을 톡톡 튕기는 것** : 프랑스와 북부 이탈리아에서는 '꺼져버려, 열 받게 하지 말고'라는 뜻이며 남부 이탈리아에서는 '아무 것도 아니야' 또는 '할 수 없어' 등의 뜻이다.

9. 엄지와 중지 사이에 검지를 끼워 넣는 행위

- **한국, 유럽, 지중해 연안 국가** : 외설적이고 경멸하는 제스처
- **남미** : 문신이나 부적 등의 다양한 형태
- **미국** : 아이가 귀엽다는 의미

10. 주먹을 쥔 채 엄지손가락만 위로 올리는 행위

- **일반적** : 매우 좋다의 의미
- **호주** : 무례한 제스처의 의미
- **그리스** : "입 닥쳐"의 의미
- **러시아** : 동성연애자의 사인

11. 머리를 위, 아래로 끄덕이는 행위

- **일반적** : YES, 긍정의 표현
- **불가리아, 그리스** : NO

12. 합장

- **태국, 기타 불교국가** : 인사
- **핀란드** : 거만함을 표시

13. 팔짱을 끼는 것

팔짱을 끼는 것은 '난 방어적인 자세를 취하고 있다' 또는 '당신 이야기에 동의하지 않는다'라는 뜻으로 해석될 수 있다.

- **수평으로 뿔 만들기** : 악령에 대한 자기방어의 표시(유럽)
- **두 손가락을 맞대는 행위** : 남녀의 동침 의미(이집트)
- **손가락으로 사람을 가리키며 말하는 행위** : 무례한 행동으로 간주(중동의 여러 국가)
- **손가락 교차시키기** : 방어, 행운의 의미(유럽)
- **중지를 내미는 행위** : 외설적이고 부정적인 의미(서양)
- **손 끝에 키스하기** : '매우 아름답다'는 의미(유럽, 남아메리카)

| 5 | 사교 행사와 파티 매너

파티의 종류 칵테일 파티, 리셉션, 디너 파티, 런치 파티, 가든 파티, 티 파티, 샤워 파티

(1) 파티장에 오래 머물러 있는 것은 점잖지 않다.

파티장에서 지켜야 할 매너

1. 파티장은 누구의 소개를 받아 정식 인사를 하는 곳이 아니다. 즉, 먼저 다가가서 "실례합니다. 저는 ○○○입니다."하고 인사를 자청한다. 서로 간의 대화는 가벼운 화제로, 주로 덕담을 나누는 것이 무난하다. 이 때 한 사람을 계속 붙들고 대화를 이끌어가는 것은 매너에 어긋난다(여기서 유의해야 할 것은 대화를 적절히 끊는 타이밍이다).
2. 자신의 모습을 수시로 객관화하면서 체크하여 매너에 흐트러짐이 없는지 주의깊게 살핀다.
3. 칵테일 파티나 리셉션 같은 파티에서는 파티가 열리고 있는 동안은 어느 시간에 참석해도 된다. 그러나 파티에서 오래 머무르는 것은 점잖지 않으므로, 처음부터 끝까지 파티장에 있는 일이 없도록 한다.
4. 파티에 참석을 하면 형식적으로라도 손에 칵테일 잔이나 주스 잔을 들고 있는 것이 좋다.

(2) 초청장을 받으면 참석 여부를 회신한다.

- 초청장을 보낼 때는 충분한 시간 여유를 두고 미리 보낸다(파티 초청장은 적어도 일주일 전에 보낸다).
- 손님은 초대장을 받으면 빠른 시간 내에 참석 여부를 알리며 만일 참석하지 못할 때에는 그 이유를 간단히 전한다.
- 함께 초대받은 사람, 초대된 시간, 초대의 목적에 따라 적절한 옷차림으로 방문한다. 외국인과 함께 하는 파티일 때는 화사하고 우아한 전통복장, 즉 한복을 입고 참석해도 좋다. 단, 초대장에 드레스 컨셉이 명시되어 있을 경우에는 그에 맞게 복장을 갖추어야 한다.

(3) 파티는 종류에 따라 열리는 시간이나 음식이 다르다.

- 손님을 접대할 때 리셉션 파티를 개최하는데, 보다 공적인 손님 접대를 리셉션이라 하고 개인적인 파티와 구별한다. 대부분 공공기관이나 기업체에서 공적인 목적으로 손님을 접대할 때 리셉션이라는 형식으로 개최한다(리셉션에서는 주최자와 주빈이 함께 리시빙 라인<receiving line>에서 손님을 맞이한다).
- 칵테일 파티는 미국의 비즈니스맨들이 고안해 낸 다양한 파티의 형식으로, 사업 목적에서 개인 초대에 이르기까지 폭넓게 이용되고 있다. 칵테일 파티는 칵테일만을 주로 하는 파티이므로 음료에 맞는 오르되브르(Hors-D'oeurre, appetizer) 정도만 내놓으나 최근에는 식사까지 할 수 있는 파티도 있다.

칵테일 뷔페 파티

칵테일 파티에 식사적 요소를 가미한 스타일로써 본인이 직접 가져다 먹는 셀프서비스이다.

오르되브르 (Hors-D'oeurre, appetizer)

식욕을 돋우기 위해 대접하는 간단 요리로써 한 입에 다 먹을 수 있다 하여 "한 입 요리"라고도 함

칵테일파티에서 유의할 점

1. 취하도록 술을 마시지 않는다.
2. 저녁식사가 될 정도로 계속 음식만 먹지 않는다.
3. 한 사람만 붙들고 계속 이야기하지 않는다.
4. 빈 손으로 우두커니 서 있지 않는다.
5. 칵테일 파티에 참석하려면 어느 정도 시장기를 면한 다음에 파티에 참석하는 것이 좋다.
6. 칵테일 잔을 비스듬히 잡는 일이 없도록 한다.
7. 칵테일 잔은 종이냅킨으로 밑을 싸고, 이동시에는 왼손으로 잡는다.
8. 마실 때는 서 있는 상태에서 마시며, 잔은 오른손으로 바꿔들고 마신다.

- 뷔페 파티는 대중을 상대로 하는 대형 연회에 매우 능률적이며, 비용도 다른 파티에 비해 저렴하다는 이점이 있다. 뷔페는 입식(立食)을 의미하며 셀프서비스를 원칙으로 하고 있다. 따라서 일정한 격식을 차리지 않고 간편하게 손님을 접대할 수 있는 형식으로 특별한 의미를 부여하지 않고 부담 없이 사람을 초대할 때 적당하다.

뷔페파티에서 유의할 점

❶ 맛을 잘 모르는 음식은 조금만 가져가서 맛을 본 후 다시 가져다 먹는다.

❷ 조찬의 경우 자기가 좋아하는 두서너 가지로 끝나는 것이 관례이나 저녁의 경우 대여섯 가지 코스를 다 즐기는 것이 보통이다.

❸ 한 번에 너무 많은 양의 음식을 가져다 먹지 않는다.

(4) 리시빙 라인에서는 한 마디의 인사말로 끝내는 것이 매너이다.

- 파티, 특히 리셉션에서는 이른바 리시빙 라인(손님을 영접하기 위하여 늘어선 줄)이라는 것이 있다. 주최측은 행사장 입구 쪽에서 주빈과 함께 리시빙 라인에 서서, 오는 손님을 일일이 인사를 하며 영접한다.
- 회사의 리셉션에서는 대표를 비롯한 회사의 임원들과 그 날 모시는 주빈이 함께 리시빙 라인에서 손님을 영접한다. 이때 손님은 아무리 주최측과 개인적으로 친분이 있더라도 리시빙 라인에서는 간단한 인사만 하는 것이 예의이다.

(5) 파티에서는 좌석의 배열이 중요하다.

좌석의 구분과 그 기준은 다음과 같다.

1) 사람을 기준으로 상석을 정하는 방식으로 주빈을 중심으로 주빈에 가까운 자리일수록 상석이 된다. 또 입구 쪽에서 먼 자리가 상석이다.
2) 개인 집에서는 벽난로 쪽이 상석이 되고 문간이 말석이 된다. 같은 위치에서도 정원을 바라보는 자리가 등지고 앉는 자리보다 상석이 되며, 식당에서는 벽을 등지고 앉는 자리가 바라보고 앉는 자리보다 상석이 된다. 또한 일행 중 종업원이 의자를 빼어 앉기를 권하는 자리가 상석이 된다.

의례적인 좌석 배치에 대하여 유의할 사항

❶ 부부는 합석을 시키지 않으며, 서로 마주보게 앉히지도 않는다.

❷ 좌석은 남녀를 어긋나게 앉도록 배열하며, 테이블 맨 끝 쪽에 여자가 앉게 되지 않도록 남자 수를 여자보다 많게 한다. 그래도 여자가 앉게 될 때는 편의상 테이블 끝 좌석은 남자가 앉도록 한다.

❸ 외국인을 초대할 때는 외국인을 상석으로 하여 부처, 기혼자, 미혼자 순으로 배치한다. 또 같은 급의 인사는 나이가 많은 사람이 상석에 앉는다.

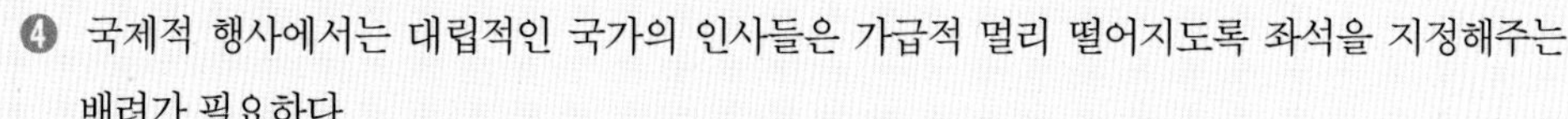

❹ 국제적 행사에서는 대립적인 국가의 인사들은 가급적 멀리 떨어지도록 좌석을 지정해주는 배려가 필요하다.

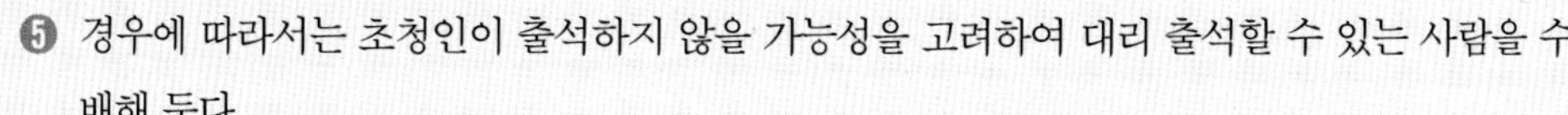

❺ 경우에 따라서는 초청인이 출석하지 않을 가능성을 고려하여 대리 출석할 수 있는 사람을 수배해 둔다.

(6) 테이블 세팅을 행사의 성격과 상황에 따라 적절한 유형으로 한다.

- 동격의 인사들만이 참석하는 회의라면 원탁형의 테이블 세팅이 적합할 것이다. 원탁형에서도 다시 상하의 구별이 생기게 된다. 입구 쪽이 입구에서 멀리 떨어진 자리보다 말석이 된다.
- 장방형의 테이블 세팅은 주빈에 가까울수록 상석이 되므로 호스트와 주빈이 한가운데에 자리를 잡으면 말석은 테이블 양 끝 쪽이 된다. 이때 호스트의 오른쪽은 최상위의 여성 손님, 왼쪽은 제2위의 여성이 앉게 되며 반대로 호스티스는 오른쪽 최상위의 남성, 왼쪽에 제2위의 남성이 앉게 배열한다.
- 수백 수천 명이 참가하는 규모가 큰 파티에서는 메인 테이블을 마련하여 참석 인사 중에서 중요한 인사, 즉 VIP가 앉게 될 테이블에만 이와 같은 배열 방식을 적용하고 나머지 테이블은 중위 구별 없이 앉게 한다.
- 국제회의 후에 개최하는 만찬 파티라면 테이블에 두 가지 색깔의 냅킨을 놓아두어 내외국인 간에 서로 섞여 앉도록 하면 효과적일 것이다.

(7) 입식 파티에서는 접시를 가슴 높이로 든다.

- 뷔페에서는 일정한 코스의 음식, 즉 오르되브르 수프 ➜ 생선요리 ➜ 고기요리 ➜ 로스트 ➜ 샐러드 ➜ 베버리지(음료)의 순으로 반복해서 인원수만큼 테이블에 차려져 있다.
- 뷔페 테이블에서 음식을 취할 때도 이러한 코스에 맞도록 접시에 2~3종의 음식을 덜어서 서서 먹는다. 갖다 먹는 횟수는 제한이 없으나 2~3회, 3~4회가 적당하다.
- 접시에 음식을 담을 때는 글라스는 접시 위에 올려놓고 음식을 담는다. 접시에 많은 음식을 담으면 보기가 싫고 품위가 없다.
- 입식 파티는 걸어 다니면서 음식을 먹는 것이 아니라, 서서 먹는 것을 말한다. 자신이 들고 있는 접시는 음식을 먹을 때나 걸어갈 때 항상 가슴 높이로 든다.

(8) 홈 파티에서는 여자 손님보다 남자 손님이 많아야 한다.

- 호텔이나 레스토랑에서 손님을 초청하여 식사를 대접하는 것보다 집으로 손님을 초대하는 것이 더욱 정감이 있고 사교 효과도 높일 수 있다(집으로 초대하는 것은 그만큼 초청자와 손님 간의 친분도를 나타낸다는 의미).
- 집으로 손님을 초대(홈 파티)할 때는 무엇보다도 사전에 철저한 계획을 세워야 한다.
- 홈 파티를 주최할 때의 기본 포인트는 참석자들이 '좋은 호스트'라고 생각하기보다는 '즐거운 파티'였다고 생각하도록 하는 데 있다. 집주인은 파티의 분위기에 더욱 신경을 써야 한다는 뜻이다.

홈 파티를 위해서 고려할 사항

1. 초청 대상을 선정할 때 손님 중에 적어도 2~3명은 서로 아는 사람을 포함시킨다.
2. 남녀의 수를 똑같이 하는 것을 원칙으로 한다. 어떤 경우라도 여성이 남성보다 많아서는 안 된다. 남성이 여성보다 한두 명 많은 것은 괜찮다.
3. 손님이 도착하기 전에 모든 음식 준비를 완료하여야 한다.
4. 파티의 주역은 호스트보다 호스티스로서 그 역할이 매우 크다. 홈 파티에서 호스티스는 연출자의 역할을 하며 호스트는 아내의 역할에 협조하는 입장이 된다.

홈 파티에서 손님을 영접할 때의 에티켓

❶ 주최측은 손님을 따뜻하게 '개별적'으로 맞이한다. 개별적이란 한 사람 한 사람을 개인적으로 상대하여 따뜻이 환영한다는 뜻이다.

❷ 여성 손님에게 먼저 접근하여 인사를 한 다음 코트 벗는 것 등을 도와주고 세면실을 안내한다.

❸ 도착한 손님을 먼저 와 있는 손님에게 소개할 때는 번잡하게 일일이 개별적으로 소개하지 않으며 먼저 와 있는 손님에게 일괄적으로 소개한다.

❹ 다른 이들과 어울리지 않는 손님이나 무언가 불편을 느끼는 손님을 발견하면 주최자는 이에 관심을 표명하고 접근하여 분위기에 어울리도록 이끌어 준다.

❺ 호스트나 호스티스는 모든 손님에게 골고루 대화의 상대가 되어 주어야 하며 친소에 따라 특정인에게만 눈에 띄게 접근함이 없도록 신경을 써야 한다.

❻ 모두가 테이블에 앉을 때 남자 손님은 자신의 오른쪽 여자 손님이 의자에 앉도록 의자를 뒤로 빼준다.

(9) 식사방법은 문화에 따라 달라질 수 있다.

- 식생활을 국제적 차원에서 파악해 보는 것은 의미가 있으며, 외국인을 초대하거나 국제적인 행사를 준비할 때 국제적 감각에 맞추어 계획을 세우는 것이 필요하다.
- 유럽인들은 샐러드를 메인 디시(main dish) 후에 먹는 경향이 있으나 미국인들은 스테이크를 먹기 전에 샐러드를 먹는 경향이 있다.
- 일반적으로 구미인들은 빵 바구니에 빵을 듬뿍 담아 테이블 위에 놓고 먹는다.
- 국제 규모의 모임에서 식사를 준비할 때는 채식주의자가 있는지 종교상 금기로 되어 있는 음식이 있는지 알아야 한다.

커뮤니케이션

Warming-Up

첫인상이 좋은 사람과 그렇지 못한 사람의 각각 특징이 무엇인지 생각해 보라.

대화를 할 때 가장 중요한 매너는 무엇인가?

| 1 | 커뮤니케이션의 이해

1 정의

- 사회생활을 영위하는 인간과 인간 사이에 이루어지는 생각의 교환과 전달이다.
- 조직의 형성과 존속을 위하여 필요불가결하며 인간사회의 기초가 되는 것이다.

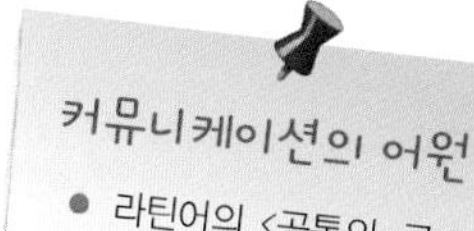

커뮤니케이션의 어원

- 라틴어의 <공통의, 공유의> 의미, 코무니스(communis)
- '나누다'를 의미

- 정보를 전달하고 반응을 끌어내는 것
- 정보 · 관념 · 태도를 공유하는 것
- 일련의 규칙에 따라 행동의 여러 요소나 생활의 여러 양식을 공유하는 것
- 정신이 서로 통하는 것으로 참여하는 사람들이 서로 이해한다는 것
- 정보 · 관념 · 태도를 전달하는 행위
- 어떤 사람이나 집단으로부터 다른 사람 또는 집단에게 주로 상징(symbol)에 의해 정보를 전달하는 것
- 메시지에 의한 사회적 상호작용

여러 학자들에 의해
지금까지 연구
정의된 커뮤니케이션

사람들이 무엇인가(정보 · 관념 · 태도 · 행동 · 감정 · 경험 등)를 공유

커뮤니케이션

1. 이 시대를 살아가는 사람들의 갖추어야 할 기본 요소
2. 의사전달뿐만이 아니라 상호 소통까지도 포함하는 의사소통
3. 의사전달은 사람들 사이에서 일어나는 상호작용 가운데 가장 근본적인 언어 전달
4. 의사의 일방적 전달만을 의미하는 것이 아니고 인간관계 속에서 의사의 상호 소통을 통하여 서로의 사고를 원활하게 주고 받는 것
5. 사회생활을 영위하는 인간과 인간 사이에 이루어지는 생각의 교환과 전달, 조직의 형성과 존속을 위하여 필요불가결하며 인간사회의 기초가 되는 것

2 유형

(1) 동물의 커뮤니케이션

커뮤니케이션 방법은 동물에 따라 다양하며, 정보를 수신하는 감각기관의 차이에 따라 다음 4가지로 나뉜다.

- **청각자극에 의한 전달** 곤충이나 개구리의 소리, 새소리, 고릴라 등이다. 곤충이나 개구리 등은 울음소리로 같은 종류임을 인지하고 암컷을 유인한다.
- **시각자극에 의한 전달** 빛깔 · 형태 · 움직임 등이 정보로서 전달된다. 체표면이나 깃털의 빛깔 · 무늬를 두드러지게 함으로써 같은 종류라는 사실을 인지한다. 위협이나 방어를 나타내는 일정한 행동양식, 구애할 때의 몸짓, 인간과 원숭이에게서 볼 수 있는 복잡한 얼굴표정 등도 시각자극이며 이런 행동을 표현 행동이라고도 한다.
- **후각자극에 의한 전달** 동물이 체외로 화학물질을 방출함으로써 정보가 전달되며 정보를 수신하는 것이 같은 종류인 경우 그 화학물질을 페로몬(pheromone)이라고 한다. 누에나방에서는 암컷이 페로몬을 분비해서 수컷을 유인한다. 포유류에서는 분비물을 남기거나 피지선(皮脂毛)에서 나오는 분비물을 비벼대는 행동, 곧 마킹행동(marking behavior)을 하여 자기 세력권을 과시하고 개체 · 집단을 인지한다.

- **촉각자극에 의한 전달** 새가 날기 위해 날개를 가다듬는 것과 포유류의 끌어안는 행동 또는 발과 입으로 털을 깨끗이 하는 몸짓 등이 있다. 일본 원숭이의 경우 다른 개체와 털을 비벼대는 것이 집단 내에서 사회관계의 유지에 중요한 역할을 한다.

동물의 커뮤니케이션은 대부분 보내는 쪽에서 받는 쪽으로의 일방적 전달이다. 받는 쪽의 존재가 확인되지 않아도 정보를 보내고, 존재하더라도 상대를 특별히 정하지 않는 경우가 많다. 받는 쪽을 확인하면서 그 반응을 보고 정보를 보내거나 서로 정보를 주고 받는 상호적 커뮤니케이션이 가장 고도로 발달한 예가 인간의 대화이다. 일방적 커뮤니케이션이 주가 되는 동물과는 달리 인간은 언어라는 뛰어난 정보전달의 수단을 획득하여 문명을 이루어왔다.

(2) 인간의 언어적 커뮤니케이션

- **공식적인 관계** 공식적 커뮤니케이션과 비공식적 커뮤니케이션
- **언어의 사용 유무** 언어적 커뮤니케이션과 비언어적 커뮤니케이션
- **방향성 중심** 일방적 커뮤니케이션과 쌍방적 커뮤니케이션

인간이 커뮤니케이션을 하는 목표는 연령과 성(性)에 따라 조금씩 다른 모습으로 나타나기도 한다.

인간의 커뮤니케이션 하는 목표

- **친밀화** 친밀한 대인관계의 성립 · 유지
- **의존** 과제달성 수단으로서의 상대 의존
- **대화자 이해** 상대방 이해
- **의사 통일** 확인 · 타협과 협의
- **대화자 통제** 대인관계의 통제
- **전달** 정보나 지식의 전달

| 2 | 비언어적 커뮤니케이션의 중요성

대인 커뮤니케이션에서 얼굴 표정, 몸의 움직임 등과 같이 의사전달 기능을 가지고 있는 인간의 모든 행동 중 언어적 요소를 제외한 것이다. 음성적 특징, 신체 부위를 이용한 동작(제스처), 신체 접촉, 물건이나 공간 및 시간 등의 기호의 메시지화를 통한 상호 교환이다.

1 비언어적 커뮤니케이션 구성

- 동작언어 얼굴표정, 제스처, 자세 등 신체적 움직임
- 눈동자언어 눈의 움직임이나 응시 행위
- 접촉행위 신체 접촉에 관한 비언어적 행위
- 시간언어 시간에 의한 언어

2 비언어적 커뮤니케이션 중요성

유대인들의 지혜를 일깨워 주는 탈무드에서는 자신의 마음을 다스릴 줄 아는 사람이 가장 강한 자라고 했다. 자신이 가지고 있는 마음이지만 다스리기가 쉽지 않고 어렵다는 뜻이다. 바른 생각은 바른 마음에서 나오고 이것은 바른 행동에 영향을 미친다. 긍정적인 행동을 조절하는 것은 바른 마음의 자세이다. 실제로 인간관계 매너에서 가장 중요한 점은 자신의 감정을 잘 조절하는 것과 이러한 감정과 생각을 타인에게 효과적으로 전달하는 것이다.

| 3 | 첫인상의 효과

‘어디서 많이 뵌 분 같아요’, ‘인상이 참 좋으십니다’하고 첫만남 시 인사를 나누게 되면 자연스러운 인간관계를 시작할 수 있다. 그러나 상대를 보자마자 마음속으로 ‘너무 표정이 어둡잖아’, ‘인상이 넘 차가워’라고 느껴지는 순간 대화를 통한 원만한 관계는 물론 맺음까지도 많은 시간이 소요된다. 호감을 주는 첫인상은 얼굴과 외모가 예쁘고, 또는 멋있어서 결정되는 것이 아닌 각자가 갖고 있는 자연스러운 아름다움을 어떻게 타인에게 잘 표현하느냐에 따라 이루어진다.

따라서 화난 듯한 슬픈 얼굴보다는 밝고 긍정적인 이미지를 심어줄 수 있는 첫인상을 만들어 내는 것이 중요하다. 타인에게 호감을 주는 첫인상을 만든다는 것은 대인관계에서 매우 큰 장점으로 작용하게 되며, 원만한 인간관계의 첫걸음이 되기도 한다. 그러한 첫인상이 바로 몇 초 안에 이루어진다는 점에 더욱 유의할 필요가 있다. 왜냐하면 인식된 이미지를 바꾸기 위해서는 많은 노력을 기울여야 하기 때문이다.

1. 첫인상 효과

처음 대면하는 극히 짧은 시간에 그 사람에 대한 평가와 결론을 내리는 것으로, 처음 보는 사람에 대해 갖는 최초의 이미지이자 타인에게 자신을 개방하는 최초의 단계이다. 사회조직 속에서 개인 또는 사회적 상호작용에 중요한 역할을 한다. 첫인상에서 상대의 이미지가 어떤 식으로든 인식이 되면 계속해서 강력한 영향력을 행사하고 이후의 관계형성에 키 포인트가 된다.

(1) 초두(初頭)효과

첫 만남부터 상대방에 대한 평가를 시작하고 대부분 즉시 그 사람의 가치와 능력에 대한 판단을 첫인상을 보고 내린다. 어떤 사람에 대한 상반된 정보가 시간 간격을 두고 주어지면 앞의 정보가 뒤의 정보보다 인상 형성에 더 큰 영향을 미친다는 이론이다. 먼저 받은 정보, 즉 첫인상이 이미지 형성에 더 큰 영향을 준다.

(2) 후광(後光)효과

한 가지 긍정적인 특징을 지니고 있는 사람은 다른 긍정적인 특성들도 모두 지니고 있을 것으로 일반화시켜서 생각하는 경향이다. 호의를 느끼면 상대방이 보여주지 않은 측면도 좋게 평가하지만 싫어하는 사람은 모든 것을 부정적으로 생각하게 된다.

2. 첫인상 중요성

MBC 스페셜 첫인상 핵심내용 요약 재정리

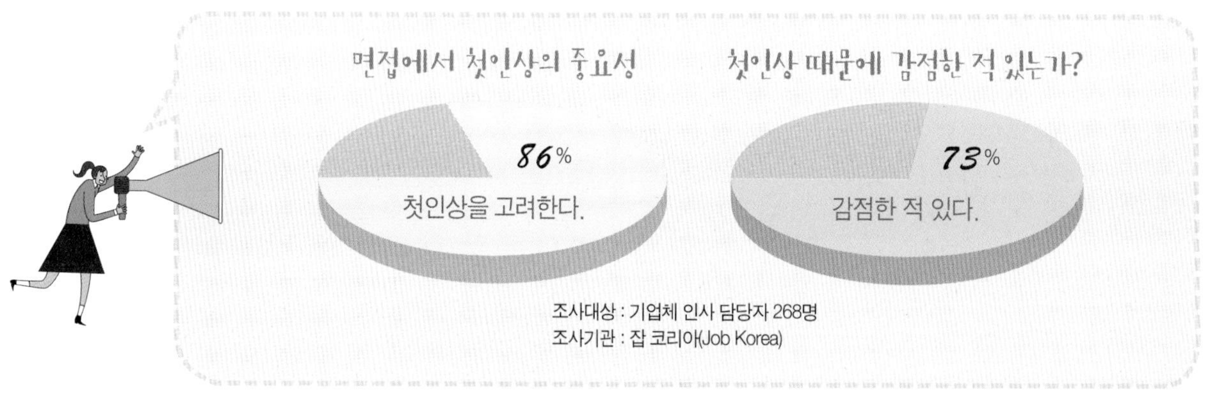
면접에서 첫인상의 중요성
86%
첫인상을 고려한다.
첫인상 때문에 감점한 적 있는가?
73%
감점한 적 있다.
조사대상 : 기업체 인사 담당자 268명
조사기관 : 잡 코리아(Job Korea)
출처: http://lovelyminute.tistory.com/13

- 우리는 왜 키 크고 잘생긴 남자에게 반하는가? 예쁜 여자에게 더 호의적인가? 우리는 누군가를 만날 때 단 몇 초 만에 상대방을 평가하고 또 평가받기도 한다. 또 한 번 보는 것만으로도 많은 것을 판단할 수 있다고 믿는다.
- 그렇다면 첫인상은 얼마나 정확하고 신뢰할 수 있을까? 우리의 기대와는 달리 심리학자들은 다양한 실험을 통해 첫인상의 허구성을 경고하고 있다.
- 첫인상! 과연 얼마나 믿을 만하며 그에 대한 함정과 오류를 비켜나가는 방법은 없는 것일까? MBC 스페셜 첫인상 프로그램은 깊은 관찰과 실제적인 사례를 통해 첫인상에 대한 새로운 시각을 제시하였다.

(1) 첫인상은 어떻게 만들어질까?

- 미국 다트머스 대학 심리와 뇌 과학의 왈렌(Paul J Whalen) 교수의 연구에 따르면 인상 판단에는 뇌의 편도체가 빠른 시간에 인상 형성 역할을 한다는 사실을 보여준다.

"편도체가 눈매로써 첫인상을 판단하는 데 걸리는 시간은 17/1,000초다."
Paul J Whalen
(다트머스 대학 심리와 뇌 과학 교수)

- 연구 결과 우리의 두뇌는 짧은 시간에 본능적으로 상대방에 대한 호감이나 신뢰를 판단하게 된다는 사실이다.

(2) 무엇이 첫인상 이미지를 만들까?

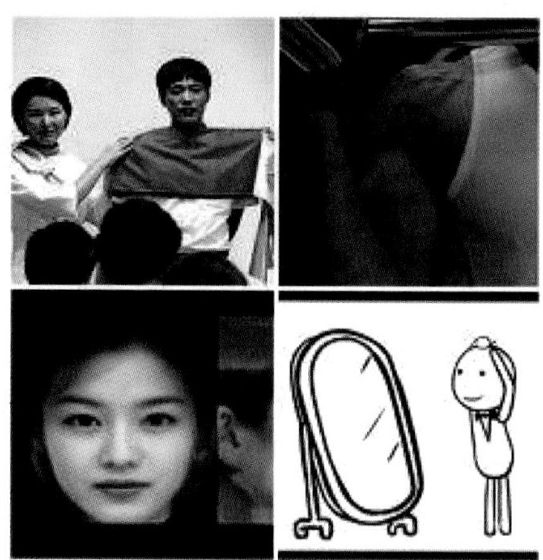

출처 : http://cafe.daum.net/sorabolstern/ATrr/18 ?srchid=IIMDuTFd000#A4.bmp

- 무엇으로 상대방의 인상을 판단하는가? 많은 사람들이 얼굴, 몸매, 표정, 더 나아가서는 목소리도 그 중 하나라고 얘기한다. 그렇다면 우리가 흔히 생각하는 매력적이며 호감이 가는 얼굴들은 어떤 특징을 지니고 있는지 또한 사람들이 선호하는 목소리의 특징, 신체적 특징, 그 사람의 태도나 옷차림에 따라 그 사람에 대한 호감도나 인상도 변하는지에 대해 생각해보자.

(3) 첫인상, 얼마나 믿을만 할까?

- 순간적으로 판단되는 첫인상은 과연 믿을 만한가?
- 미국 프린스턴 대학교 심리학과 토도로프(Alexander Todorov) 교수의 실험 중 하나인 「정치인의 첫인상이 선거에 미치는 결과」 연구는 첫인상에 대한 가설을 흥미롭게 제시해준다. 실험 참가자들에게 두 장의 사진을 보여주고 '누가 더 유능한가'를 선택하게 한 결과, 놀랍게도 상원의원 후보의 70%, 하원의원 후보의 68%가 당선 적중률을 보여주었다.
- 이 결과는 사람들이 얼마나 인상을 통해 많은 것들을 그것도 짧은 시간에 판단하는지를 여실히 보여준다.

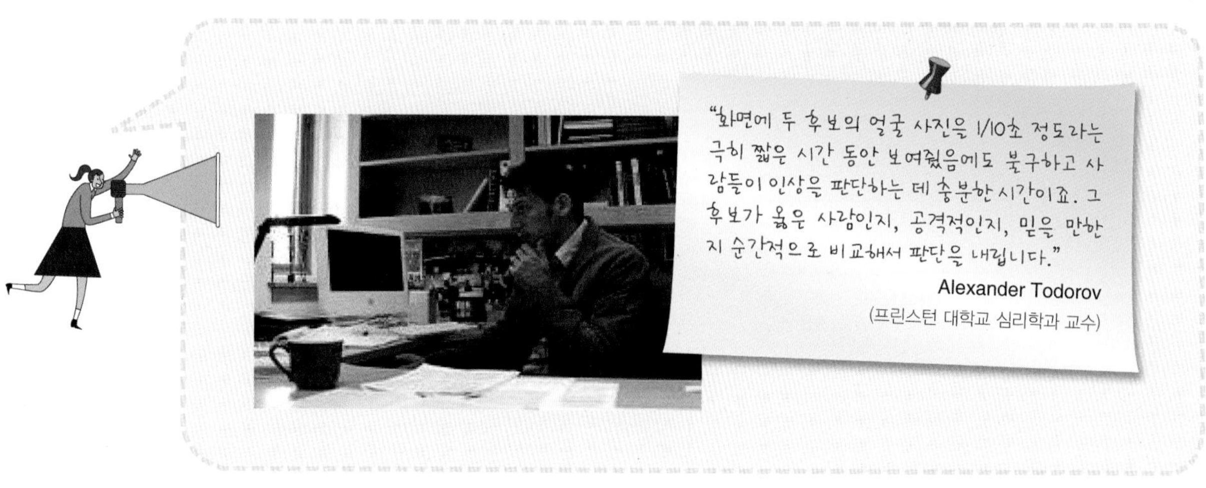

"화면에 두 후보의 얼굴 사진을 1/10초 정도라는 극히 짧은 시간 동안 보여줬음에도 불구하고 사람들이 인상을 판단하는 데 충분한 시간이죠. 그 후보가 옳은 사람인지, 공격적인지, 믿을 만한지 순간적으로 비교해서 판단을 내립니다."
Alexander Todorov
(프린스턴 대학교 심리학과 교수)

풍물인인 남편과 15년째 알콩 달콩 신혼처럼 살아가는 나종이 부부는 첫인상의 강렬함을 직접 경험한 커플이다. 남편의 뒷모습만 보고도 천생배필임을 느꼈다는 아내, 그리고 그녀의 당당함이 마음에 들었다는 남편. 그들처럼 첫인상은 믿을 만하며 바뀌지 않는 것일까? 이에 성균관대학교 심리학과 최훈석 교수는 흥미로운 실험을 우리에게 제시해준다.

나종이 / 노수환 부부

성균관대 심리학과 최훈석 교수

"첫인상이 굉장히 정확하고 유용하리라는 우리의 믿음이나 기대와는 달리 이런 아주 사소한 정보의 순서에 따라서도 인상이 크게 영향을 받음을 보여준다고 할 수 있겠습니다."

출처: http://cafe.daum.net/sorabolstern/ATrr/18?srchid=IIMDuTFd000#A4.bmp

한 사람 얼굴 보여주고 세로로 단어를 나열함

1. 긍정적인 단어부터 부정적 단어 순으로 나열하고 이 사람은 어떤 사람일까? 하며 물을 때
2. 부정적 단어부터 긍정적 단어 순으로 나열하고 그 사람의 이미지를 물을 때

"인상정보가 달라질 수 있음"

(4) 첫인상의 함정

에셔의 목판화

- 이 그림에서 무엇이 먼저 보이는가? 천사? 아니면 악마? 천사가 먼저 보이는 사람은 마음이 선하고, 악마가 먼저 보이면 과연 악한 마음의 소유자일까?
- 동전의 양면과도 같은 이 그림처럼 첫인상 역시 우리가 가진 선입견이나 고정관념에 의해 얼마든지 왜곡되고 바뀌기도 한다. 한 번 만들어지면 변화하기 힘든 첫인상, 인생에서 축복이 되기도 하고 또 굴레가 되기도 한다.

- 오랜 세월 안방 극장에서 활약했던 〈전원일기〉의 출연자, 박윤배씨를 통해 첫인상의 굴레에 갇혀 연기자로서 힘들었던 그의 속내를 들어본다.

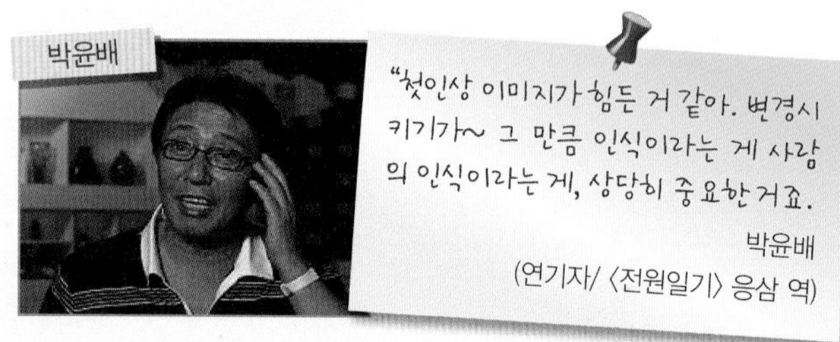

박윤배
"첫인상 이미지가 힘든 거 같아. 변경시키기가~ 그 만큼 인식이라는 게 사람의 인식이라는 게, 상당히 중요한거죠.
박윤배
(연기자/ 〈전원일기〉 응삼 역)

- 우리가 미처 생각하지 못한 단순한 선택이 첫인상에 대한 오류와 고정관념을 만들고, 일단 만들어진 인상을 쉽게 바꿀 순 없다. 그런 만큼 첫인상 관리는 중요해질 수밖에 없는데… 과연 어떻게 하면 좋은 첫인상을 만들 수 있을까?

(5) 어떻게 좋은 첫인상 이미지를 만들까?

"좋은 첫인상을 만들 수 있는 최선의 방법은 사람들에게 친근하게 대하고, 미소를 짓는 것입니다."
Alexander Todorov

"인간적으로 어떻게 안 되느냐? 딱 하나 비밀이 있죠. 긍정의 힘!!!!"
이어령 (중앙일보 고문)

"첫인상 교육을 하는 이유는 개인의 인상이 자기의 브랜드가 될 수가 있기 때문이죠."
한흥수 (K그룹 HR팀장)

"나의 개성은 나의 골격과 나에게 어울리는 컬러와 나에게 어울리는 소재의 옷을 찾아내고 그 다음에 나다운 목소리를 표현하는 거죠."
조미경 (이미지 컨설턴트)

출처: http://cafe.daum.net/sorabolstern/ATrr/18?srchid=IIMDuTFd000#A4.bmp

1 표정

온유하면서 따뜻한 사람으로 기억되게 만드는 것은 미소이다. 좋은 첫인상의 시작은 미소 띤 얼굴에서부터 시작된다.

프랑스의 부모들은 자녀들에게 '네 얼굴은 너 자신을 위한 것이 아니라 주위 사람들을 행복하고 즐겁게 하기 위한 것이다.'라며 남을 불쾌하게 하는 표정은 일종의 공해라는 개념으로 타인의 심리에 긍정적 영향을 줄 수 있는 표정 만들기를 교육한다.

표정
얼굴에 드러나는 여러 가지 마음속의 심리와 감정의 모습

1. 웃음의 효과

(1) 웃음은 심장을 튼튼하게 한다.

- 많이 웃는 사람들에게 심장병 발병이 적다는 연구 결과가 있다(영국, 로버트 홀덴).
- 놀람, 불안, 초조, 짜증 등은 교감신경을 예민하게 만들어 심장을 상하게 하는 반면, 웃음은 부교감신경을 자극해 심장을 천천히 뛰게 하며 몸 상태를 편안하게 해준다(스웨덴, 노먼 커즌즈 박사).

(2) 하루 15초 웃으면 이틀을 더 산다.

- 하루 15초씩 웃으면 수명이 이틀 더 연장된다는 연구 결과가 있으며, 하루 45분 웃으면 고혈압이나 스트레스 등 현대적인 질병도 치료가 가능하다(UCLA 대학병원, 프리드 박사).
- 환자가 10분간 통쾌하게 웃으면 두 시간 동안 고통 없이 편안한 잠을 잘 수 있다(스웨덴, 노먼 커즌즈 박사).
- 웃음은 순환기를 깨끗이 하고 소화기관을 자극하며 혈압을 내려준다[(웃음은 '내적 조깅'(internal jogging)].

(3) 웃음은 암도 물리친다.

- 웃음은 병균을 막는 항체인 '인터페론 감마'의 분비를 증가시켜 바이러스에 대한 저항력을 키워주며 세포 조직의 증식에 도움을 주는 것으로 밝혀졌다(미국, 리버트 박사).
- 웃음을 터뜨리는 사람에게서 피를 뽑아 분석해 보면 암을 일으키는 종양세포를 공격하는 '킬러 세포(killer cell)'가 많이 생성돼 있음을 알 수 있다(미국, 리버트 박사).

(4) 한 번 웃음은 에어로빅 5분 효과를 나타낸다.

- 사람이 한 번 웃을 때의 운동 효과는 에어로빅 5분의 운동량과 같다(스탠포드 대학, 윌리엄 프라이 박사).
- 사람이 한바탕 크게 웃을 때 몸 속의 650개 근육 중 231개 근육이 움직여 많은 에너지를 소모한다(스탠포드 대학, 윌리엄 프라이 박사).
- 크게 웃으면 상체는 물론 위장, 가슴, 근육, 심장까지 움직이게 만들어 상당한 운동효과가 있으므로 웃을 때는 배꼽을 잡고 크게 웃는 것이 좋다(스탠포드 대학, 윌리엄 프라이 박사).

(5) 1분을 웃으면 10분의 운동효과가 있다.

- 어린이들은 하루에 대강 4백번을 웃는데, 어른이 되면서 하루 6번 정도로 줄어든다(영국 통계자료).
- '웃음 요법(Laughing therapy)'은 행복을 가져올 뿐만 아니라 건강도 가져온다고 한다(영국, 로버트 홀덴).

웃음과 유머 감각의 훈련과 숙달 방법

- 웃음의 효력에 대해 늘 생각한다.
- 라디오, TV, 신문, 비디오, 서적 등에서 유머를 찾으며 때로는 연구한다.
- 웃음노트를 준비하여 기록하고 활용한다.
- 유년기를 생각하며 좀 더 장난기있게 생활한다.
- 지갑이나 수첩, 주머니에 유머를 넣고 다니며 다른 사람들을 웃기며 나도 웃는다.
- 즐거운 자리, 잘 웃는 사람들과 어울린다.
- 거울을 보고 내 자신을 보며 억지로라도 웃는 연습을 한다.

2. 호감주는 표정 연출

우리의 얼굴은 80여 개의 근육으로 지어 낼 수 있는 표정이 7천여 가지에 달한다. 80여 종의 근육 중 웃을 때 사용되는 근육이 50여 종으로 볼이나 입매에 집중되어 있지만 늘 웃는 사람도 20개의 근육을 모두 사용하지 못한다. 자신만의 얼굴 근육을 푸는 훈련을 통해 자연스럽고 상냥한 표정을 만들어보자.

3. 상대방을 바라보는 시선 연출

상대방을 바라보는 시선은 호의와 관심, 감정 등을 매우 빠르게 전달한다.

이에 시선에 따라 부정적인 느낌도 상대방이 빨리 알아차리게 되므로 주의하지 않으면 오해를

불러일으킬 수 있다. 사람을 만나서 제대로 바라보지 못하고 시선처리가 미숙하게 되면 자신감이 없어 보일 뿐만 아니라 상대방으로 하여금 저 사람은 대인관계에서 어려움이 있는 사람이라고 판단하게 할 우려가 있다.

- 눈에 힘을 주어 바라보는 것은 피해야 한다.
  상대방에게 부담을 느끼게 하며 힘주어 바라보는 사람은 의심이 많고 무엇인가 알아내려고 하는 의도를 가진 사람으로 보이기 쉽다.
- 상대방에게 불편함을 주지 않고 편안하게 바라보기 위해서는 상대방의 두 눈과 코를 연결한 삼각형 안에 시선을 머물게 하여 바라본다.

2 인사

인사는 마음의 문을 여는 열쇠로서 예절과 매너의 시작이다.

1. 인사

사람 인(人)자와 일 사(事), 즉 사람이 하는 일로서 서로 만나거나 헤어질 때 말이나 태도 등으로 존경, 인애, 우정을 표현하는 행동 양식이다. 인사는 인간 예절의 기틀로서 동양예절의 기본이며 인간관계의 시작이자 윤리 형성의 기본이다.

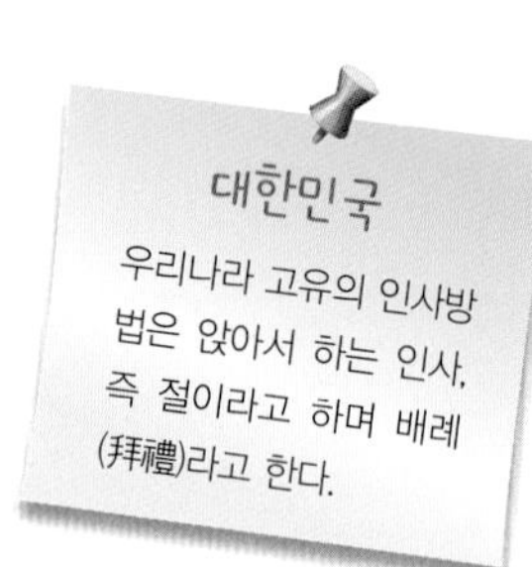

대한민국
우리나라 고유의 인사방법은 앉아서 하는 인사, 즉 절이라고 하며 배례(拜禮)라고 한다.

2. 고유한 인사법 절

좌식 생활문화 속에서 발달해 온 절은 그 형식이 절을 받는 분의 지위나 연령, 상황에 따라 매우 다양하게 행해졌으나 현대에는 일반적으로 명절이나 가정의례 시에 절을 하고 있다.

큰절

〈 남자의 큰절(稽首拜) 〉	〈 여자의 큰절(肅拜) 〉
① 공수한 자세로 선다. ② 허리를 굽혀 공수한 손을 바닥에 짚는다. ③ 왼쪽 무릎을 먼저, 오른쪽 무릎을 가지런히 꿇는다. ④ 오른쪽 무릎을 왼쪽 무릎과 가지런히 꿇는다. ⑤ 왼발이 앞(아래)이 되게 발등을 포개며 뒤꿈치를 벌리고 엉덩이를 내려 깊이 앉는다. ⑥ 팔꿈치를 바닥에 붙이며 이마를 공수한 손등에 댄다. ⑦ 잠시 머물러 있다가 머리를 들며 팔꿈치를 바닥에서 뗀다. ⑧ 오른쪽 무릎을 먼저 세우고 공수한 손은 바닥에서 떼어 오른쪽 무릎 위에 얹는다. ⑨ 오른쪽 무릎 위에 힘을 주며 일어나서 왼발을 오른발과 가지런히 모은다.	① 공수한 손을 어깨 높이로 수평이 되게 올린다. ② 고개를 숙여 이마를 공수한 손등에 붙인다. 눈은 엄지 안쪽으로 바닥을 볼 수 있어야 한다. ③ 왼쪽 무릎을 먼저 꿇고, 오른쪽 무릎을 왼쪽 무릎과 가지런히 꿇는다. ④ 오른발이 앞(아래)으로 가게 발등을 포개며 뒤꿈치를 벌리고 엉덩이를 내려 깊이 앉는다. ⑤ 윗몸을 반쯤(45도) 앞으로 굽힌다. 이때 손등이 이마에서 떨어지면 안 되며, 엉덩이가 들려서도 안 된다. ⑥ 잠시 머물러 있다가 윗몸을 일으킨다. 오른쪽 무릎을 먼저 세운다. ⑦ 일어나면서 왼발을 오른발과 가지런히 모은다. ⑧ 공수한 손을 원 위치로 내린다.

출처: 용인시 예절교육관

두 손의 손가락을 가지런히 붙여서 편 다음 앞으로 모아 포갠다. 엄지 손가락은 엇갈려 깍지를 끼고 집게손가락 이하 네 손가락은 포갠다. 아래 네 손가락은 가지런히 펴고 위의 손가락은 아래에 있는 손의 새끼 손가락을 지긋이 쥐어도 된다. 평상 시 공수할 때 남성은 왼손이 위로 가고 여성은 오른손이 위로 가며 남좌여우(男左女右), 흉사 시에는 그 반대로 한다.

공수자세

공수(拱手)
두 손을 앞으로 모아 잡아 허리 아래로 내려놓은 공손한 자세(의식 행사에 참여 시 어른 앞에서 공손한 자세를 취할 때 전통 배례 시)

3. 상황에 맞는 비즈니스 인사

(1) 인사

예절의 기본, 인간관계의 첫걸음으로 마음속으로부터 우러나오는 존경심과 친절을 나타내는 외적 표현이다.

(2) 인사동작 포인트

- 등줄기를 곧게 편다.
- 손가락(남좌여우)은 가지런히 모은다.
- 동작은 하나하나 끊어 연결한다.
- 시작보다 마무리 동작을 천천히 한다.
- 자연스러운 눈맞춤을 한다.
- **스마일** : 형식적인 인사에 그치지 않도록 밝고 자연스러운 표정전달을 한다.
- **눈맞춤**(Eye Contact) : 인사를 받을 상대와 눈을 마주친다.
- **인사말+알파의 말** : 밝은 목소리의 인사말을 하여 성의와 관심 표현을 한다.
- **허리 인사** : 바른 인사 자세로 세련된 모습을 연출한다.

(3) 피해야 하는 인사

- 표정이 없는 인사나 망설임이 느껴지는 인사
- 상대방과 눈맞춤이 없는 인사
- 숙임이 없이 말로만 하는 인사
- 인사말 없이 고객만 까딱하는 인사
- 턱을 쳐들고 하는 인사
- 긴 머리가 얼굴을 덮어 인사의 뒷정리가 잘 안 된 인사

가벼운 인사
(목례, 약례, 반경례)
동료나 친한 사람끼리,
협소한 장소, 자주 만날 때
위사람이 아랫사람에게
보통 인사
(보통례, 경례, 평상례)
만나거나 헤어질 때,
지시를 받거나 보고 후에
정중한 인사
(정중례, 최경례, 큰경례)
감사, 사죄의 표현을 할 때
결혼식 등 관혼상제 행사 때
공식석상에서 처음 인사할 때
15°
30°
45°

3 자세

1. 선 자세

- 무릎은 힘을 주어 붙인다.
- 엉덩이는 힘을 주어 위로 당긴다.
- 배는 힘을 주어 앞으로 내밀지 않도록 한다.
- 등줄기는 꼿꼿이 편다.
- 가슴은 쭉 펴고 턱은 당긴다.
- 미소 지을 때 입 꼬리를 위쪽으로 향하여 윗니가 보이도록 한다.
- 시선은 정면을 향한다.
- 전체적으로 천장에서 당기는 듯한 느낌이 들도록 선다.

2. 바르게 앉기와 일어서기

- 한쪽 발을 뒤로 당겨 균형 있게 앉는다.
- 여성의 경우 스커트 뒷자락을 한 손으로 잡고 앉는다.
- 다른 한 발을 당겨 나란히 붙여 비스듬히 내놓는다.
- 무릎과 발끝을 붙이고 손은 모아 무릎 위에 올려 놓는다.
- 어깨너머로 의자를 보고 의자 깊숙이 앉는다.
- 턱은 당기고 시선은 정면, 상대의 눈을 본다.(항상 일어설 수 있는 자세로 한다.).

3. 걷는 자세

- 어깨와 등을 곧게 펴고 시선은 정면을 향한다.
- 무릎은 곧게 펴고 배를 당기며 몸의 중심을 허리에 둔다.
- 턱은 당기고 시선은 자연스럽게 앞을 본다.
- 팔을 자연스럽게 흔들고 무릎은 스치듯 걷는다.
- 발 앞 끝이 먼저 바닥에 닿도록 하며 걷는 방향이 직선이 되도록 한다.
- 발소리가 나지 않도록 체중은 발 앞에 싣는다.
- 발을 끌어당겨 옮기기에 적당한 속도로 걷는다.
- 한 줄의 선 위를 걷는 것처럼 걷는다.

4. 계단 오르기

- 상체를 곧게 펴고 몸의 방향을 비스듬히 하여 걷는다.
- 무게중심을 발의 앞 부리에 두어 소리가 나지 않게 걷는다.
- 올라갈 때의 시선은 15도 정도 위를 향하여 걷는다.
- 내려갈 때의 시선은 15도 정도 아래를 향하여 걷는다.
- 올라갈 때에는 남자가 먼저, 내려갈 때에는 여자가 먼저 내려간다.
- 스커트 착용 시에는 아래 사람을 의식해서 걷는다.

5. 안내 및 방향지시

- 손가락을 가지런히 모아 바닥을 위로 하여 손 전체로 지시한다.
- 손등이 보이거나 손목이 굽지 않도록 한다.
- 어깨부터 움직여 팔꿈치를 굽히면서 가리키고, 팔의 각도로 거리감을 표시한다.
- 시선은 상대의 눈에서 지시하는 방향으로 갔다가, 다시 상대의 눈으로 옮겨 상대의 이해도를 확인한다.
- 우측을 가리킬 경우에는 오른손, 좌측을 가리킬 경우에는 왼손을 사용한다.
- 사람을 가리킬 경우에는 두 손으로 사용한다.
- 뒤쪽에 있는 방향으로 지시할 때에는 반드시 몸의 방향도 뒤로 하여 가리킨다.

공수 자세, 바르게 서 있기, 걷기, 앉기를 실습해 본 후 개선할 사항을 기재하여 봅시다.

공수 자세

바르게 서 있는 자세

걷는 자세

앉는 자세

4 용모 · 복장

단정하고 상대방에게 호감을 주는 용모와 복장은 자신의 이미지는 물론 소속된 기업 이미지에도 영향을 미친다. 이처럼 우리는 대인 관계를 할 때 외모나 차림새인 용모 복장으로 상대를 평가하는 경향이 있다.

첫인상은 용모와 복장으로 연결되고 전반적인 상대방에 대한 평가로 이루어져 나아가 관계를 지속할지를 평가하기 때문에 신뢰감을 주는 용모와 복장은 중요한 요소가 된다.

용모와 복장을 적절하게 잘 갖추었다는 것은 상황과 목적에 맞게 조화로운 이미지를 연출했다는 것이다. 원래 타고난 체형과 얼굴의 생김새는 바꾸기가 어렵지만 상대방에게 호감을 주는 용모와 복장은 충분히 개인의 노력과 관심에 따라 개선이 가능하다. 따라서 본인의 이미지를 향상시켜주는 적절한 용모와 복장을 갖출 수 있도록 노력하는 마음과 자세가 필요하다.

(1) 호감 주는 용모 · 복장의 요건

- **청결** 예부터 우리나라 예절의 첫걸음은 몸을 깨끗하고 정결하게 하는 것으로 용모복장의 기본은 청결이다. 깨끗하고 청결한 몸은 상대방에게 호감을 주며 기분을 상쾌하게 해준다. 그러므로 얼굴과 몸, 피부, 손, 수염과 머리 등을 청결하게 유지하며 나쁜 냄새(술.담배.음식.지나친 향수와 화장품 등)가 나지 않도록 관리한다.
- **단정** 유행을 지나치게 따르는 맹목적인 화려한 복장은 지양하고 본인이 소속된 기업의 이미지가 향상되도록 효율적으로 갖추어 입는다. 또한 자신의 체형 치수에 잘 맞도록 어울리는 옷을 입는다.
- **품위** 고가의 비싼 옷보다는 자신의 인격과 소속된 기업의 이미지를 고려한다. 격식에 맞는 용모와 복장 차림은 유능하고 예의바르며 자신감이 넘쳐 보인다.

- **조화** 때와 장소, 상황에 맞게 어울리는 용모와 복장을 한다. 결혼식이나 생일잔치 등 즐거운 곳에서는 밝게, 문병이나 조문을 갈 때에는 화려한 장식을 피하고 짙은 색 계열의 간소한 용모복장을 한다. 용모와 복장은 주위 환경과 조화를 이루는 것이 아름답다.

| 4 | 언어적 커뮤니케이션 기법과 활용

커뮤니케이션은 개념상 서로 주고 받는 행위이다. 대화에서 자기 이야기만 늘어놓으면 듣는 사람이 지루할 수 있다. 성공한 사람들을 보면 말을 하는 편이 아니고 주로 말을 듣는 편에 속한다. 때로는 진실한 대화로 감동을 전할 줄 알아야 하며 꼭 필요한 말만 간단명료하게 말하는 습관을 기르고 거절과 부탁은 확실하게 해야 한다. 부탁에 대한 거절은 상대에게 미안하다는 진심을 충분히 담아 예의 바르고 확실하게 해주는 것이 좋다.

대화의 테크닉은 솔직함으로 유머감각을 발휘하는 것이지만 우리나라에서는 유머를 쓸 때 상대방에 대한 무례가 되지 않도록 특별히 유의해야 한다. 유머가 확대되어 결국 비난으로 돌아오는 경우도 있다. 서양에서는 유머로 시작해서 마무리를 하므로 유머를 구사하는 능력을 중요시하는 반면, 한국에서는 유머를 즐기는 것은 가볍거나 경망스러운 느낌을 줄 수 있으므로 주의가 필요하다.

상대를 설득할 때는 눈을 맞춰 명확하게 말을 하며 대화를 할 때 눈 맞추는 것을 피하게 되면 솔직하지 못한 사람으로 비춰질 수 있다. 효과적인 대화를 위해서는 나만의 말하기 스타일을 만들어서 사용하면 효과적이다.

1. 대화 전문가의 노하우

(1) 말에는 논리가 서야 한다.

- 말의 순서와 기준이 확고해야 한다. 그렇기 때문에 독서가 가장 중요하다.
- 책은 논리적이기 때문에 말의 논리를 익히는 교과서 역할을 한다.
- 자신의 말 중에 불필요한 말을 지워나간다. 불필요한 말 때문에 보고나 지시 기간이 길어진다. 이는 시간의 낭비이므로 이를 위해 부단히 써 보고 연습해야 한다.
- 말은 나 때문이 아니라 상대방을 위해서 하는 것이라는 인식이 필요하다. 자기 중심이 아닌 듣는 사람에게 맞춰야 한다.

(2) 연습이 필요하다.

- 말은 타고난 대로 해야 하는 것이 아니라, 자기 말을 녹음해서 들어보며 시뮬레이션을 통해 연습을 해야 한다.
- 입을 크게 벌리고 신문 같은 것 등을 교재 삼아서 매일 15분씩 발성을 연습한다면 큰 효과가 있을 것이다.

(3) 주장은 간결하게 설득한다.

- 주장이 반대에 부딪칠 것으로 예상하고 화부터 내는 경우가 많은데 낮은 목소리로 간결하고 명료하게 말한다면 그 주장은 설득력을 얻을 것이다.

(4) 공존과 화합을 위한 남녀 간의 올바른 대화법이 중요하다.

- 인류의 탄생 이래 남자는 사냥꾼 역할을 하였고, 여자는 집과 자녀를 지키는 파수꾼 역할을 했으므로 근본적으로 사고체계가 다르다.
- 사냥꾼은 비바람 속에서도 짐승 발자국 소리만 골라 들어야 사냥에 성공할 수 있다. 그래서 사냥꾼 뇌 모드의 남자들은 자기가 몰두하는 일이 아니면 귀담아 들을 수 없게 되어버렸다.
- 반면 파수꾼은 사소한 일 모두를 알아야 맡은 임무를 제대로 수행할 수 있다. 그래야만 가정과 자식을 지킬 수 있기 때문이다. 따라서 여자는 한꺼번에 모든 소리를 다 들을 수 있는 기능이 생겼다.
- 남자와 여자의 반대되는 뇌 모드만 이해해도 인간관계 시 남녀 사이의 갈등을 많이 줄일 수 있을 것이다.

1 대화 매너

1. 대화 시 유의사항

- 상대방이 화가 났을 때 화가 난 상대방의 말을 감정적으로 대하지 않는다.
- 상대방의 생각이 내 생각과 같을 것이라고 속단하지 않는다.

- 상황에 맞지 않게 대충 말하지 않는다.
- 자신을 지나치게 낮추는 말은 쓰지 않는다.
- 상대방에게 말할 기회를 주고 가급적 자기 말은 앞세우지 않는다.
- 대화에 불필요한 단어를 반복하지 않는다.
- 내용에 어긋나는 불확실한 말을 하지 않는다.

2. 대화 시 매너

- 밝고 긍정적인 자세로 대화에 임하고 공통된 화제로 경박하거나 거만한 태도를 취하지 않는다.
- 대화를 나눌 때에는 내용도 중요하지만 형식도 중요하다. 정확한 발음과 쉬운 용어, 존칭어와 경어를 사용하여 상대방의 입장을 고려하여 대화하고 상대방의 호감과 신뢰를 얻도록 한다.
- 정확한 발음과 적절한 속도로 이야기한다.
- 가능한 말을 줄여서 정확한 메시지를 전달한다.
- 가벼운 화제에서 심각한 화제(예 날씨 → 업무)로 이야기한다.
- 쉬운 화제에서 어려운 화제로 이야기한다.
- 과거에서 현재로 현재에서 미래의 화제로 이야기한다.
- 구체적인 화제에서 추상적인 화제로 이야기한다.
- 전달하는 화제에서 설득하는 화제로 이야기한다(예 이 제품은 전기가 절약됩니다. 이 제품을 이용해 보시는 것이 어떠시겠습니까?).

2 경청과 적극적 듣기

언어적 커뮤니케이션은 자음과 모음의 정확한 발음, 크기나 강세, 억양의 효과적 사용, 말의 속도와 청각적 요소들에 대한 적절한 이해와 연습이 필요하다. 따라서 정확한 어휘선택과 사용이 있어야 하며, 이중 가장 중요한 첫 번째 요인은 효과적인 듣기이다.

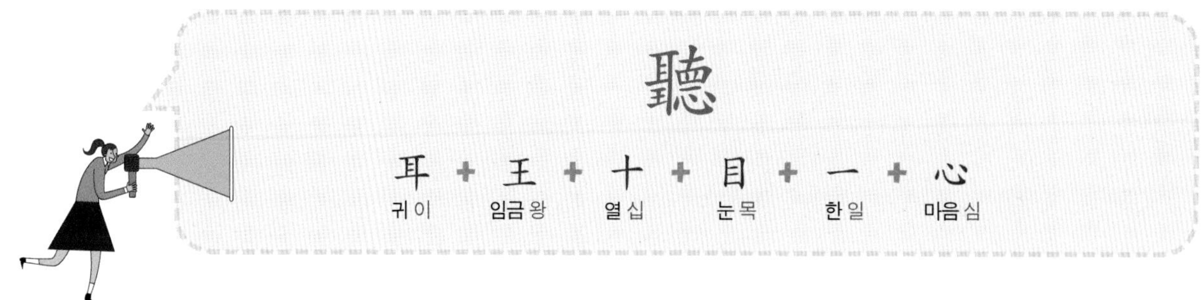

들을 때 귀(耳)를 임금(王)처럼 크게 세워서 자세히 들어야 된다. 그리고 열 개(十)의 눈(目)을 뜬 듯 상대방의 모든 것을 살펴봐야 한다. 이때 내 마음은 한마음(一心)으로 상대방의 마음을 향해 한결같이 일치되어 있어야 한다.

커뮤니케이션에서 말하는 것보다 중요한 것은 듣는 것이다. 효과적으로 듣는 것은 상대방의 욕구를 파악하기 위한 중요수단이다. 경청은 단순히 듣는 것이 아니라 상대방의 말과 마음을 존중하고 감정을 이해하며 반응하는 것이다.

1. 적극적 듣기

(1) 진짜듣기와 가짜듣기

듣기의 과정은 듣기(hearing), 해석(interpretation), 평가(evaluation), 응답(responding)으로 이어진다.

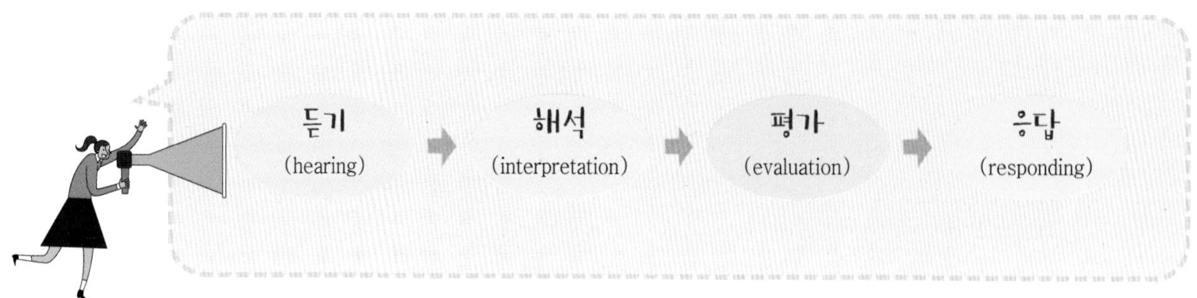

이처럼 듣고 응답하는 과정을 거치는 것을 경청(傾聽), 즉 진짜듣기라고 할 수 있다. 그러나 귀를 귀울여 듣지 않은, 즉 가짜듣기(응답이 일어나지 않는 경우)가 있다.

일반적으로 사람들은 어떤 내용을 듣고 난 바로 직후에도 방금 들은 내용의 절반밖에는 기억하지 못하고, 두 달이 지나면 1/4 정도로 기억이 감소하는 것으로 나타난다.

또한 중요한 것은 많은 사람들이 실제로 그렇게 하지 않았음에도 불구하고 자신은 진짜로 들었다고 믿는 경향이 있다고 한다. 이것은 때때로 커뮤니케이션의 장애가 되기도 하고 이러한 이유는 개개인의 커뮤니케이션 습관에 따른 문제라고 할 수 있다.

따라서 보다 올바른 듣기의 습관을 가지기 위해서는 상대방을 존중해주고, 상대방의 말을 이해하려는 노력이 필요하며 또한 정황을 잘 인식하고 판단하며 상대방과 마음을 이해하려는 커뮤니케이션 습관이 필요하다.

(2) 적극적으로 듣기

적극적으로 듣기란 진짜듣기의 한 형태를 말한다. 그리고 적극적으로 듣기란 목적을 갖고 듣는 행위를 의미한다.

적극적으로 듣기란 자기 자신의 특별한 감각, 태도, 신념, 감정, 직관 등을 갖고 듣는 것을 뜻하는 것이다. 그래서 적극적으로 듣는다면 어떤 결과를 얻을 것인가? 그것은 바로 말을 잘하는 Good Speechmaker가 되기 위한 기초를 갖추는 것이라 할 수 있다.

(3) 감정이입(Empathy)

감정이입은 상대방을 이해하려고 하는데서 시작된다. 다른 사람이 세상을 보는 눈으로 나도 같이 바라볼 수 있을 때 감정이입이 이루어졌다고 말한다. 즉, 감정이입이란 상대가 필요로 하는 것, 소원, 좌절, 기쁨, 걱정, 상처, 굶주림까지 모든 것이 나 자신의 것처럼 절실하게 느껴지는 개개인의 힘이라 할 수 있다.

따라서 감정이입 차원에서 듣기란 적극적으로 듣는 것에 한 가지 더 상대방을 이해하려는 마음과 노력이 추가된 경우를 가리킨다. 하지만 상대방과 의견을 달리할 때 상대방과 목적이 다를 때는 감정이입이 되기는 그야말로 쉽지 않다.

적극적 감정이입 경청법

자신의 감각, 태도, 신념, 감정, 직관 등을 갖고 말로 표현된 이상의 의도, 감정, 정황 등을 말하는 사람 중심으로 듣는다.

- **환언** 상대방의 말을 잘 이해했음을 확인시켜 주기 위해 상대방 메시지를 다시 들려주는 것이다.
  예 차장님, 내일 오전 11시 미팅을 하시겠다는 말씀 맞으시지요?
- **요약** 메시지의 전체적인 내용을 전달한다.
  예 철수야, 너의 말은 ~~~~~~~~~~~이야기이고 영희 말은 ~~~~~~~~~라는 말인데 내 말이 맞는거니?
- **감정을 반영한 반응** 상대방의 감정 상태에 세심한 주의를 기울이고 있음을 알게 하는 것이다.
  예 고객님, 불편접수 과정이 복잡해서 대단히 죄송합니다. 불편하신 사항이 신속히 조치될 수 있도록 최선을 다하겠습니다.

(4) 듣기를 방해하는 요인

1) 잡음(noise)

- **외적 장애요인** : 청각적 소리, 시각적 장면, 후각적 요인 등
- **내적 장애요인** : 정신적 산만함, 감정적 산만함, 내용 자체의 산만함 등

2) 나 자신

자기중심적 사고, 방어적 성향, 경험적 우월성, 이기주의 등

3) 타인에 대한 선입관

상대방의 지위 등

(5) 효과적인 듣기 기술

듣기의 방해 요인들을 제거해 나가고, 더불어 언어적 기술을 열거하면 다음과 같다.

언어적 기술

1. 보조 코멘트 사용 : 어머 그러셨어요, 그렇군요, 느낌이 어땠어요?
2. 질문을 한다.
3. 동의하는 부분, 공통점 경험을 함께한다.
4. 다양한 맞장구를 한다.
5. 분명한 말로 반응한다.
6. 평가적 반응보다 긍정적 반응을 한다.
7. 확인하는 표현을 한다.
8. 침묵을 삼간다.
9. 상대방에게도 기회를 준다.
10. 상대방이 한 말을 반복해서 한다.
11. 상대방의 의도를 부연 설명한다.

비언어적 기술을 열거하면 다음과 같다.

비언어적 기술

1. 신체를 반응한다.
2. 앞쪽으로 몸을 기울인다.
3. 상대방 쪽으로 향한다.
4. 편안하게, 그러나 약간 긴장한 자세를 취한다.
5. 열린 자세를 취한다.
6. 긍정적으로 반응 있는 얼굴 표정을 한다.
7. 눈맞춤(eye-contact) 한다.
8. 상대방과 가까이 앉는다.
9. 목소리에 변화를 준다.
10. 보조적 소리를 낸다.

3 음성과 스피치 기법

음성은 고저, 장단, 강약 등을 적절히 조절해서 표현해야 내용을 잘 이해시킬 수 있고 감동을 줄 수 있기 때문에 효과적인 음성관리가 중요하다. 사람의 목소리는 여러 가지 특징으로 구분할 수 있다.

목소리는 타고나는 것이나 좋은 목소리를 만들기 위한 자기 노력과 훈련으로 교정이 가능하다. 좋은 목소리는 호흡조절과 더불어 발성 연습이 필수이며, 특히 다양한 변화를 줄 수 있는 문장에 따른 발성훈련이 효과적이다. 이상적인 목소리는 맑고 부드럽고 거침이 없으며 톤과 음량이 좋고 속도도 적절하다.

전문가들에 따르면 음성이 좋은 사람은 70% 이상이 타고나는 경우이며 20~30%는 발성 연습의 노력으로 좋게 만든 경우라고 하지만 연습과 훈련의 힘은 강하다.

1. 음성 단련법

1) 자세를 바로 한다.
   - 등을 곧게 펴고 가슴을 올려 배에 힘을 주어 말한다.
2) 복식호흡을 통해 단전에서 우러나오는 목소리를 단련시킨다.
   - 확신을 주고 따뜻하게 들리는 목소리를 가지려면 목소리를 낮게 내는 연습을 해야 한다. 특히 전화로 이야기할 때나 마이크를 사용할 때는 낮은 목소리가 호소력이 있다.
3) 밝은 목소리로 생동감 있게 말한다.
   - 항상 밝은 생각으로 긍정적인 말을 하자. 상대가 유쾌한 기분이 들도록 하는게 중요하다.
4) 발음은 정확하게 한다.
   - 발음교정에 유의한다. 연예인들처럼 볼펜을 입에 물고 소리를 내어 읽는 훈련을 하는 것도 좋다.
5) 음성을 관리한다.
   - 잦은 흡연과 목기침, 피로 등은 목소리를 상하게 할 수 있다. 목소리가 잘 안 나올 때는 길게 숨을 쉬거나 따뜻한 레몬차를 마시면 도움이 된다.

6) 강약 부분을 이용한다.

- 강조점, 엄숙한 사항, 숫자, 인명 지명은 속도를 낮추거나 음을 낮춤으로써 집중시킨다.
- 클라이맥스, 호소, 부탁, 비판의 부분은 음을 높인다.
- 남성적 내용은 두꺼운 음색으로, 여성적 내용은 가는 음색으로 말하는 것이 효과적이다.

7) 적절한 호흡을 사용한다.

- 새로운 생각을 표현할 때마다 호흡을 가다듬는다.
- 말이 끝날 때까지는 숨을 아끼고 모자랄 경우에는 다시 숨을 들이쉰다.
- 강조하고자 하는 단어 앞에서는 잠시 멈추는 포즈(pause)를 사용한다.

2. 스피치 연습방법

(1) 아나운서 화법을 벤치마킹한다.

EX 가을 하늘이 다시 또 흐려졌습니다. 오늘밤과 내일 오전 사이 서울 경기 지방은 약간의 빗방울이 떨어지는 곳도 있을 것으로 보입니다. 내일 중부 지방은 흐리다가 낮부터 개겠고 남부 지방은 오후부터 구름의 양이 많아지겠습니다. 또 남부 내륙 지방에선 아침에 안개 끼는 곳이 있을 것으로 보입니다. 지금 북한 지방으로 약한 기압골이 형성되면서 구름이 많이 끼어 있고 백령도 부근으론 빗방울이 떨어지고 있습니다. 오늘 밤 이후 이 기압골은 점차 내려와서 오전엔 중부 지방, 오후에는 남부 지방에 영향을 줄 것으로 보입니다.

EX 내일은 아침 한때 남부 내륙 지방을 중심으로 안개가 끼겠습니다. 중부 지방에선 흐린 뒤 낮부터 개겠고 남부 지방에선 오후에 구름이 많이 끼겠습니다. 아침 기온은 서울 13도, 부산 17도로 오늘과 비슷하거나 조금 높겠고 낮 기온은 서울 21도, 광주 22도가 예상됩니다. 울릉도와 독도 지방 흐린 뒤 오후 늦게 개겠고 물결은 모든 바다에서 낮게 일겠습니다. 당분간 대체로 구름이 많이 끼는 날씨가 이어지다가 주말쯤 동해안 지방은 빗방울이 떨어지겠습니다. 날씨였습니다.

(2) 어려운 단어를 꾸준히 반복하여 연습한다.

- EX 신진 샹송 가수의 신춘 샹송 쇼
- EX 중앙청 창살 쌍창살 조달청 창살 쇠창살
- EX 경찰청 쇠창살 외철창살, 검찰청 쇠창살 쌍철창살
- EX 서울특별시 특허 허가과장 허 과장
- EX 저기 저 콩깍지가 깐 콩깍지이냐? 안 깐 콩깍지이냐?
- EX 내가 그린 구름 그림 잘 그린 구름 그림 내가 그린 기린 그림 잘 그린 기린 그림
- EX 우리집 옆집 앞집 뒷 창살은 홑 겹 창살이고 우리집 뒷집 앞집 옆 창살은 겹 홑 창살이다.
- EX 저기 저 말뚝이 말 맬 말뚝인가? 말 못 맬 말뚝인가? 말 맬 말뚝이면 어떻고 또 말 못 맬 말뚝이면 어떠리
- EX 저기 가는 저 상장수가 새 상장수냐? 헌 상장수냐?
- EX 저 분은 백 법학박사이고 이 분은 박 법학박사이다.
- EX 저기 저 뜀틀이 내가 뛸 뜀틀인가 내가 안 뛸 뜀틀인가?
- EX 도토리가 문을 도로록, 드르륵, 두루룩 열었는가? 드로록, 도루륵, 두르룩 열었는가?
- EX 한영 양장점 옆에 한양 양장점, 한양 양장점 옆에 한영 양장점
- EX 춘천 공작창 창장은 편 창장이고, 평촌 공작창 창장은 황 창장이다.

(3) 강약과 고저 음의 리듬으로 표현한다.

EX 고속버스가 // 중앙선을 넘어 마주 오던 택시와 정면 충돌했습니다.
고속버스가 중앙선을 넘어 // 마주 오던 택시와 정면 충돌했습니다.

EX 아줌마 // 파마 돼요?
아줌마 파마 // 돼요?

EX 철수가 // 영희와 미경이를 때렸다.
철수가 영희와 // 미경이를 때렸다.

직장 내에서 회의 시 커뮤니케이션 매너

- 회의란 여러 사람이 같은 목적을 놓고 의견을 교환해 하나의 결론을 얻어내는 대화의 방법이다. 하나의 주제를 놓고 여러 사람이 의견을 말하고 때로는 상대방을 설득하고 이해를 구해야 하기 때문에 일반대화와는 달리 엄격한 질서가 요구된다.
- 직장에서의 회의는 업무의 방향을 설정하고, 이를 보다 원활하게 수행하며, 그 과정을 점검하는 데 의의가 있다. 따라서 자기의 가치관이나 판단과 차이가 있더라도 다른 사람의 입장을 존중하여 독불장군식으로 의견을 개진하지 않도록 하는 것이 중요하다. 직장에서 회의를 할 때에는 참석자의 입장에 따라 조금씩 다르지만, 일반적으로 다음과 같은 점에 유의하여 이야기하는 것이 바람직하다.

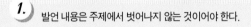

회의할 때의 유의사항

1. 발언 내용은 주제에서 벗어나지 않는 것이어야 한다.

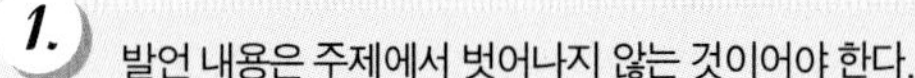

2. 발언의 차례가 정해져 있는 경우 이를 반드시 지키도록 하며, 차례가 정해져 있지 않더라도 윗사람이나 상사의 발언이 끝나기를 기다려 자기의 의견을 말하도록 한다.

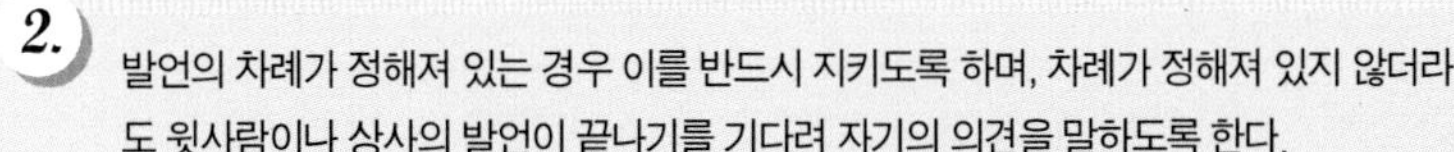

3. 누구나 알아들을 수 있도록 정확하고 또렷한 목소리로 말한다.
4. 혼자서 너무 오랫동안 발언하지 말고 여러 사람이 의사를 개진할 수 있도록 배려한다.
5. 짧은 시간에 요점을 간결하고 알기 쉽게 말한다.
6. 의제와 관계없는 사담은 피한다.
7. 남의 말을 가로막거나 중단시키는 행위는 삼가야 한다.
8. 남에게 불쾌감을 주는 태도나 발언은 금물이다.

4 효과적인 칭찬

가장 쉬우면서도 대화를 기분 좋고 부드럽게 이어갈 수 있도록 하는 것이 바로 칭찬 화법이다. 상대의 장점을 발견해 진심 어린 칭찬으로 대화를 시작한다면 관계 개선에 도움이 될 것이다.

그러나 형식적이거나 상투적인 칭찬은 오히려 아첨이나 비아냥으로 받아들여져 관계를 더욱 악화시킬 수도 있기에 유의하여야 한다. 칭찬은 상대방에 대한 마음의 배려와 진심이 중요하다. 행위에 대한 감정이 들어간 표현으로 즉각적으로 격려하며 간결하게 해야 상대방이 쑥스럽지 않다.

1. 칭찬 효과

- 타인을 성장할 수 있도록 돕는다.
- 자신감을 갖게 한다.
- 긍정적인 사고방식을 갖도록 돕는다.
- 행동의 변화를 가져온다.

2. 칭찬 방법

- 구체적으로 칭찬한다.
- 소품을 칭찬하면서 그 사람의 안목이나 인성 자체를 칭찬하는 것이 더 고급스럽다(예 넥타이 색상이 정말 멋지세요. 넥타이 고르시는 안목이 무척 세련되시네요.).
- 본인도 몰랐던 장점을 찾아 칭찬한다.
- 공개적으로 하거나 제3자에게 전달한다.
- 다양한 방식을 찾아 칭찬한다.
- 칭찬 후에 비난을 하는 것은 금물이다. 칭찬을 받은 것보다 비난한 것을 오래 기억하기 때문이다.
- 마음에 없는 가식적인 칭찬은 하지 않는다. 오히려 경계하게 된다.
- 칭찬해야 할 상황이라면 바로 즉시에 하며 간결하게 한다.
  시기를 놓쳐서 칭찬을 하면 오히려 반감할 뿐이다.
- 사소한 것을 칭찬하며 우연이나 의외의 상황에서 칭찬한다.

칭찬의
효과 1

출처 : http://blog.naver.com/jinchowoo?Redirect=Log&logNo=80007480110

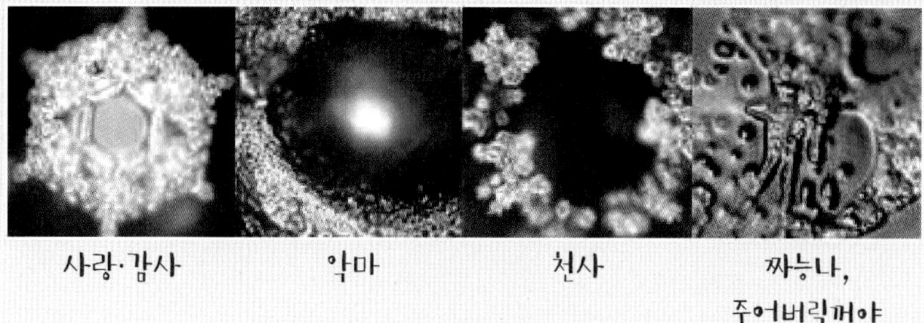

사랑·감사 | 악마 | 천사 | 짜증나, 죽어버릴꺼야

고맙습니다. (한국) | 고맙습니다. (이태리) | 고맙습니다. (독일) | 고맙습니다. (프랑스)

- 일본의 에모토 마사루는 8년 동안 물의 결정 사진을 찍어 "물은 답을 알고 있다." 라는 세계 최초의 물 결빙 결정 사진집을 내었다. 물은 영하 20도 이하의 냉장고에서 3시간 정도 얼린 다음 현미경으로 관찰 후 촬영되었다.
- 유리병에 물을 넣고 워드 프로세스로 사랑과 감사라는 글자를 친 후 물에게 보여주었다.
- 긍정적인 말과 부정적인 말에 따라 선명한 대비를 보여주는 사진을 통해 모든 물질과 감정 의식은 파동으로 이루어져 있고 파동이 물에 영향을 주어 결정구조를 만드는 것을 알 수 있다.
- 물 결정 사진 중 가장 정갈하고 아름다운 것이 바로 사랑과 감사라는 말에 반응한 결정이다.
- 인간의 몸도 70% 물임을 고려하면 우리가 서로 어떤 말을 하고 어떻게 살아야 할지를 생각하게 된다. 즉, 사랑과 감사처럼 긍정의 에너지를 주고받으면 몸 속 물도 건강하고 맑고 아름답게 정화될 수 있을 것이다.

출처: 에모토 마사루 〈물은 답을 알고 있다〉

| 5 | 고객응대 서비스 커뮤니케이션의 실제

1. 서비스 커뮤니케이션 원칙

- **배려** 서비스 커뮤니케이션은 나 또는 우리가 아닌 상대에 초점을 맞추어 대화를 나누는 것이다. 상대가 말하는 속도가 느리면 약간 느리게, 빠르면 나도 빠르게 조절해서 대화를 나누어야 하며 상대의 눈높이에 맞추어 맞는 용어와 표현방법을 사용하도록 한다. 그리고 정중한 용어로 응대한다.

- **간결** 간결하고 논리적으로 전달하는 것이 중요하다. 불필요하게 반복하거나 장황한 설명을 함으로써 대화가 지루해지지 않도록 주의하고 관련된 사실만을 표현하도록 한다. 따라서 평소 단문으로 이야기하고 결론부터 말하고 부연설명을 하는 등 간결하게 말하는 연습을 하는 것이 좋다.

- **명확** 속도, 억양, 성량을 상대방이 듣기 좋도록 조절하고 누구라도 알아들을 수 있는 쉬운 어휘나 용어를 사용하여 말한다. 대화는 말을 잘하는 것보다는 상대가 잘 알아듣도록 말하는 것이 중요하다. 따라서 전문용어의 사용을 자제하고 이해하기 쉬운 용어를 사용하여 명확하게 전달하는 것이 중요하다.

- **정중** 대화를 할 때 어떤 표현을 쓰는가는 매우 중요하다. 똑같은 내용이라도 어떤 어휘를 사용하여 표현하느냐에 따라 전달되는 이미지는 매우 달라지기 때문이다. 친밀감을 주면서도 정중한 표현을 사용하여 대화를 하여야 한다. 은어나 속어와 같이 특정 집단이 사용하는 말이나 지나친 농담, 말의 의미가 전달되지 않게 줄인 말 등의 사용을 금하고 재치있고 품위있게 대화를 할 수 있도록 한다.

1 정중한 화법

타인과의 관계에서 호감 가는 대화를 이끌어낼 때 필요한 것

송신자 / 수신자 / 메시지 / 전달매체 / 피드백

- 어떠한 장애요소가 하나라도 발생하면 호감 가는 대화란 기대하기 어렵다.
- 인간이 갖고 있는 생각의 흐름은 잠시도 정지되어 있는 것이 아니고 미묘한 감정들이 복합되면서 본 의미가 왜곡되기도 하며 여러 상황이 발생될 수 있다는 이유도 있다.

- 언어를 사용하는 사람들의 개인적인 특성이나 성격, 지적 수준 등의 차이로 인해 이해의 편차가 크고 같은 단어를 다른 의미로 사용하기도 하며 의도한 메시지 전달에 제한을 받기도 한다.
- 호감 가는 대화는 인간관계의 이해를 이끌어내며, 관계를 증진시키기 위해서는 공통으로 사용되는 언어의 이해뿐만 아니라 자신과 상대의 특성을 이해하는 일, 공통적으로 사용되는 용어나 기호, 대화 시 지켜야 할 기본원칙, 보디랭귀지 등을 배우고 익혀야 할 필요가 있다.
- 인간은 사회적 동물이며 그 사회에서 요구하는 삶의 방식과 기능을 습득해야 살아갈 수 있다.

(1) 신뢰 화법

상대방에서 신뢰감을 줄 수 있는 대화는 말 어미의 선택에 따라 조금씩 달라질 수 있다.

다까체는 정중한 느낌을 줄 수 있으나 다소 딱딱함과 형식적인 느낌을 줄 수 있다.

반면 요조체의 과다 사용은 대화 전체 느낌이 유아적으로 보여 신뢰감을 떨어뜨릴 수 있다.

다까체와 요조체를 7 : 3 비율로 적절히 사용하는 것이 좋다. 또한 모든 말은 완전한 말이어야 하며 반토막말의 사용은 금한다.

❶ **다까체**

- 이쪽으로 오시겠습니까?
- 제가 말씀드리겠습니다.

❷ **요조체**

- 이쪽으로 오시겠어요?
- 제가 말씀드리죠.

1) 밝고 명랑한 화법

- 자신의 마음상태를 긍정적으로 만든 후 웃는 얼굴로 대한다.
- 목소리의 톤을 조절하고 억양을 살려서 자연스럽게 구사한다.

2) 명료한 화법

- 발음에 유의해야 한다.
- 적당한 속도로 말한다.
- 강조할 부분과 쉴 부분을 구별하여 또박또박 말한다.

3) 우회형, 긍정적 화법

- 명령이나 지시는 반감을 유발한다.
- 부탁이나 권유하는 말로 표현한다.
- 이쪽에 앉으세요. → 이쪽에 앉으시겠습니까?, 이쪽자리 괜찮으시겠어요?

4) 공손하고 정중한 화법

- 상대를 높이는 말씨는 정중하게 느껴진다.
- 비어, 속어, 줄임말 등의 품격이 떨어지는 말은 사용하지 않는다.

practice 실습 **부탁이나 권유하는 말로 표현해 보기**

- 창문 좀 닫아주세요.

  →

- 다시 한 번 말씀해 주세요.

  →

- 아직 처리가 안됐거든요.

  →

- 잠깐만요.

  →

- 내일까지 해오세요.

  →

- 지금은 안 됩니다.

  →

(2) 상황 화법

언어는 상황에 맞추어 잘 사용하지 않으면 오해를 불러 일으키기도 한다.

매너가 좋은 사람은 상대방의 연령과 위치에 따라 높임말과 낮춤말을 적합하게 사용할 줄 알아야 한다.

1) 직장 내 호칭 및 지칭 사용

- 호칭은 일반적으로 소속 직장의 분위기와 규칙을 따르는 것이 무난하다.
- 거래처의 회사명 직함 등을 정확하게 불러주는 것이 좋다.
- 호칭은 상대방을 부르는 말로 어떻게 사용하느냐에 따라 상대방의 기분을 상하게 할 수도 있고 기분 좋게 할 수도 있으므로 정확한 호칭 사용법을 익히는 것이 좋다.
- 젊은 연령층이 나이 많은 윗사람에게 ○○씨라고 호칭하는 것은 무례해 보일 수 있다.
- 아무리 친한 사이라고 해도 직장 내에서는 언니, 형이라는 호칭을 자제한다.

- 친한 동료나 학연, 지연 등 연관이 있는 사이라 해도 사무실 내에서는 ○○야라고 부르는 것을 삼간다.
- '나', '내가'가 아닌 '제가', '저는'이라고 표현한다.
- 공식적인 자리에서는 직책을 호칭하는 것이 좋다.
- 상사의 존칭은 호칭에만 쓴다. 예 사장님실 → 사장실
- 문서에는 상사의 존칭을 생략해도 실례가 아니다. 예 사장님 지시 → 사장 지시

2) 경어

상하, 친분, 연령 관계 등 사회적 혹은 심리적 관계에 따라 다르게 쓰이는 언어 예절로 우리나라는 특히 외국어에 비해 경어법이 발달되어 있다.

겸양어(낮춤말)	자기 자신을 낮춰서 하는 말로 상대방을 높여주는 말이다. 예 나, 우리 → 저희 / 주다 → 드리다 / 만나다 → 뵙다 / 해주다 → 해드리다
존칭어(높임말)	상대방을 높이는 말로 상대방에게 경의를 표하는 것이다. 예 있다 → 계시다 / 가다 → 가시다 / 아들 → 아드님 / 야단 → 꾸중 / 집 → 댁 / 상대방 → 귀하
정중어(공손어)	상대방에게 정중한 기분을 나타내기 위한 말로 듣는 사람을 대우하여 주기 위해 공손하게 이야기 하는 말이다. 예 미안해요 → 죄송합니다 / 했어요 → 했습니다 / 어서오세요 → 어서오십시오

경어

3) 올바른 표현 화법

- 아버지, 나예요. → 아버지, 저예요.
- 선생님이 나에게 주셨습니다. → 선생님께서 저에게 주셨습니다.
- 팀장님, 스카프가 예쁘십니다. → 팀장님, 스카프가 예쁩니다.
- 교수님, 할 말이 있습니다. → 교수님, 드릴 말씀이 있습니다.
- 할머니 데리고 구경갔습니다. → 할머님 모시고 구경갔습니다.
- 이렇게 오셔서 감사해요. → 이렇게 와 주셔서 감사드립니다.

(3) YES, BUT 화법

상대방과의 대화 시에는 긍정적으로 반응하는 것이 좋다. 그 자리에서 즉시 "그러면 안 됩니다" 라고 부정하기보다는 "네, 그러시군요."하고 일단 긍정을 해놓고 그 다음에 '그러나'를 붙여서 "그 말씀에도 일리가 있다고 생각합니다만, 제 생각은 이렇습니다."하고 차근히 말하는 것이 좋다.

YES, BUT 화법

그건 안 됩니다	~는 어렵지만 ~는 가능합니다
• ~하고 있었어요, 잠시만요.	• 급히 처리중입니다. 잠시만 기다려 주시겠습니까?
• 제 담당이 아닙니다.	• 그 일은 ○○○가 담당자입니다. • 제가 연결해 드리겠습니다.
• 알아는 보겠습니다.	• 죄송하지만 해당부서로 확인 후 연락드려도 괜찮으시겠습니까?

(4) 큐션 화법

큐션 표현의 사용은 완충작용을 하여 상대방에게 양해를 구하거나 부탁을 할 때 불쾌감을 덜 주고 좀 더 부드럽게 전달할 수 있다.

예 실례합니다만 번거로우시겠지만 죄송합니다만 괜찮으시다면
바쁘시겠지만 양해해주신다면 공교롭게도 불편하시겠지만
가능하시다면 이해해주신다면

(5) 맞장구 화법

상대방과 호감 가는 대화를 할 수 있는 가장 기초적인 요령은 상대의 이야기를 관심있게 귀담아들어주는 것이다. 들어주면서 관심있게 열심히 듣고 있다는 것을 알려주는 것이 맞장구이다.

잘듣고 있다는 메시지를 보다 잘 전달하여 더 많은 정보를 얻을 수 있고 다음 이야기로 쉽게 옮겨갈 수 있다.

예 저런 그렇습니까? 과연 정말 그렇군요 어머 저런
그 말씀은 ~이라는 것이지요? 그래서 어떻게 되었습니까?

(6) 나 전달법

상대의 행동 등을 비난하는 것이 아닌 나의 마음 상태를 전달하는 것이다.

I-Message

- 미국 주요 기업의 리더십 교육에서 훈련되고 있는 기법으로 우리나라 사람에 비하여 자신의 의견을 자연스럽게 표현하는 것에 익숙한 문화에서 생활함에도 불구하고 이 방법의 효과를 매우 높게 평가하고 있다.
- 따라서 문화적으로 감정표현이 억제되거나 솔직한 자기표현이 서투른 우리나라 사람에게는 I-Message 기법의 효과가 훨씬 더 크다고 할 수 있다.

- 상사가 사용한 "당신은 왜 그 모양이요, 그래 가지고 되겠어요?"의 말이나 부하가 사용한 "너무 심한 것 아닙니까? 사장님은 매사를 잘 하실 수 있습니까?"의 표현에서 말의 주어는 '당신' 또는 사장님이며, 말하는 자신이 아니라 상대방, 즉 You이다.
- 표현의 주어가 상대방인 경우를 You-Message라고 한다.

1) 상황을 I-Message로 바꾸기

- 상황을 I-Message로 바꾸면 전혀 새로운 형태의 표현이 가능하다.
- I-Message는 말 속의 주어가 말 하는 사람, 즉 I가 되는 표현법이다.
- 핵심 원리는 비난하고 싶은 상대방의 행동으로 인하여 내가(I) 애로사항이 있다는 표현방법이다.

EX You-Message : "당신은 왜 그 모양이요, 그래 가지고 되겠습니까?"
I-Message : "당신이 그 일을 ~~~게 처리하니까 내가 입장이 곤란합니다."

EX You-Message : "너무 심한 것 아닙니까? 사장님은 매사를 잘 하실 수 있습니까?"
I-Message : "사장님이 저의 입장 설명을 들어보시지도 않은 채 나무라시니 제가 어찌해야 할 지 모르겠습니다."

- 첫째, 상대방을 감정적으로나 인격적으로 비난하지 말고 상대방의 '객관적 행위'나 사실을 설명하고 그것으로 인하여 내(I)가 스트레스가 쌓인다는 식의 표현방법이다.
- I-Message 표현 예시에서 객관적 상황의 설명 부분은 "당신이 그 일을 ~~~게 처리하니까" 또는 "사장님이 저의 입장 설명을 들어보시지도 않은 채 나무라시니"이며, 자신의 입장 피력은 "내가 입장이 곤란합니다", "제가 어찌해야 할 지 모르겠습니다"이다.
- 가족 간의 대화에서도 You-Message는 I-Message로 바꿀 수 있다.

EX You-Message : "얘야, 왜 방을 이렇게 어지럽게 하느냐?"
I-Message : "얘야, 지난번에 앞으로는 방을 정리정돈 잘 하겠다고 약속했는데 또 이렇게 방을 어지럽혀 놓으니(객관적 상황 설명) 아빠가 매우 화가 나는구나."

EX You-Message : "여보, 당신은 왜 그 문제를 나와 상의 없이 처리했어요?"
I-Message : "여보, 당신이 그 문제를 나와 상의 없이 처리하니 내가 참 섭섭합니다(또는 실망스럽습니다 등)."

- I-Message는 자신이 화가 난다면 왜 화가 나는지 객관적 사실을 언급하고, 자신이 화가 난다고 해서 실제로 화를 내는 것이 아니라 화가 난다는 심정을 표현하는 것이다.
- I-Message 방법은 중도적 자기표현의 실천기법으로서 어떤 상황에서도 매우 손쉽게 사용할 수 있다.
- 갈등상황에서 소극적(Passive) 자기표현으로 인한 스트레스를 방지하고, 공격적(Aggressive) 주장으로 인한 갈등악화를 예방할 수 있다.

(7) 갈등 대처화법

우리들은 직장이나 개인생활에서 주변의 사람들과 크고 작은 갈등을 경험하게 되는데 이러한 갈등이 증폭될 것인가 또는 완화되는가는 말을 어떻게 하느냐가 중요한 영향을 미친다. '천냥 빚도 말 한마디로 갚을 수가 있으며' 말 한마디 잘못하여 영원히 잊혀지지 않는 상처를 주기도 한다.

우리의 상사가 "당신은 일을 그렇게밖에 못합니까?" 또는 "당신은 왜 매사가 그 모양입니까?"라고 한다면 어떻게 대응하는 것이 현명할까? 또는 어떤 반응의 유형들이 있을까?

1) 참는 유형

- 상사가 나무라는 경우에는 참을 수밖에 없다고 생각하는 유형
- 소극적(Passive) 자기표현의 수준

- 듣는 사람은 심한 모욕감을 느끼며, 참고 있는 자신이 스스로 한심하기도 하고 마음속에서 끓어 오르는 화를 참느라 스트레스가 급증할 것이다. 또한 상사의 입장에서도 부하가 참기만 하며 비난 받을 행동을 한 배경 설명이 없으므로 꾸짖기가 계속되기 쉽다.
- 상황이 심해지면 부하가 더 이상 참을 수 없을 정도로 감정이 고조되어 나중에는 "그래, 나는 이것밖에 안 되는 사람이요."의 수준으로 악화되기도 한다.
- 소극적 자기표현, 즉 상대방의 나무람을 속으로 끙끙대며 참는 유형은 참고 있는 동안에도 심한 스트레스를 겪게 될 뿐 아니라 장기적으로 두 사람의 관계가 감정적으로 멀어지게 되고, '더 이상 참을 수 없는' 수준이 되면 공격적으로 악화된다.

2) 상대방에게 반격을 가하는 유형

- "내가 무엇이 문제란 말입니까?", "당신은 무엇을 얼마나 잘해서 그렇게 말합니까?"라고 반격을 가하는 유형
- 공격적(Aggressive) 자기표현

- 공격적 자기표현의 경우는 소극적 자기표현의 경우보다 더 빨리 문제가 악화된다.
- 우선 상사는 상대가 공격적으로 비난한다고 하여 같이 반격한다면 상대방과 똑같은 수준의 사람이라고 할 수 있을 것이다.
- 공격적 언어는 싸움으로 악화되거나 갈등이 심화되어 모두에게 바람직하지 않은 결과를 가져오게 된다.

3) 중도적 자기표현

- 참지도 않고 상대를 공격하지도 않으면서 자신의 입장을 중립적으로 피력하는 유형
- "나의 입장을 들어보지도 않고 그렇게 말씀하시니 제가 매우 난처합니다."와 같은 답변이다.
- 중도적 자기표현

- 중도적 자기표현은 대화 중에 '상대방의 권리를 침해하거나 상대방을 불쾌하게 하지 않으면서 자신의 의견, 생각, 느낌 등 자신의 입장을 솔직하게 표출하는 방법'이다.
- 중도적 자기표현은 끓는 물의 주전자에 구멍을 뚫어 놓는 것에 비유할 수 있으며, 구멍을 완전히 막아 두는 것과 같은 소극적 자기표현이 속으로 심한 스트레스를 겪거나 또는 감정이 한꺼번에 분출하여 공격적으로 되는 것을 방지하는 원리와 같다.
- 갈등이 생겼을 때는 이를 무조건 참을 것이 아니라 '지혜롭게 표현'해야 한다는 것이 중도적 자기표현의 강조점이다.

공통의 화제가 필요할 때

- 대화에서 화제를 빼놓고 생각할 수 없다. 어떤 화제를 선택하느냐로 우리는 종종 망설이는 때가 있다. 화제 선택은 단 둘만의 대화 때는 되도록 상대편 중심의 화제를 택하고, 둘 이상이 모인 상황에서는 모인 사람 누구나 참여할 수 있는 공통의 화제를 꺼내는 것이 교양에 속하는 일이다. 하지만 말할 때는 상대가 듣고 싶어하는 화제를, 누구에게 말을 시킬 때는 그가 말하고 싶어하는 화제를, 누구에게 말을 시킬 때는 욕구, 행동, 지식, 상식, 호기심, 만족을 채워 주는 데 보탬이 되거나 도움되는 화제는 누구나 듣고자 한다. 또 화제에 유머나 위트가 곁들여지면 모두가 좋아한다.
- 사람이 말하기 쉽고 말하고 싶어하는 화제라면 그의 자랑, 경험, 그만이 알고 있는 것 등이 있다. 때로는 남에 대한 욕설, 독설, 험담이 우리가 나누는 대화의 화제에서 상당한 분량을 차지할 때가 있다. 그리고 이 화제를 놓고 열기가 고조되며 어떤 이는 간혹 핏대를 올리는 일 또한 없지 않다. 하지만 다같이 삼가야 할 일이다. 그러나 어떤 상황에서 누가 늘어놓는 제3자에 대한 험담을 듣고 즉각, "이 자리에 없는 사람 얘기는 그만 둡시다."고 면박주는 일은 좀 곤란하다. 남의 험담이 화제로 등장하면 그 화제를 슬며시 딴 화제로 전환하는 것이 오히려 현명하다.

말의 첫마디를 꺼낼 때

- 상대방에게 아무리 화나는 일이 있더라도 첫마디는 부드러워야 한다. 먼저 자기 자신이 자연스럽게 부드러운 분위기를 만들어야 한다. 특히 처음 대면하는 경우, 상대는 어느 정도 경계심을 갖기 때문에 지나치게 긴장한 태도로 대하거나, 또 헛점을 보이지 않으려고 근엄한 표정이나 딱딱한 자세로 말을 걸면 상대는 더 굳어지고 주눅이 들어 시원스럽게 말문을 열지 않는다. 그러므로 크게 실례되지 않을 정도의 터놓는 태도로 웃음을 머금고 말을 걸면, 아무리 딱딱하고 접근하기 어려운 상대라도 그 미소에 끌려 이내 말하기 시작한다. 다만, 상대가 불쾌하거나 기분이 가라앉은 때는 이러한 방법이 오히려 역효과를 가져올 수도 있으니 유의해야 한다.
- 상대가 모든 화제에 익숙한 사람들이라면 단도직입적으로 본론으로 들어가도 즉각적인 응답을 기대할 수 있으나, 일반적으로는 역시 상대편 주변의 일에 관한 이야기부터 시작하는 것이 좋다. 가령 상대편이 낚시를 즐기고 있다는 것을 알고 있다면, "어떻습니까. 요즘 낚시는 … 어느 쪽으로 나가십니까?"와 같은 식으로 대화를 시도하면 상대는 어느 정도 가볍게 응답할 수 있고, 이야기를 부드럽게 끌어나갈 수 있다. 그리고 초면의 사람이나 성격을 잘 모르는 사람과의 대화에서는, "날씨가 매우 쌀쌀해졌는데요…"와 같은 날씨에 관한 인사말이나, 요즘 화제가 되고 있는 이야기로부터 시작해도 좋다.
- 본론의 화법에 있어서 질문은 되도록 구체적이고 세부적이어서 상대가 즉각 응답할 수 있는 것이어야 한다. "이번 사건을 어떻게 생각하십니까?"보다는 "이번 사건의 원인은 어디에 있다고 생각하십니까?"하고 구체적으로 물어보면 상대도 의견을 말하기가 쉬워진다. 또 "한글 전용을 어떻게 생각하십니까?"하고 묻기보다 "댁에서는 한글 전용을 찬성하십니까, 반대하십니까?"하고 먼저 결론부터 물어 말문을 열게 하고 그 다음 이유를 물어보는 편이 좋다.
- 상대편이 되도록 대답하기 쉽게 해준다는 생각에서 "한글 전용에 대해 저는 이렇게 생각합니다만…, 댁에서는 어떻게 생각하십니까?"와 같이 먼저 자기 의견을 말하면 의지가 약한 상대편인 경우, 그의 사고를 흔들어 놓고 선입감을 주게 된다. 요컨대 말을 꺼내는 요령은 자연스럽고 온화한 태도로 상대를 향해 단순히 구체적인 질문을 요령 좋게 정리하는 데 있다.

대화가 어려운 상대를 대할 때

- **싸움하듯 말할 때** : 상대가 욕을 하더라도 한쪽으로 흘리고, 조용히 생각하면서 자기의 목표 달성을 위해서 치밀한 방도를 강구한다.
- **말이 없을 때** : 상대가 입을 다물고 있을 때는 유도심문의 방법을 쓴다. 상대편 의중에 있는 것을 찾아서 선택한다.

- **소심할 때** : 상대가 소심해서 무엇을 망설이고 있을 때는 시원스레 선의와를 약속한다.
- **잘난 체할 때** : 잘난 체하는 것은 스스로 자기를 내세우고 싶어 하는 일이므로 당분간은 그렇게 하게 내버려둔다.
- **협박적일 때** : 협박적인 태도를 취하는 상대를 그대로 받아들여서는 안 된다.
  이럴 때는 단호하게 대처해야 한다.
- **열의가 없을 때** : 상대가 무엇을 하고자 하는 열의가 없을 때는 내가 먼저 열정적으로 이야기를 시작한다.
- **탐색을 해올 때** : 상대가 이쪽의 비즈니스 사정을 탐색해올 때가 있다. 그럴 때는 모른척한다.
- **위엄을 부릴 때** : 상대가 체면을 세우고 위신을 지키려고 할 때는 그대로 존중해서 받아준다. 그러면서 대응할 방법을 생각한다.
- **마음이 약할 때** : 상대가 마음이 약해졌을 때는 적절하게 동정을 보인다. 그러나 지나친 동정은 금물이다. 동정은 마음 약한 것을 부채질하기 때문이다.
- **싫증이 날 때** : 상대를 대하는 것조차 싫증이 날 때는 도대체 어째서 이런 인간을 상대하고 있는가 하는 생각을 버리고, 전혀 다른 각도에서 생각을 한다.
- **비능률적일 때** : 능률이 오르지 않는 것은 능력이 부족하다기보다는 그 사람이 게으른 탓이다. 그런 사람에게는 부지런한 친구를 소개해준다. 자기를 반성하게 된다.
- **사람을 미워할 때** : 누구를 미워한다는 것은 자기는 그 사람만 못하다는 열등감에서 오는 수가 많다. 이런 사람에게는 자신감을 심어주는 것이 좋다.
- **독선가일 때** : 독선이란 자기 혼자만이 착하고 옳다고 믿고 객관성을 무시하는 행동이다. 이런 사람에게는 세상에는 잘난 사람이 많다는 것을 말해 주어야 한다.
- **하찮은 일에 신경을 쓸 때** : 상대가 당면한 문제는 뒤로 미루듯 하고 하찮은 일에 신경을 쓰는 경우가 있다. 이럴 때는 일의 경중이나 완급을 비교해 주면서 적절하게 지적해 주어야 한다.
- **화를 잘 낼 때** : 화를 잘 내는 사람이 있다. 성격적으로 과민하기 때문이다. 이런 경우, 어떤 일이 있어도 상대와 맞서서 화를 내서는 안 된다. 상대의 화가 가라앉기를 기다려 그때부터 이야기를 시작한다.
- **남의 흉을 볼 때** : 남의 흉이 아니면 할 말이 없는 사람이 있다. 그런 사람에게는 그 감정을 다른 데로 돌리게 하고 화제를 바꾸게 유도한다. 그리고 남을 헐뜯는 말은 자신을 해치게 되고, 남을 이롭게 하는 것이 자신의 밑천이 된다는 것을 일깨워 준다.
- **불친절할 때** : 불친절하다는 것은 상대편에게 불쾌한 기분을 주는 일이지만 그보다도 자신을 괴롭히는 일이다. 사람의 마음이 명랑하지 못할 때 불친절이 나오기 때문이다.

CHAPTER 03

비즈니스 매너

조직 생활에서 비즈니스 매너를 지켜야 하는 이유를 생각해 보라.

휴대전화를 사용할 때 서로가 지켜주어야 할 매너는 무엇인가?

| 1 | 근무 시 업무 매너의 이해

1) 상식적이고 긍정적인 마인드

하루 중 대부분의 시간을 직장에서 보내게 되는 현대인에게 직장은 가장 익숙한 곳이면서도 어려운 곳이다. 가족과는 다르게 이해의 폭이 좁고 지켜야 할 예의범절과 매너도 많기 때문이다. 그 기준이 되는 것이 바로 상식적이고 긍정적인 마인드이다.

2) 나보다는 우리를 생각하는 마인드

직장은 서로 다른 사람들이 만나 공동의 목표를 가지고 함께 일을 하면서 그 목표를 실현하는 곳이다. 따라서 개인의 역량이 중요시되긴 하지만 그 이전에 우리라는 조직의 역량이 강조되는 곳이다.

나 혼자서는 직장생활이 불가능하고 내가 잘되려면 다른 사람의 도움이 있어야 가능하다. 우리 회사가 발전해야 그 속에 나라는 개인의 발전도 있다는 것을 기억하고 개인보다는 우리를 우선시하여야 한다.

3) 상사에게는 존중하는 마인드

회사에 입사해서 상사와의 관계는 피할 수 없는 현실이다. 좋은 상사를 만나는 것도 직장생활에서는 큰 행운이지만 꼭 상사의 자질과 스타일이 나와 맞으라는 법은 없다. 이는 상사에 대한 인식이 잘못되었기 때문에 가지는 생각일 수 있다. 직속상사가 나와 맞지 않는다고 해서 존경하는 마음을 갖지 않는다거나 그로 인해 예의바르지 못한 행동을 하여 상사로부터 신임을 잃게 된다면 직장생활은 더욱 힘들어질 것이다. 원만한 직장생활을 위해서는 상사에 대한 존중과 예의는 필수적이다.

4) 직장동료와 친구하는 마인드

직장동료는 회사에서 나의 입장을 가장 잘 이해하고 나에게 직 · 간접적으로 많은 도움을 주는 가장 믿음직스러운 친구이다. 동료는 선의의 경쟁을 하며 함께 뛰는 동반자이며 가장 많은 시간을 함께하며 목표를 공유하는 사람임을 명심한다. 나 자신이 직장동료에게 힘들 때 도와주는 사람이 되어야 내가 힘들 때 나를 도와주는 동료가 많다는 것을 기억하여야 한다.

1. 근무 매너

우리의 하루 일과는 출근으로부터 시작하여 퇴근으로 끝을 맺는다. 항상 일에 대한 보람과 긍지를 가지고 업무에 임하여 기쁜 마음으로 하루의 일과를 정리한다.

(1) 출근 시 매너

- 여유를 가지고 적어도 10~15분 정도 일찍 출근하여 업무를 시작할 수 있도록 한다.
- 출근 시 만나는 모든 직원들에게 먼저 인사를 하여 명랑한 분위기를 만든다.
- 깨끗하고 단정한 용모와 복장을 유지한다.
- 지각 시에는 출근시간 전에 상사에게 연락하여 양해를 구한다.

(2) 근무 시 매너

- 항상 예의바르고 활기차게 업무를 본다.
- 책상 위에 몸을 기대거나 턱을 고여서는 안 된다.
- 근무 중에 사적인 일을 하지 않는다.
- 사적인 전화통화는 간결하게 한다.
- 사무실에서 손톱을 깎는 등 비위생적인 행동을 하지 않는다.
- 사무실 비품이나 소모품을 사적인 일에 사용하지 않는다.
- 근무 중에는 자리를 뜨지 않는다. 만약 자리를 뜨게 될 경우에도 일에 지장을 초래하지 않도록 유의해야 한다.
- 휴식시간은 규정시간을 지킨다.
- 복도나 화장실에서는 긴 이야기를 삼간다.
- 계단이나 복도에서 뛰어 다니지 않도록 한다.
- 방문 장소를 모르는 손님에게는 해당 장소까지 안내해 드린다.

(3) 퇴근 시 매너

- 퇴근 시간 전에 퇴근 준비를 서두르거나 안절부절 하지 않도록 한다.

- 만약 급한 일이 있을 경우에는 윗사람에게 사유를 말하고 먼저 나간다.
- 그 날의 일은 그 날 끝내도록 하며 지시받은 업무를 끝내지 못했을 때는 사전에 보고한다.
- 퇴근 전에 다음날 할 업무를 메모하여 체크한다.
- 책상과 의자를 정돈하고 사무용품, 비품, 서류 등은 지정된 장소에 가져다 놓는다.
- 주위 청소를 간단히 하고 전기시설을 확인한다.
- 밝게 인사하며 퇴근한다.

(4) 지시와 보고의 매너

[지시할 때]

- 정확히 지시하고 지시의 이행책임자 · 업무의 한계를 명확히 한다.
- 결론을 먼저 말하고 설명이 필요한 부분은 첨가한다.
- 한 번에 여러 가지를 지시하기보다는 구분하여 지시하는 것이 좋다.
- 지시내용은 6하원칙(언제, 어디서, 누가, 무엇을, 어떻게, 왜)에 의하여 알기 쉽고, 명확하게 지시하며 필요하다면 메모와 함께 지시한다.
- 지시할 때는 명령투의 말보다는 의논하는 형식으로 부드럽게 지시한다.

[지시받을 때]

- 상사가 부르면 똑똑하게 대답하고 메모지를 준비하여 간다.
  만약 급한 일을 처리하고 있을 때는 "죄송합니다. 조금만 기다려 주십시오."라고 양해를 구하는 것이 좋다.
- 지시를 받을 때는 끝까지 경청한다.
  지시내용을 말하고 있는 도중에는 의문사항이 있더라도 말을 중단시키지 말고 일단 메모를 한 뒤에 끝나면 질문한다.
- 요점을 메모한다.
  6하원칙에 따라 기록한다. 또한 지명, 인명 등의 고유명사와 숫자, 금액, 날짜, 시간 등을 정확히 기록한다.
- 지시를 받고 나면 요점을 복창하고 확인한다.

[보고할 때]

- 일을 완료한 즉시 보고한다.

- 간단히 요령있게 결론부터 말한 뒤에 이유와 과정을 말하는 것이 좋다.
- 구두 보고일지라도 메모를 해서 간결하게 정리한다.
- 보고는 지시한 사람에게 한다.
- 중간보고를 해야 할 경우는 반드시 한다.
  - 업무가 완료되기까지 상당한 시간이 걸릴 때
  - 상황이 변했을 때
  - 곤란한 문제가 발생했을 때
  - 지시된 방침, 방법으로는 불가능할 때
  - 결과나 전망이 보일 때
- 사실에 의하여 객관적으로 보고하되, 의견을 말할 때는 자기의 견해라는 것을 분명히 밝힌다.

보고하는 기술 Tip

❶ **보고 절차 간소화(SIMPLE)**
- 보고 간소화 인식
- 구두, 메모 보고 활성화

❷ **의사결정 신속화(ON-TIME)**
- 당일 결재(단계별 1일 이내, 전체 3일 이내)
- 전결 규정 이행 준수
- 후결 활성화(결재자가 1일 이상 부재 시 차상급자가 대리 결재)

❸ **문서작성 간소화(SLIM)**
- 1건 1매
- 문서 재작성 안 시키기
- 문서 수발신 축소

(5) 외출 · 출장 시 매너

- 잠시 자리를 비울 때는 행선지, 용건, 소요시간을 동료에게 분명히 밝힌다.
- 외출 시에는 행선지, 용건, 소요시간 등을 보고하고 허가를 받는다.
- 외출장소에서 시간이 길어질 경우 중간보고를 해야 한다.
- 장시간 자리를 비울 때는 업무의 진행 중인 사항, 중요한 사항, 급한 사항, 업무를 위한 준비 자료 등을 정확히 인수 · 인계한다.

2. 해외 출장 시 행동 지침

(1) 해외 출장 2주 전에

- 여권 유효기간을 확인하고 출장 국가의 비자를 신청한다.
- 항공권과 숙소를 예약한다.
- 출장 품의 및 서류를 준비한다.
- 필요하다면 국제 운전면허증을 신청한다.
- 거래선 및 거래처 면담자에 대한 사전 정보를 얻는다.
- 출장지의 시차, 기후, 교통편에 대한 정보를 확보한다.

(2) 해외 출장 1주 전에

- 여권과 비자 등의 증명서는 사본을 미리 만들어 놓는다.
- 출장 지점에 일정을 보내고 최종 확인을 받는다.
- 출장지의 지점에 출장 갈 인원들의 영문 네임과 여권번호를 미리 통보해둔다.
- 출장비의 지급 날짜를 확인하고 환율을 체크해 공항에 가기 전 시내에서 환전한다.
- 충분한 양의 명함을 준비하고 부족할 경우 미리 신청해둔다.
- 특수 언어 국가인 경우 중요 멘트를 현지어로 준비하고, 회사의 소개자료도 영문 또는 현지어로 준비해둔다.
- 출장과 관련된 제품이나 비즈니스 용어의 정확한 현지어 표현법을 익혀둔다.
- 거래선의 선물은 미리 준비해둔다.
- 소화제, 진통제, 지사제, 감기약 등의 비상약품을 준비한다.
- 사무실에 자신의 일정을 남기고 비상 연락처로 지사 담당자의 휴대폰 번호나 숙소의 연락처를 남겨둔다.
- 여행 가방은 가능한 한 간소하게 준비한다.

(3) 공항에서

- 필요 시 휴대폰 로밍 서비스를 신청한다.
  - 공항의 로밍센터 및 리더스 클럽에서 조작 방법을 안내해주고, 자동 로밍이 불가능한 구형 휴대폰은 로밍 휴대폰을 임대할 수도 있다.

- 출국 수속은 최소 2시간 전에 해야 한다.
  - 항공사 카운터는 보통 출발 약 2시간 30분 이전에 문을 연다. 그리고 보통의 경우 항공사 탑승 수속이 끝나면 1시간에서 1시간 30분 정도 시간이 남게 되므로 이때는 공항세를 내고, 미처 못한 환전을 하거나 출국 카드를 쓴다.
  - 모든 것을 끝낸 뒤 시간이 남았을 때 면세점을 이용한다.

(4) 출장 현지에서

- 도착이 늦어진 경우 호텔에 미리 연락을 한다.
- 호텔 도착 후 지사에 도착을 알리고 다음날 미팅 시간을 확인한다.
- 일행이 있을 경우 서로의 방 위치를 미리 확인해둔다.
- 호텔에서는 비싼 냉장고 음료수보다 밖에서 구매한 식수를 이용한다.
- 전날 밤 모닝콜을 신청해 다음날의 일정에 차질을 빚지 않도록 준비한다.
- 미팅 시에는 영문 명함을 교환하고 브리핑 자료를 꺼내기 전 가벼운 대화로 편안한 분위기를 만든다.
- 프레젠테이션 자료는 전체적인 회사 소개와 구체적인 품목자료로 따로 준비해 대처한다.
- 통역 시에는 일행 중 가장 선임자를 향해 말하는 것이 예의다.
- 출장지의 술 문화나 식사 예절을 미리 파악해둔다.
- 출장 중 상황을 수시로 상사에게 보고한다.
- 식사를 대접할 경우 레스토랑에 관한 정보와 예약은 호텔 안내 데스크를 이용한다.
- 식사 접대 등에서 지점에 비용 부담을 주지 않도록 노력한다.
- 카드를 이용하고 영수증은 매일 체크한다.
- 출장 중 안전에도 신경을 쓴다.
- 출장지의 팁 문화에 익숙해진다.

(5) 귀국 후

- 돌아온 다음 일주일 내에 거래선 및 지점에 감사 메일을 발송한다.
- 출장 보고 시 업무에 대한 성과 외에 거래처나 출장 국가의 현황에 대한 보고를 함께 한다.
- 출장지에서 좋은 레스토랑이나 유용한 매장 정보들을 알게 되면 기록해 두었다 주변에 알린다.

1 명함, 악수, 소개

1. 명함

(1) 명함 수수

- 명함 교환은 비즈니스의 첫 순서이다.
- 첫 대면에서 자신을 알리면서 상호 간을 연결해주는 중요한 매개체이다.
- 정중히 다루는 것은 상대방과 회사에 경의를 표한다는 마음을 나타낸다.
- 명함을 소홀히 다루면 상대방(고객)을 불쾌하게 만든다.

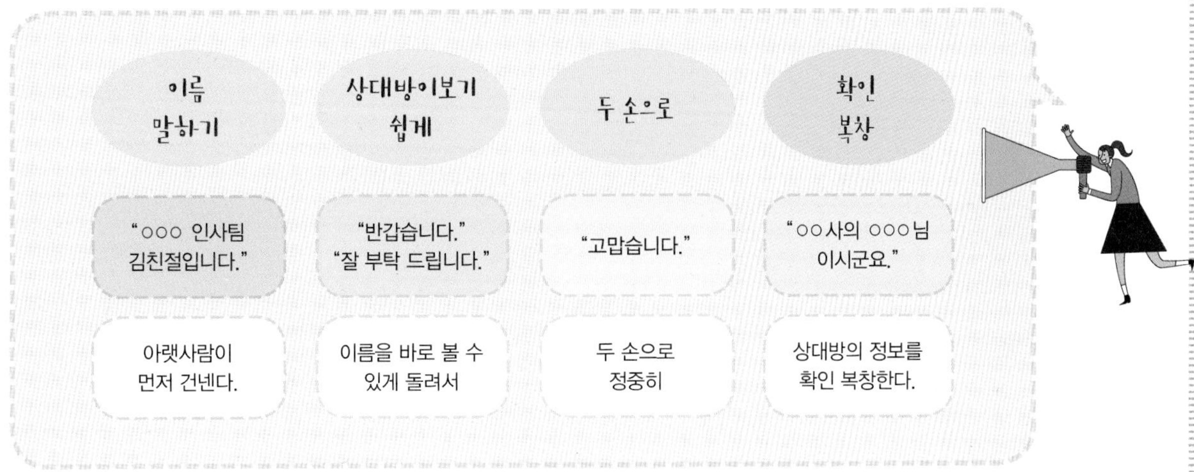

(2) 명함 건네기

- 상대방이 바로 볼 수 있도록 건넨다.
- 양손으로 명함의 여백을 잡고 소속과 이름을 정확하게 밝힌다(이때 손가락은 금물! 손바닥 이용).
- 목례를 하며 가슴 선과 허리선 사이에서 건넨다.

우리나라 최초 명함 사용자

- 1883년 한국 최초의 외교사절 민영익, 홍영식, 서광범과 함께 미국을 방문했다가 당시 미국에 남아 학업을 이어갔던 한국인 최초의 미국 유학생 유길준(1956~1914)

(3) 명함 받기

- 목례를 하며 양손으로 공손히 받는다(오른손으로 받고 왼손으로 받친다).
- 동시에 주고 받을 때는 오른손으로 주고 왼손으로 받는다.
- 받은 명함은 허리 높이 이상으로 유지한다.
- 혹시 상대방의 이름 중 모르는 한자가 있으면 "실례하지만, 이 한자는 어떻게 읽습니까?"라고 질문한다.

- **중국** : 명함을 충분히 준비하는 것이 매너다.
- **일본** : 비즈니스 외에도 일상생활에서 주고 받는다.
- **미국** : 비즈니스 목적이 아닌 경우에는 교환하지 않는 경우가 많다.
- **호주** : 비즈니스 만남시에도 명함을 받지 못할 수 있다.

2. 악수

(1) 유래

- 악수는 앵글로색슨계 민족들 사이에서 자연스레 생겨난 인사방식이다.
- 남자들이 우호적 관계를 맺고 싶을 때 공격하지 않겠다는 뜻으로 오른손을 내민 것이 유래가 되었다.
- 오른손이 곧 무기를 쥐는 손이기 때문이다. 따라서 지금도 악수는 특별한 장애가 없는 한 반드시 오른손으로 한다.

(2) 기본 동작

- 오른쪽 팔꿈치를 직각으로 굽혀 손을 자기 몸의 중앙이 되게 수평으로 올리며, 네 손가락은 가지런히 펴고 엄지는 벌려서 고객의 오른쪽 손을 살며시 쥐었다가 놓는다.
- 가볍게 아래 위로 몇 번 흔들어 정을 두텁게 하기도 한다.
- 상대방이 아프게 느낄 정도로 힘을 주고 쥐어도 안 되고 지나치게 흔들어 몸이 움직이게 해서도 안 된다.

(3) 악수 순서

- 악수는 원칙적으로 윗사람이 아랫사람에게 하는 것으로 되어 있다.
- 다만 대통령, 왕족, 성직자 등은 예외다.

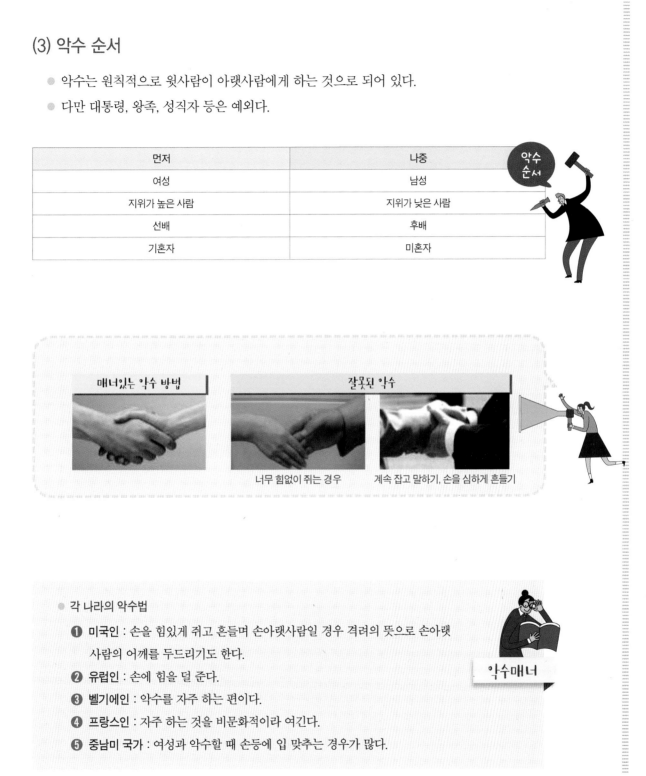

먼저	나중
여성	남성
지위가 높은 사람	지위가 낮은 사람
선배	후배
기혼자	미혼자

악수 순서

매너있는 악수 방법

잘못된 악수

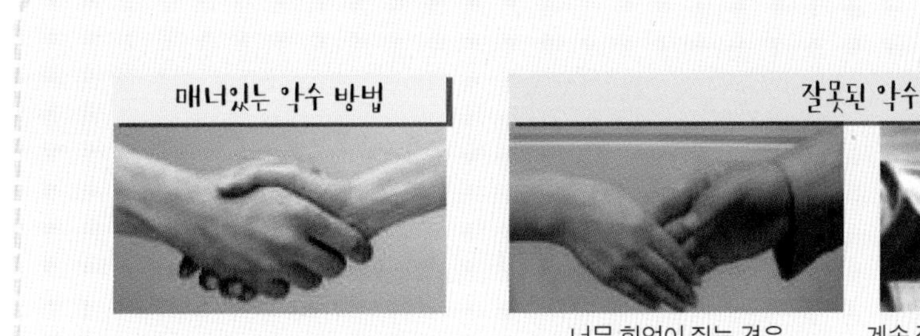

너무 힘없이 쥐는 경우

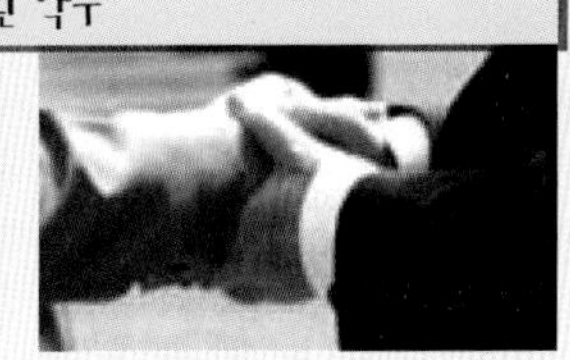

계속 잡고 말하기, 손을 심하게 흔들기

- 각 나라의 악수법

❶ **미국인** : 손을 힘있게 쥐고 흔들며 손아랫사람일 경우 격려의 뜻으로 손아랫사람의 어깨를 두드리기도 한다.

❷ **유럽인** : 손에 힘을 덜 준다.

❸ **벨기에인** : 악수를 자주 하는 편이다.

❹ **프랑스인** : 자주 하는 것을 비문화적이라 여긴다.

❺ **중남미 국가** : 여성과 악수할 때 손등에 입 맞추는 경우가 많다.

● 외국인과 악수하는 매너

❶ 지위가 높은 사람, 연장자가 먼저 악수를 청하는 것이 일반적이다.
❷ 악수를 하면서 절은 하지 않는다. - 악수 자체가 서양식 인사법이다.
❸ 상대방이 아무리 지위가 높은 사람이라도 두 손으로 상대방의 손을 잡지 않는다.
❹ 남성과 여성의 경우에는 여성이 손을 먼저 내민다.
❺ 악수는 반드시 일어서서 장갑을 벗고 한다. - 여성이 정장을 하여 긴 장갑을 끼고 있을 때는 안 벗어도 된다.
❻ 여성이 파티의 호스트(주인)인 경우에는 남성이 여성에게도 반드시 먼저 악수를 청해야 한다.
❼ 손을 쥘 때는 상대의 눈을 바라보며 온화하게 미소짓는다.
❽ 손이 더럽거나 젖어 있을 때는 양해 인사를 하며 악수를 하면 된다.

3. 소개

(1) 소개 방법

- 지위가 낮은 사람을 높은 사람에게 소개한다.
- 남성을 여성에게, 미혼자를 기혼자에게 소개한다.
- 사회적 지위가 낮은 사람을 높은 사람에게 소개한다.
- 소개를 부탁한 사람을 고객에게 소개한다.
- 연소자를 연장자에게 소개한다.
- 고객에게 직원을 소개한다.

2 상석, 방문, 안내

1. 상석

(1) 책상에 따른 응접실 상석

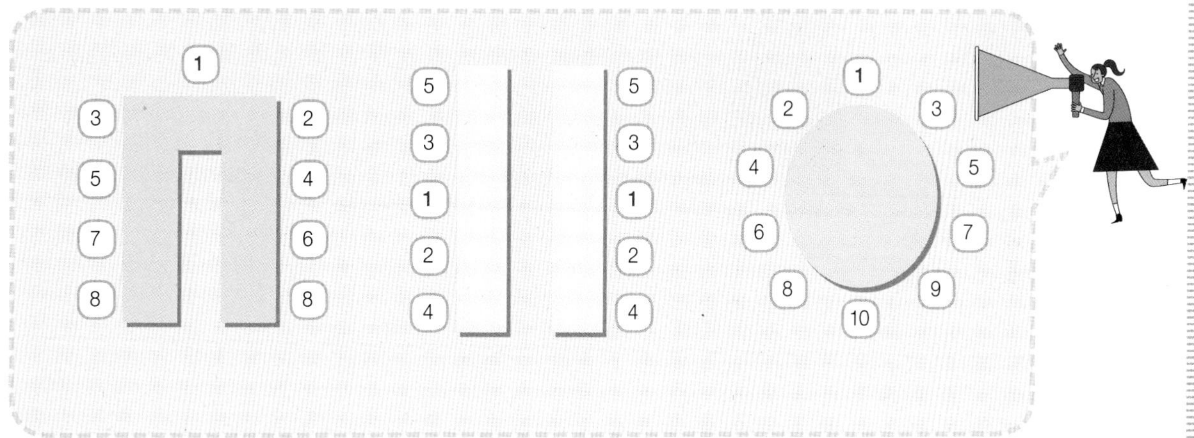

- 긴 의자
- 경관이 좋은 자리
- 출입문에서 먼 자리

〈차 권하기〉

- 방문객(고객, 손님 등)을 모실 때는 가장 안전하고 복잡하지 않은 안쪽에 모시는 것이 우선이며, 이때 방문객을 나의 왼쪽에 앉혀 드려야 한다.
- 음료를 권할 때는 1차적으로 방문객에게 준비된 차 종류를 선택할 수 있도록 하고 "녹차와 커피, 율무가 있는데 어느 것을 드시겠습니까?" 혹은 방문객이 선택하지 못하고 '아무거나' 라고 표현할 때는 내가 상황에 맞게 권하는 것도 좋다 "그럼 날씨가 더우니 시원한 녹차 괜찮으신가요?"라고 권해드린다.

(2) 엘리베이터 상석

엘리베이터에서의 행동체크

구분	행동	체크하기
탈 때	버튼을 눌러 문이 닫히지 않도록 한다.	
	상대방(고객)을 안내해 엘리베이터 상석으로 탑승을 유도한다.	
탑승 중	해당 층을 말한다.	
	해당 버튼을 누른다.	
	어색함이나 거리감을 줄이기 위한 간단한 대화를 나눈다. 예 날씨, 근황, 기분, 관심사 등	
	상대방(고객)에게 불편을 주지 않도록 공간을 배려하고 바른 자세로 이용한다.	
내릴 때	해당 층에 도착했음을 안내한다.	
	버튼을 눌러 문이 닫히지 않도록 한다.	
	상대방(고객)이 내리는 것을 확인한 후 내린다.	

- 엘리베이터 안은 방문하는 고객이나 윗사람이 함께 사용하는 곳이다.
- 좁은 공간에서 고객이나 윗사람 앞에서 지나치게 큰 소리로 수다를 나누는 것은 상당한 실례이다.
- 절대적인 침묵을 강요하는 것은 아니지만 필요 이상의 대화가 큰 소리로 오가지 않도록 주의하여야 한다. "~ 씨 점심식사 하셨어요?", "주말 잘 보내셨어요?" 정도의 가벼운 대화는 좋다.
- "~씨 너무 일하는 태도가 마음에 안 들어요", "어휴 정말 짜증나서 일 못하겠어"와 같은 누군가에 대한 비방과 길게 오가는 대화는 금물이다.

음식물을 갖고 타는 행위

- 좁은 공간에 냄새가 나는 음식물을 들고 탑승하는 것은 기본적인 에티켓에서 벗어날 수 있는 행위이다.
- 커피나 가벼운 간식을 꼭 갖고 탑승할 때는 타인에게 피해가 가지 않도록 주의하여야 한다. 예 ❶ 커피와 같은 음식물은 자신의 가슴 쪽으로 조심스럽게 들고 타기 ❷ 지나친 자극적인 향이 나는 음식은 피하기

(3) 자동차 상석

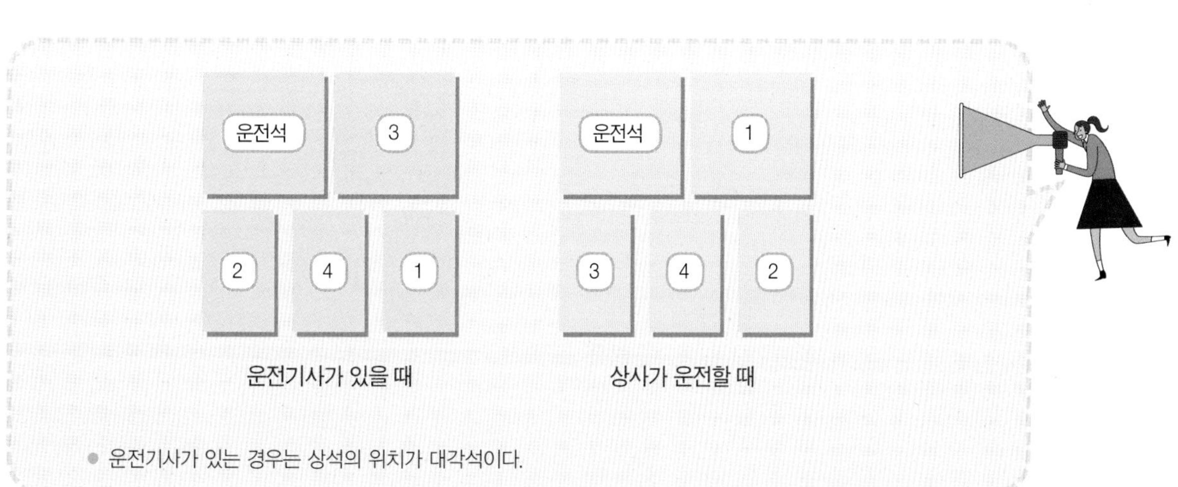

- 운전기사가 있는 경우는 상석의 위치가 대각석이다.

2. 방문 · 안내

(1) 방문예절

[방문 전에]

- 방문시간은 아침 9시 이후로 하고, 식사 시간 전후 등은 피한다.
- 급한 용무로 부득이 방문하는 경우에는 상대방에게 전화를 먼저 걸어 양해를 반드시 구한다.
- 출발하기 전에는 미리 전화를 걸어서 알려준다.
- 약속시간에 늦지 않도록 여유 있게 출발하도록 한다.

[방문할 때]

- 약속시간 5~10분 전에 도착하도록 하며 약 5분 전쯤에 전화로 도착을 알리도록 한다.
- 도착 후 안내가 있는 경우 필히 경유하도록 하고 본인의 회사와 방문 대상자, 용건 등을 간략하게 말한다.
- 방문은 반드시 정장을 입고 외투를 입었을 경우 외투를 벗고 담당자에게 간다.
- 방문을 마친 후에는 '바쁘신데 시간 내주셔서 감사합니다.'라고 인사하도록 한다.

(2) 방문 시 첫인사

[고객 사 방문 시 멘트]

- 처음 만났을 때 : "이매너 부장님, 안녕하십니까. 김예절입니다. 전화로만 인사 드리다가 처음 뵙겠습니다."
- 안면이 있을 때 : "이매너 부장님, 그동안 안녕하셨습니까. 오랜만에 뵙습니다. 제가 자주 방문 드렸어야 했는데 죄송합니다. 요즘 많이 바쁘시지요?"
- 방문 후 인사 시 : "귀한 시간 내주셔서 감사합니다.", "바쁘실텐데 시간 내주셔서 감사합니다.", "다음에 또 찾아 뵙겠습니다."

(3) 고객 사 방문예절

[방문 인사 시 자연스러운 대화 사례]

- 날씨 : "장마철에 혹시 피해는 없으셨는지요? 다행입니다.", "요즘 너무 무더워서 지치기 쉬운데 건강 괜찮으신지요?", "날씨가 제법 추운데 오늘은 기온이 많이 올랐네요."
- 특별한 날 : "다음 주 추석 때 고향 길 계획은 잡으셨나요?", "성탄절인데 즐거운 계획이라도 있으신지요?", "여름 휴가는 잘 보내셨는지요?"
- 회사 업무 : "지난 주 ~~건으로 인해서 걱정이 많으셨지요?", "이번에 저희 회사에 ~한 일이 있었답니다.", "이번에 귀사에(고객의 회사) ~행사가 있으셨지요?"

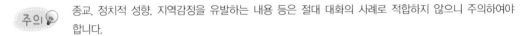

주의 종교, 정치적 성향, 지역감정을 유발하는 내용 등은 절대 대화의 사례로 적합하지 않으니 주의하여야 합니다.

(4) 고객 의전

- 고객의 바로 옆에 서지 않고 1~2보 앞에 서서 안내할 방향 쪽을 따라 안내한다.
- 바뀐 통로로 갈 때는 미리 방향을 안내하고 걷는다.

(5) 방문객 안내 : 계단에서

- 계단에서 안내할 때는 방문객에게 미리 "○층입니다."라고 안내말을 하고 고객이 계단의 손잡이 쪽으로 걷게 한다.
- 올라갈 때는 뒤에서, 내려갈 때는 앞에서 걸어 방문객보다 높은 위치가 되지 않도록 한다.

(6) 방문객 안내 : 엘리베이터

- 전문 안내자가 없을 경우 : 안내자가 먼저 탄 후 버튼을 누르고, 내릴 때는 방문객이 먼저 내리도록 도와 드린다.
- 전문 안내자가 있을 경우 : 방문객이 먼저 타도록 안내해 드리고, 내릴 때는 안내자가 먼저 내린 후 고객을 모신다.

3 메신저 · 메일(전자우편)

(1) 사내 메신저 주의사항

- 요점을 중심으로 명확하게 의사전달한다.
- 장시간 자리를 비울 때 자신의 상황을 알린다.
- 메신저 사용 시 상대방이 대화 창을 닫은 후 창을 닫는다.
- 메신저 대화 순서는 '인사 - 자기소개 - 용건 - 감사 인사' 순으로 한다.

메신저 매너

- 글씨의 색상도 고려해야 한다. ➔ 빨강색은 불쾌감을 줄 수 있으므로 피한다.
- 대화 도중 양해 없이 창을 닫는 것은 금물이다.
  ➔ "죄송하지만 ~일로 나가봐야 될 것 같습니다"라고 한다.
- 장시간 메신저 사용은 업무의 지장을 줄 수 있으므로 주의하도록 한다.

(2) 전자우편(메일) 작성법

- 제목은 구체적이며 간결하게 반드시 기재한다. 핵심제목을 간략하게 기재하여 내용을 짐작하게 한다. 예 매너대학교 송연회 알림(총학생회장 김친절 드림)
- 여백을 두고 보내는 발신자의 소속과 이름을 밝힌다.
- 장문의 메일을 지양하고 내용을 간략하고 핵심만 적는다.
- 올바른 철자와 문법을 사용해야 한다.
- 화가 난 감정의 표현을 보내는 것은 피해야 한다.
- 특수문자, 이모티콘 사용을 자제한다.
- 첨부 파일이 있을 경우 내용을 기재하여 알린다.
- 답장은 바로 보낸다.
- 날마다 메일을 체크하고 중요하지 않은 메일은 즉시 삭제한다.
- 자신의 ID나 비밀번호를 타인에게 절대 공개해서는 안 된다.
- 메일을 보내기 전에 주소가 맞는지 확인한다.

- 회신 시 동의한다고 하는 한 줄 정도의 글로 간결하게 회신한다.
- 한 줄의 길이가 너무 길지 않게 작성한다.
- 타인에게 피해를 주는 언어에 각별히 유의한다.

4 사이버 공간 네티켓

우리는 유비쿼터스 환경속에서 언제 어디서나 존재하는 인터넷을 활용할 수 있게 되었다. 인터넷은 단순히 정보만을 획득하는 곳이 아니라 다른 사람들과 교류하고 대인관계를 하는 공간으로 실제 사회생활을 하는 곳과 다를바 없다. 그러나 상대가 보이지 않는 다는 장점이자 단점으로 작용하는 익명성으로 사이버 공간에서의 매너와 예절을 소홀히 하는 경우가 종종 있다. 가상공간이라는 이유로 악성 댓글을 통해 다른 사람을 비방하거나 모욕.협박. 타인의 정보를 침해하고 형식과 예의를 갖추지 않고 이메일을 보내는 등 윤리적인 문제들이 발생하고 있다. 이는 인터넷의 발전 수준에 못미치는 이용자들의 미흡한 의식수준이며 국가의 경쟁력에도 악영향을 미치게 된다.

인터넷공간을 보이지 않는 사회 공간이라고 한다면 이또한 서로에게 지켜주어야 할 예의범절이 존재하는데 이를 네트워크와 에티켓의 합성어인 네티켓이라고 한다.

유비쿼터스 (Ubiquitous)

- 사용자가 네트워크나 컴퓨터를 의식하지 않고 장소와 시간에 상관없이 자유롭게 네트워크에 접속할 수 있는 정보통신환경

(1) 네티켓(Netiquette)

- 자신의 개인정보를 보호하고 다른 사람의 개인정보를 유포하지 않는다
- 음란물이나 불건전한 정보라 사이트를 공유하지 않는다
- 바이러스를 퍼트리거나 해킹 등은 불법이다

- 네티즌(Netizen) 스스로가 건전한 공간을 만들도록 노력한다
- 이메일, 게시판 등에 글을 쓸 때에는 형식과 예의를 갖추어 작성한다(자신의 신분 및 이름 기재, 간단한 안부 인사, 정중한 화법 사용, 이모티콘 사용자제 등).
- 온라인으로 대화할 때에는 호칭을 적절히 사용하고 불쾌감을 주는 대화는 하지 않는다
- 바른 언어를 사용한다(무분별한 은어.속어와 욕설, 채팅용어 사용 자제).
- 익명성을 이용하여 상대방을 비방하거나 반박하지 않는다
- 상대방의 동의없이 정보를 공유하거나 유포하지 않는다
- 온라인 게임 시 지고 있다고 갑자기 접속을 끊어 버리거나 일방적으로 퇴장하는 등 무례한 행동을 삼간다(인터넷 게임에 집착하지 않는다).

| 2 | 전화 응대 매너의 중요성

우리나라에 전화가 처음 보급된 것은 1893년이다. 이후 일상생활은 물론 업무 처리에서도 중요한 위치를 차지하고 있다. 한 번의 전화 응대가 상대방에게는 감동이 될 수도 있고 또 기업에 대한 나쁜 평가를 가지게 할 수도 있다. 전화는 보이지 않는 가장 무서운 서비스 평가수단이다.

최근 기업에서는 종업원(직원)의 전화 응대를 모니터링하여 인사고과에 반영하거나 전화 응대 서비스 교육을 지속적으로 실시함으로써 전화를 통한 서비스 향상을 도모하고 있다. 또한 해피콜 등 전화를 통한 새로운 서비스 창출로 고객만족을 위해 노력하고 있다.

따라서 효과적인 전화 응대를 익혀 상대방에게 호감도를 증진시킬 수 있도록 해야 한다.

직장인의 전화 응대 시 유의사항

- 전화 응대 시 회사의 주인이자 대표자라는 자세로 임한다.
- 한 사람의 불친절한 응대가 회사 전체의 이미지를 손상시키기도 한다는 것을 유념한다.
- 전화 응대는 음성만으로 나의 친절을 표현해야 하므로 더욱 세심한 주의를 기울인다.

1 전화응대 기본 원칙

전화는 고객 접점의 제일선이며 다른 업무나 서비스에도 지속적인 영향을 미친다.

전화 응대 시에는 친절하고 신속하게 고객의 욕구를 충족시키고 문제 해결에 즉각적인 도움을 줄 수 있도록 전문성을 갖추도록 한다.

1. 정확성

- 음성을 바르게 하고 발음을 명확하게 한다.
- 성명, 품명, 수량, 일시, 장소 등은 천천히 정확하게 전한다.
- 상대가 이해하지 못할 전문용어나 틀리기 쉬운 단어는 사용하지 않는다.
- 내용의 요점이 상대에게 정확하게 전달되었는지 확인하고 복창한다.
- 중요한 부분을 강조한다.
- 상대방의 의도를 정확하게 파악할 수 있는 듣기 능력을 배양한다.
- 업무에 대한 정확한 전문지식을 갖춘다.

2. 친절성

- 바로 앞에 상대방이 있다는 마음으로 응대한다.
- 상대방을 존중하면서 경청하고자 하는 열린 마음으로 응대한다.
- 필요 이상으로 소리를 크게 내거나 웃지 않는다.
- 말을 가로챈다든지 혼자서 말하지 않는다.
- 상대방이 감정적으로 말을 하면 이쪽에서는 한 발 뒤로 물러서서 언쟁을 피한다.
- 경박한 단어는 사용하지 않는다.

3. 신속성

- 전화를 걸기 전에 용건을 육하원칙에 맞추어 말하는 순서와 요점을 정리한다.
- 불필요한 말은 반복하지 않는다.

- 필요한 농담이라도 정도가 지나치지 않게 한다.
- 시간의식을 갖는다.

좋은 전화 응대를 위한 기본 자세

- **미소를 준비한다.** 책상 앞에 거울을 놓고 전화벨이 울리면 거울을 보고 먼저 미소를 지은 후 전화를 받는 습관을 갖는다.
- **자세를 바로한다.** 나른하고 느슨한 태도로 고객을 응대하게 되면 상대방도 이 느낌을 그대로 전달받게 된다. 통화 시에는 직접 대면하여 서비스하는 것과 같이 바른 자세로 임해야 한다.
- **음성과 목소리를 관리한다.** 흡연, 목기침, 피로 등으로 성대에 부담을 주는 것은 피한다.
- 목소리가 잘 안나올 때는 레몬즙을 넣은 따뜻한 차를 마신다. 명료한 발음을 위하여 신문의 사설을 읽는 연습을 하는 것도 매우 좋다.

2 상황별 전화 응대

1. 전화 받는 태도

(1) 벨

- 벨이 3번 이상 울리기 전에 받는 것이 예의이다.
- 왼손은 수화기에, 오른손은 메모 준비를 한다.

(2) 자기소개

- 자신의 소속과 성명을 정확히 밝힌다.
- "안녕하십니까. 김매너 입니다."

(3) 자신의 전화일 경우

- 전달자의 용건을 경청하여 메모한다.
- 용건의 내용을 다시 한 번 확인한다.

(4) 타인의 전화일 경우 – 담당자에게 연결해 드릴 때

- 전화 건 사람에게 통화하고자 하는 사람의 근무 팀을 묻는다. "○○○씨가 어느 팀에서 근무하시는지 알고 계십니까?"
- 교환 예고 "네, ○○○씨요. 곧 연결해 드리겠습니다. 만약, 전화가 끊기면 ×××-××××로 다시 걸어주시기 바랍니다."
- 담당자에게 전화를 연결해주고, 담당자가 받은 후 전화를 끊는다.

(5) 전화 건 사람을 기다리게 할 때

- 기다리게 하는 이유 설명과 가능한지 여부를 확인한다. "지금 ○○○씨가 다른 전화를 받고 계십니다. 잠깐 기다려 주시겠습니까?"
- 수시로 상황을 알려드린다. "전화 연결이 늦어지는 것 같습니다. 계속 기다리시겠습니까, 아니면 메모를 남겨 드릴까요?"
- 감사의 표시를 하고 연결해 드린다. "기다려 주셔서 감사합니다."라고 한다.

(6) 타인의 전화일 경우 – 담당자가 부재 중일 때

- 찾는 사람이 부재 중이라는 것과 부재 사유를 밝힌다. "죄송합니다. ○○○씨는 지금 회의 중이어서 자리에 안 계십니다."
- 담당자의 통화가능 시간은 알려준다. "○○○씨는 ×시 이후에 자리에 계십니다. ×시 이후에 통화가 가능할 것 같습니다."
- 상대의 회사, 이름, 전화번호, 용건을 정확히 묻고, 메모하고 확인한다. "메모를 남겨드리겠습니다. 연락처와 용건을 말씀해 주시겠습니까?"
- 전화 온 시간, 날짜, 연락처를 확인한다.
- 담당자에게 자신의 이름과 함께 메모내용을 전달한다.

(7) 동시에 여러 전화가 올 때

- 통화하던 사람에게 잠시 양해를 구한 다음, 다른 전화를 받아 용건, 연락처 등을 남기게 한 후 다시 통화하던 사람을 응대한다.

(8) 끝맺음 인사 및 전화 끊기

- 상대가 끊은 후에 수화기를 놓는 것이 매너이다.

2. 전화 거는 태도

(1) 걸기 전

- 상대방의 전화번호, 소속, 성명, 직함을 확인한다.
- 전달하고자 하는 내용을 미리 정리하여 확인한다.
- 메모지와 펜, 기타 필요한 자료를 준비한다.

(2) 상대가 수신했을 때

- 자신의 소속과 성명을 정확히 밝히고 인사한다.
- 통화 내용은 "5W(When, Who, What, Where, Why), 2H(How, Heart) 원칙"에 의하여 불필요한 말의 반복을 피하고 간단 명료하게 전달한다.
- 확인 답신을 요구할 때에는 답신 시기, 방법 등을 요청하는 내용과 함께 정확하게 제공한다.

(3) 상대가 부재 중일 때 – 메시지를 남길 경우

- 본인의 이름 및 용건을 간단히 밝힌다.
- 전화를 다시 걸 것인지 아니면 전화를 부탁하는 것인지를 명확하게 밝히고 전화를 부탁하는 경우에는 연락처를 반드시 남긴다.

전화 통화 시 주의사항

- 상대방에게 보이지 않는다고 해서 턱을 괴거나 무례한 자세로 전화를 받아서는 안 된다.
- 급한 일을 하고 있다고 해서 전화벨이 세 번 이상 울릴 때까지 기다리게 해서는 안 된다.
- 전화기를 들자마자 "여보세요"로 응대하는 것은 안 된다.
- 상대방이 누구인지 확인하지 않으면 후에 곤란한 일이 생길 수 있다.
- "기다려 주십시오"라고 말해 놓고 아무 설명도 없이 장시간 기다리게 해서는 안 된다.
- 기다리게 한 사이에 전화기 앞에서 큰 소리로 이야기해서는 안 된다.
- 자기의 담당이 아닌 용건으로 걸려온 전화라도 무책임하게 여기저기 다른 데로 연결해서는 안 된다.
- 통화자가 바뀔 때마다 한 번 들은 용건을 처음부터 다시 반복하게 하는 것은 안 된다.
- 잘못된 전화가 걸려왔을 때는 "아닙니다"하고 수화기를 덜컥 내려놓지 않도록 주의한다.
- 자료도 준비하지 않고 서둘러 전화를 걸어서는 안 된다.
- 급한 용무라고 해서 면담 중인 윗사람에게 메모도 없이 연결해서는 안 된다.

전언메모

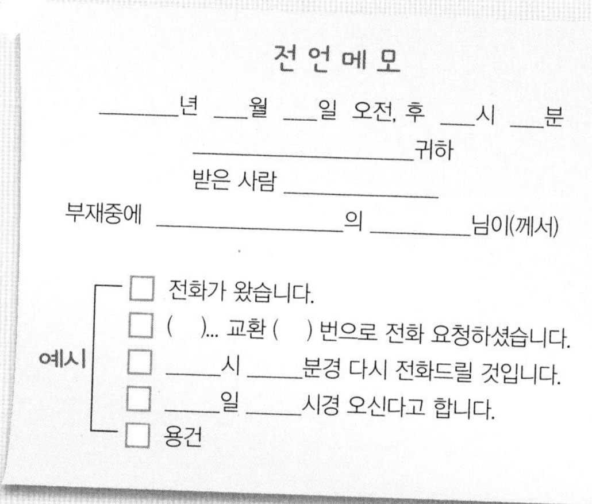

전언메모

______년 ___월 ___일 오전, 후 ___시 ___분

________________귀하

받은 사람 ____________

부재중에 _______________의 ________님이(께서)

예시
- ☐ 전화가 왔습니다.
- ☐ ( )... 교환 ( ) 번으로 전화 요청하셨습니다.
- ☐ ____시 ____분경 다시 전화드릴 것입니다.
- ☐ ____일 ____시경 오신다고 합니다.
- ☐ 용건

- 상대방이 전화했었다는 사실을 전할 필요가 없다고 했을 경우에도 반드시 메모를 남긴다.
- 정확하고 신속하게 전화가 왔었다는 사실을 알 수 있도록 당사자 책상의 눈에 잘띄는 곳에 테이프 등으로 붙여 알려준다. 회사에 도착한 뒤에 구두로 알려주는것도 잊지 않아야 한다.

실습 : 전화 통화 시 호감 표현법

- **긍정적일 때** : 예, 잘 알겠습니다 / 그렇습니다.
- **부정적일 때** : 그럴리가 없다고 생각합니다만 / 곤란할것 같습니다만 / 잘못되었다고 생각됩니다만
- **거부할 때** : 어렵겠습니다만 / 정말 죄송합니다만 / 유감스럽습니다만
- **부탁할 때** : 양해해주셨으면 합니다만
- **사과할 때** : 정말 죄송합니다.
- **겸양을 나타낼 때** : 오히려 제가 감사합니다. / 제가 할 수 있는 일이어서 다행입니다.
- **분명하지 않을 때** : 어떻게 하면 좋을까요. / 아직은 ~입니다만 / 저는 그렇게 알고 있습니다.

2. 비즈니스 상황별 응대

(1) 담당자 연결하기

- 전화를 연결할 때에는 그때까지 들은 용건을 정확하게 전달한다.

도대체 진짜 담당자는 누구인가?

- **고 객**: 저… 오늘 아침에 신문에 난 교육 프로그램에 대해서 알아보려고 전화했는데요…"
- **나무례**: 네, 무슨 일이신데요?
- **고 객**: 오후반으로 등록을 하고 싶은데, 한 반에 몇 명 정원인가요? 혹시 마감되었습니까? 접수하려면 무슨 서류가 필요한가요?
- **나무례**: 잠깐만요.
- **B 양**: 전화 바꿨습니다.
- **고 객**: 저… 오늘 아침에 신문에 난 교육 프로그램에 대해서 여쭤보려고 하는데요…
- **B 양**: 네.
- **고 객**: 오후반으로 등록을 하고 싶은데…
- **B 양**: 아, 네? 오후반이요? 그럼 담당자 바꿔드리겠습니다. 잠깐만 기다려 주십시오.
- **김매너**: 네. 김매너입니다.

- 고　객: 여보세요, 저… 교육 프로그램이요.
- **김매너**: 네. 어떤 점이 궁금하십니까?
- 고　객: 도대체 똑같은 말을 몇 번이나 해야 하는 겁니까?
- **김매너** : ????

1. 전화를 받게 되는 사람에게 상대가 어떤 이야기를 하고 있었는지 그때까지 들은 용건을 정확하게 전하는 것이 중요함
2. 새로 전화를 받게 되는 사람도 어느 정도 마음의 준비를 하고 받을 수 있으면 정확한 응대를 할 수 있음

(2) 잘못 걸려온 전화 응대하기

- 잘못 걸려온 전화에도 친절하게 응대한다.

- 고 객 : "여보세요? 거기 매너주식회사죠?"
- S 양 : "아닌데요."
- 고 객 : "매너주식회사 아니에요?"
- S 양 : "아니라니까요."
- 고 객 : "어, 이상하다…"
- S 양 : "잘못 거셨어요."(찰칵)

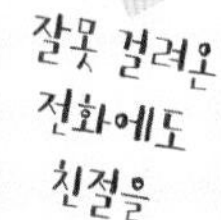

1. 잘못 걸려온 전화라 해도 응대방법에는 충분한 주의를 기울일 필요가 있음
2. '여기는 ○○입니다. 잘못 거셨습니다만…'이라고 친절하게 대답하여, 상대에게 나쁜 인상을 주지 않도록 함

(3) 문의에 답변하기

- 자주 걸려오는 문의전화는 사내에서 대답을 매뉴얼화 한다.

- 고 객 : "저… 오늘 아침 광고 보고 전화하는데요…"
- S 양 : "네? 무슨 광고요?"
- 고 객 : "아침에 이벤트에 대한 광고 났잖아요."
- S 양 : "그런 게 났어요? 잠깐만요."

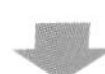

1. 이벤트 광고 또는 구인광고를 냈을 때, 응대방법이 다르면 정보가 혼돈되어 효과를 거두지 못할 수 있음
2. 예상 질문에 대한 응대 스크립트를 작성하여 전화기 옆에 두면 모두가 정확하게 응대할 수 있음

(4) 경청하기

- 상대방의 이야기를 듣는 것도 중요하다.

상대가 뭔가 말하고자 하는 것이 아직 남아 있는 한 이쪽이 무슨 말을 해도 소용이 없다.

『사람을 움직인다』의 저자 D.카네기

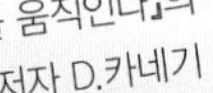

- 고 객 : "얼마 전에 청소기를 구입했는데요. 조금 쓰다 보면 전원이 꺼졌다 켜졌다 그러는데요."
- S 양 : "작동 버튼을 잘못 건드리셨겠지요."
- 고 객 : "아무 것도 안 건드렸는데도 저절로 그렇게 됐다니까요."
- S 양 : "잘못 건드린 게 있겠지요. 새로 사신 게 왜 금방 고장이 나겠어요."
- 고 객 : "글쎄, 내 말 좀 들어보라니까요."

1. 사람의 마음을 장악하기 위한 첫 번째 포인트는 먼저 남의 말을 잘 들어야 함
2. 상대의 말에 열심히 귀를 기울임으로써 상대가 말하고자 하는 전부를 말할 수 있도록 하는 것이 일을 빠르게 마무리할 수 있는 지름길
3. 누구나 철저하게 들어주는 사람이 있으면, 이야기하는 것만으로도 불만이나 고민이 상당 부분 해결됨

(5) 도움 요청하기 1

- 자신이 감당하기 어려운 전화는 서둘러 상사나 동료와 바꾸는 것도 방법이다.

- 고 객 : "아까는 있다고 했잖아요."
- S 양 : "아니요, 지금 재고가 없습니다."
- 고 객 : "무슨 말이에요. 조금 전에 다른 분이 받았을 때 있다고 했어요."
- S 양 : "아니에요. 그 분이 잘못 말씀 드린 거에요."
- 고 객 : "도대체 누구 말이 맞는 거에요?"

도와주세요!

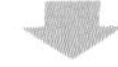

1. 전화의 내용이 자신으로서는 감당하기 어렵다고 판단되면 임기응변 식으로 확실하지도 않은 내용을 말하기보다는 곧바로 선배사원이나 상사를 바꾸는 편이 낫다.
2. 스스로 처리하지 못하고 선배사원이나 상사에게 연결했을 경우 어떻게 응대하는지를 가까이에서 듣는 자세가 필요

(6) 도움 요청하기 2

- 전화로 실수를 했다면 자신의 처치를 생각하기 전에 우선 상사에게 보고한다.

- S 양 : "공장장님, 죄송합니다. 발주가 잘못 갔어요. 1,000박스가 아니라 1,000개였는데…"
- 공장장 : "뭐요? 지금 장난 치는 거요?"
- S 양 : "정말 죄송해요. 이번 한 번만 좀 봐주세요. 다신 실수하지 않을게요."
- 공장장 : "거기 김부장은 요즘 뭐하고 있소?"
- S 양 : "이번 건은 제가 잘못한 것이거든요. 죄송하지만 좀 고쳐주세요."
- 공장장 : "이거야 원. 그거 하나 제대로 못하고 직원교육을 도대체 어떻게 시키는 거야?"

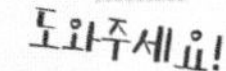

1. 중대한 실수를 알게 되었다면 자신이 직접 처리하려 하지 말고 먼저 상사에게 보고하여 지시를 받아야 함
2. 부하의 실수를 상사가 모르고 있다면 그 상사도 예측하지 못한 실수를 할 수도 있음

(7) 회사 위치 안내하기

● 전화로 길 안내를 하는 경우에는 미리 가장 알기 쉬운 방법을 메모해 둔다.

● 고 객 : "저… 거기 찾아가려고 하는데요, 어떻게 가면 되나요?"
● S 양 : "음… 지하철 5호선 타셔서 여의도 역에서 내리시고요. 4번인가 5번 출구로 나오시면 은행이 하나 있거든요. 무슨 은행이더라? 하여튼 조흥은행인가 외환은행인데요, 거기서 왼쪽으로 걸어 들어오시면 있어요. 행복빌딩 5층이에요."
● 고 객 : "지하철 말고 버스는 가는 게 없나요?"
● S 양 : "버스노선은 잘 모르겠는데요. 지하철 타고 오세요, 그게 제일 편해요."

1. 미리 '길 안내용 메모'를 준비해 두면 편리함
2. 각종 교통수단에 따른 몇 가지 종류를 준비함
   지하철(또는 버스) 노선 번호, 가장 가까운 역(또는 정거장 이름)과 출구, 거리의 명칭, 도중에 있는 목표물, 예상 소요시간, 자사 건물의 특징(건물색, 상호 간판 등) 등을 알기 쉽게 적어 둔다.
3. 출발할 곳의 위치를 물어 고객에게 가장 편리한 교통편을 안내함

(8) 긴급 용건 전달하기 1

● 전화로 지명한 사람이 통화 중일 때 긴급 용건이 들어오면 메모를 보인다.

과장님,
급한
전화래요.

● 고 객 : "여기 매너주식회사인데요, 정과장님 계십니까?"
● S 양 : "지금 통화 중이신데요."
● 고 객 : "급한데, 이 전화 좀 받으라고 해 주세요."

(나무레양, 어쩔 줄 몰라 안절부절 하고 있다. 정과장의 전화가 언제나 끝나려나 초조하기만 하다. 수화기를 든 채 아무 일도 못하고 그저 서서 기다릴 뿐)

1. 전화를 기다리게 하고자 할 때는 '김매너님은 지금 통화 중입니다.'라고 사정을 알린 다음 이쪽에서 다시 걸게 하든가 그대로 기다려 주실지를 여쭈어 보는 것이 우선임
2. 통화 중인 사람에게 말을 건넬 수 없기 때문에 메모를 적어 읽게 하는 것도 좋은 방법임

(9) 긴급 용건 전달하기 2

- 고객과 상담 중인 사원에게 전화를 연결하고자 할 때는 말보다는 메모를 적어 건넨다.

- 고 객 : "정과장님 부탁 드립니다."
- S 양 : "실례지만 어디십니까?"
- 고 객 : "친절주식회사 김매너입니다."
- S 양 : "무슨 일 때문에 그러시는데요?"
- 고 객 : "신규계약 건 때문인데, 계시면 좀 바꿔주세요."
- S 양 : "잠깐만 기다려 주십시오."
- S 양 : (고객과 면담 중인 정과장에게) "과장님, 친절주식회사에서 신규계약 건 때문에 김매너님 전화입니다."

과장님,
급한
전화래요.

1. 응대 중인 사람에게 전화를 연결하고자 할 때에는 말로 전하지 말고 메모로 알리는 것이 매너임
2. 메모로 전화를 연결하는 경우에도 우선 고객에게 '대화 중 실례입니다만…'하고 양해를 얻는 것이 중요함

(10) 대기하기 1

- 지명된 사람과 전화를 연결하는 데에 시간이 걸릴 것 같으면 기다릴 수 있겠는지 먼저 양해를 얻는다.

- 고 객 : "유과장님 계십니까?"
- S 양 : "지금 잠시 자리를 비우셨는데요."
- 고 객 : "멀리 가셨습니까?"
- S 양 : "아니에요, 금방 들어오실 거에요. 잠시 기다리시겠어요?"

잠깐만요?
얼마나
기다려야 하나?

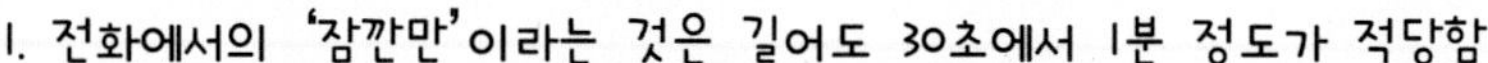

1. 전화에서의 '잠깐만'이라는 것은 길어도 30초에서 1분 정도가 적당함
2. 잠깐만이라도 상대를 기다리게 해야 할 상황이라면 '곧 돌아오리라 생각됩니다만, 잠시 기다려 주실 수 있겠습니까?'라고 물어야 함
3. 상대방이 기다릴 것을 양해해 준 경우라도 1분 이상 경과하면 다시 한 번 상대의 상황을 문의하는 등 지속적인 관심을 보여야 함

(11) 대기하기 2

- 자료 확인 등으로 대답하는 데에 시간이 걸릴 상황이라면 일단 끊고 확인 후 다시 건다.

잠깐만요?
얼마나
기다려야 하나?

- 고 객 : "지난 번에 수선 의뢰한 옷 다 되었는지 확인하려고 하는데요."
- S 양 : "언제 맡기신 거죠?"
- 고 객 : "3월 3일이요, 붉은 색 원피스요."
- S 양 : "성함이 어떻게 되십니까?"
- 고 객 : "김글로벌입니다."
- S 양 : "확인해 보겠습니다. 잠깐만 기다리시겠어요?"

- 기다리는 시간은 상대적으로 매우 길게 느껴지므로 불편을 초래함
- 상대방에게 양해를 드린 후 '확인 후 즉시 전화를 드리겠습니다.' 라고 일단 전화를 끊은 다음 다시 전화를 하는 것이 필요함.

(12) 부재 중일 때 알려주기

- 찾는 분이 부재 중일 때는 용건을 물어본다.

- 고 객 : "송대리님 계십니까?"
- S 양 : "지금 안 계시는데요."
- 고 객 : "언제쯤 돌아오십니까?"
- S 양 : "잘 모르겠어요. 나중에 다시 걸어 보세요."

1. 업무는 팀 플레이로 하고 있다는 것을 명심하고 상대방에게 신뢰감을 줄 수 있도록 함
2. 용건에 따라서 다른 사람이 처리할 수 있는 일이라면 그에 따라 응대하고, 찾는 분이 해결해야 할 일이라면 빨리 연락을 취해보는 것이 좋음

(13) 다시 전화하기

- 부재자에게 온 전화에서 상대방이 다시 걸겠다고 해도 연락처를 메모해 두는 것이 좋다.

- 고 객 : "이과장님 계십니까?"
- S 양 : "지금 외출 중이신데요."
- 고 객 : "언제쯤 돌아오십니까?"
- S 양 : "2시경에 돌아오실 예정입니다."
- 고 객 : "그럼, 그때 다시 걸겠습니다."
- S 양 : "알겠습니다."

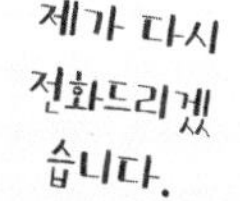

1. 용건에 따라서는 상대방에게서 걸려오는 것을 기다리는 것보다 이쪽에서 거는 것이 좋은 경우가 있음
2. 상대가 다시 걸겠다고 하여도 '연락처를 알려 주시겠습니까?'라고 묻는 것이 좋음

(14) 메모 전해주기

전해주시기만 하면 됩니다.

- 고 객 : "정실장님 계십니까?"
- S 양 : "지금 안 계신데요."
- 고 객 : "그럼, 들어오시면 여기 친절주식회사인데요, 어제 제출하신 오퍼 승인났다고 전해주세요."
- S 양 : "들어오시는 대로 전화하시라고 할까요?"
- 고 객 : "아니에요. 그렇게 전해주시기만 하면 됩니다."
- S 양 : "네, 알겠습니다."

1. 용건이 틀림없이 전달되었다는 것을 확인시키는 의미에서도 전화를 걸어주는 것이 좋음
2. 아무리 간단한 용건이라 하여도 '조금 전에 전화를 주셔서 감사합니다.'라고 본인이 전화를 걸어주면 상대방은 전달된 것을 확인했으니 신뢰감이 상승함

(15) 회사명 알려주기

어디시라구요?

- 고 객 : "김과장님 계십니까?"
- S 양 : "지금 안 계시는데요."
- 고 객 : "언제쯤 돌아오실까요?"
- S 양 : "2시경에 돌아오실 겁니다."
- 고 객 : "그럼, 알리앙스 드 앙리 매너에서 전화왔었다고 전해 주세요."
- S 양 : "네? 어디시라구요? 잘 안 들리는데요."
- 고 객 : "알리앙스 드 매너라구요."
- S 양 : "?...."

1. 부재자에게 온 전화에서 상대방의 회사명을 알아 들을 수 없을 때에는 계속 되물으며 불쾌감을 줄 수 있으므로 '용건'과 '전화번호'를 여쭈어 보는 것이 좋음
2. 상대의 회사명을 모르는 채 전화를 연결했을 경우에는 담당자로부터 듣도록 함

(16) 부재자의 목적지 말하지 않기

- 부재자에게 걸려온 전화를 받았을 때 함부로 목적지를 말하지 않는다.

- 고 객 : "이과장님 계십니까?"
- S 양 : "지금 안 계시는데요."
- 고 객 : "언제쯤 들어오십니까?"
- S 양 : "4시경에 돌아오실 겁니다."
- 고 객 : "어디 가셨는데요?"
- S 양 : "……"
- 고 객 : "급히 연락할 일이 있어서 그러는데, 어디 가셨는데요."
- S 양 : "저, 매너주식회사에 가셨는데요."
- 고 객 : "아, 그래요? 무슨 일로 가셨어요?"
- S 양 : "제안서 제출하러 가셨거든요. 왜요?"

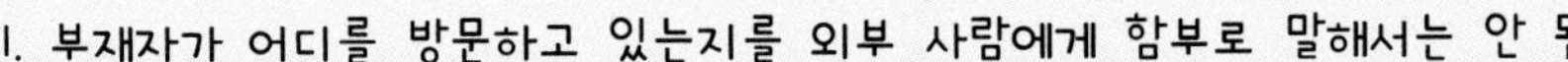

1. 부재자가 어디를 방문하고 있는지를 외부 사람에게 함부로 말해서는 안 됨
2. 외출 중인데 연락이 있으시면 전화를 드리라고 하겠습니다.'하는 정도의 응대가 적당함

(17) 전화 피하지 않기

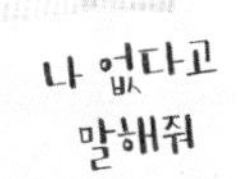

- 고 객 : "송과장님 부탁합니다."
- S 양 : "지금 안 계시는데요."
- 고 객 : "계시면 좀 바꿔주세요."
- S 양 : "정말 안 계시다니까요. 제가 왜 거짓말을 하겠어요."
- 고 객 : "그럼, 말이나 전해주십시오. 내일까지 처리 안하면 이젠 나로서도 어쩔 수 없다구요."
- S 양 : "그런 얘기는 본인한테 하시죠."
- 고 객 : "본인하고 통화가 되어야 말을 하던지 말던지 할 것 아닙니까. 할 때마다 없다고 하니…"

1. 심한 경우에는 전화를 받는 직원이 부재자를 대신하여 심하게 불평을 듣게 되고 심한 욕까지 듣게 되는 경우가 많음
2. 자신의 일은 스스로 적극적으로 해결하여야 할 것이며, 그러한 개인적인 일로 다른 직원에게 피해를 주어서는 안 됨

(18) 전화 메모하기 1

- 전화 메모에는 걸려온 시간도 기입해 둔다.

과장님! 매너주식회사에서 전화 왔었습니다.
(전화 메모 잘하기)

- 과 장 : "별 일 없지? 나한테 전화연락 온 것 있나?"
- S 양 : "네, 매너주식회사에서 전화왔었어요."
- 과 장 : "그래? 몇 시에?"
- S 양 : "네, 그게… 언제였지? 오전이었던 것도 같고, 오후였던 것 같기도 하고…"
- 과 장 : "오전 11시에 거기 다녀왔는데… 그 이후에 또 전화하셨나?"
- S 양 : "……"

1. 전화가 걸려 왔는가는 중요한 포인트가 되는 경우가 자주 있음로 반드시 메모함
2. 부재자의 좌석에 전화메모를 남기는 경우에는 전화를 받은 사람의 이름을 기입해 두는 것도 필요함

(19) 전화 메모하기 2

- 외출 중인 사원으로부터 전화를 받았을 때에는 그 사람에게 연락사항이 없는지 주위사람에게도 확인한다.

- B 양 : "과장님, 잘 다녀오셨어요? 1시간 전쯤 L상사로부터 전화가 왔었는데요, 좀 들러주셨으면 했어요. 책상 위에 메모해 두었어요."
- 과 장 : "뭐? 진작 얘기해주지. 지금 그쪽에서 오는 건데…"
- B 양 : "……"
- 과 장 : "S양! 아까 전화했을 때 왜 말해주지 않았어?"
- B 양 : "메모해 놓아서 신경을 못 썼어요. 밖에서 전화하신 줄 몰랐어요."
- 과 장 : "이거야 원. 이렇게 내부 커뮤니케이션이 안 되어서야 믿고 나가서 일을 하겠나."

과장님! 매너주식회사에서 전화 왔었습니다.
(전화 메모 잘하기)

1. '○○○으로부터의 전화인데 전할 일은 없습니까?'하고 주위 사람에게도 물어보는 것이 중요함

(20) 전화 메모하기 3

- 사내에서 매뉴얼화 '전화 메모 양식'을 만들면 빠뜨리지 않고 제대로 전달할 수 있다.

- 과 장 : "전화 연락 온 것 있나?"
- S 양 : "네, 김매너씨에게서 전화 왔었어요."
- 과 장 : "김매너씨? 어느 회사의 김매너씨? 매너주식회사야, 친절주식회사야?"
- S 양 : "… 전 김매너씨라고 하면 과장님께서 아시는 줄 알고…"
- 과 장 : "혹시 전화번호 받아 놓았나?"
- S 양 : "아니요, 그렇게 전하면 아실 거라고 하길래… 물어보지 않았는데…"

과장님! 매너주식회사에서 전화 왔었습니다.
(전화 메모 잘하기)

1. 전언메모는 업무의 내용에 맞추어 가장 능률적인 것으로 매뉴얼하여 만드는 것이 좋음
2. 통일된 전화 메모 양식을 만들어 놓음으로써 전달에 필요한 정보를 능률적이고 또한 부족함이 없이 전할 수가 있음

(21) 전화 메모하기 4

● 전언메모를 쓸 때는 숫자에 특히 주의한다.

사무실로 돌아온 과장, 책상 위에 있는 메모지를 보고 나무레에게 묻는다.

● 과 장 : "매너주식회사에서 주문 온 것, 상품번호 124야, 129야?"
● S 양 : "거기 메모해 놓았는데요…"
● 과 장 : "지금 메모 보고 하는 얘긴데, 좀 헛갈리네."
● S 양 : "글쎄요… 저도 적어놓고 잊어버렸는데…"

과장님! 매너주식회사에서 전화 왔었습니다. (전화 메모 잘하기)

1. 전언메모에는 전화로 받은 용건을 정확하고 간결하게 쓰는 것은 물론, '정성스럽게' 쓰는 것도 잊어서는 안 될 중요한 점
2. 숫자는 비즈니스에 중대한 영향을 줄 수도 있으므로 실수가 발생되지 않도록 함

(22) 전화 메모하기 5

● 전화로 전언을 부탁받았을 때에는 메모와 구두의 이중체크를 잊지 않는다.

상사로부터의 메모를 보지 못한 과장, 아침에 담당부장으로부터 전화를 받고는 좋지 않은 소리를 들은 모양이다.

● 과 장 : "어제 정부장한테서 전화왔었어?"
● S 양 : "네. 책상 위에 메모해 놓았는데요. 못 보셨어요?"
● 과 장 : "책상 위 어디? 메모지는 없는데…"
● S 양 : "어제 제가 분명히 책상 위에 두었는데…"
● 과 장 : "중요한 일이었는데, 바로 전화해 주지 않아서 정부장님 무척 화가 나셨어. 진작 내게 말 좀 해주지 그랬어."

과장님! 매너주식회사에서 전화 왔었습니다. (전화 메모 잘하기)

● S 양 : "그렇게 급한 일인 줄 몰랐어요. 전 당연히 메모 보신 줄 알았죠."

(책상을 정리하다 책 밑에 깔려 있는 메모지를 발견하고)

● S 양 : "아, 메모지 여기 있네요. 누가 여기에다 책을 얹어 놓았지? 아까 총무부에서 자료 잔뜩 들고 오더니 그 위에 얹어 놓았나 보군요."

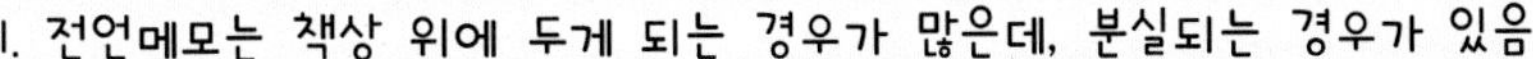

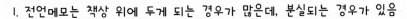

1. 전언메모는 책상 위에 두게 되는 경우가 많은데, 분실되는 경우가 있음
2. 메모를 보았는지를 확인할 필요가 있음, 즉 메모와 구두의 이중체크를 함으로써 비로소 전언의 역할을 다하게 됨

(23) 거짓말 하지 않기

● 고 객 : "저, 한매너 과장님 계십니까?"
● S 양 : "네, 한과장님이요?"

(한과장 : "나 찾으면 없다 그래.")

● S 양 : "지금 안 계시는데요."
● 고 객 : "없다고 그러는 사람 좀 바꿔주십시오."
● S 양 : "……"

거짓말도 보여요.

1. 보류단추가 있다면 상대를 기다리게 할 때에는 반드시 보류단추를 눌러 놓도록 해야 함
2. 주변에 전화를 받고 있는 사람이 있다면 큰 소리가 나지 않도록 특별히 신경을 써야 함

(24) 상사나 동료와 커뮤니케이션 하기

- 고 객 : "한과장님 계십니까?"
- S 양 : "외출하신 것 같은데요."
- 고 객 : "멀리 가셨나요?"
- S 양 : "글쎄요."
- 고 객 : "언제쯤 돌아오실까요?"
- S 양 : "잘 모르겠는데요."
- 고 객 : "급히 연락을 좀 했으면 하는데 어떻게 연락이 안 될까요?"
- S 양 : "저… 그게"

(잠시 다른 직원에게 물어 보고 나서)

- S 양 : "저 한과장님 오늘 지방 출장가셨다는데요. 3일 후에 오신답니다."

나, 왕따?

1. 다른 직원이 무엇을 하고 있는지 전혀 눈에 들어오지 않고 자신의 일에만 몰두하면 전화를 연결할 때에도 원활하게 되지 않을 수가 있음
2. 평소부터 상사나 동료와의 커뮤니케이션을 원만하게 하고 누가 어떤 일을 하고 있는지 대략적인 내용을 알아두는 것이 중요함
3. 외출하는 사람에게는 어디에 가는지 언제쯤 돌아오는지를 메모해두면 앞으로 전화가 걸려왔을 때 정확한 응대를 할 수 있어 업무도 효과적으로 진행될 수 있음

(25) 잡담하지 않기

- 보류 중에도 방심하여서는 안 된다.

- 고 객 : "잠깐만요, 옆에 다른 전화가 와서 그러는데 잠깐만 기다려 주세요."
- S 양 : "네, 먼저 받으세요."
- S 양 : (동료에게) "얘, 이 사람 지난 번에 총무과 미스 리하고 미팅했잖니. 미스 리는 별로라는데, 저쪽에서 좋다고 안 떨어져서 미스 리가 혼났다더라."
- 고 객 : "아유, 죄송합니다. 어디까지 얘기했죠?"
- S 양 : "네. ~~~~"

1. 기다리는 동안 수화기를 막고 옆 사람과 그 사람의 흉을 보거나 잡담을 나누면 안 됨

(26) 전화 상대 확인하기

- 목소리만으로 상대를 알았을 때에도 반드시 그 사람인가를 확인한다.

- 고 객 : "김부장님 부탁합니다."
- S 양 : "지금 외출 중이신데요."
- S 양 : "안녕하세요, 정실장님! 지난 번에는 고마웠습니다."
- 고 객 : "저 정실장 아닌데요."
- S 양 : "아, 죄송합니다. 누구시라고 전해드릴까요?"

1. 상대가 확신되는 경우에도 '김매너님이지요?'라고 상대의 성명을 확인할 필요가 있음
2. 착각으로 인하여 다른 사람의 이름을 말했을 경우는 '죄송합니다.'하고 정중하게 사과하고 다시 성명을 묻도록 함

(27) 맞장구 하기

- 고 객 : "글쎄, 그래서 그걸 이렇게 해서 쓰고 있는데, 도저히 방법이 안 떠오르더라구요. 그래서 다시 가서 고쳤는데, 이번에는 이게 또 안 되는 거예요. 그러니 내가 화가 안 나겠어요. 도대체 한 번 보면 어디가 문제인지 알아야지 도통 하나씩 도대체 몇 번을 가야 해결이 날지, 원."
- S 양 : "……"
- 고 객 : "그런데 누가 그러더라구요. 서비스센터에 전화해 보라구요."
- S 양 : "……"
- 고 객 : "여보세요, 여보세요, 거기 듣고 있어요?"
- S 양 : "……"

지금 내 말
듣고 있어요?

1. 적절한 맞장구는 상대방과의 대화를 한결 부드럽게 할 수 있음
2. 흥분한 고객의 기분을 진정시킬 수도 있어 의외로 문제를 쉽게 해결할 수도 있고, 새로운 주문을 받아낼 수도 있게 됨

(28) 전화 상대 기억하기

- 거래처나 고객의 성명은 정확하게 기억한다.

- 고 객 : "저, 지난 번에 수리를 맡겼는데, 찾으러 가도 되는지 확인해 주세요."
- S 양 : "성함이 어떻게 되십니까?"
- 고 객 : "김친절이라고 하는데요."
- S 양 : "잠시만 기다려 주시겠습니까? 확인하고 전화 드리겠습니다."

1. 성명을 확실히 모르는 것은 상대방에게 대단한 실례가 되며 앞에서 말한 예와 같이 업무에 차질이 생기게 되는 경우도 많음.
2. 자주 전화가 걸려오는 거래처나 고객의 성명, 단체 등은 그 명칭을 정확하게 기억해 두는 것이 중요함
3. 자주 전화를 걸어오는 회사나 담당자, 고객 등은 명부를 만들어 책상 위에 붙여 놓거나 언제나 갖고 다니면서 빨리 기억하는 것이 좋음

(29) 마음과 말을 하나로 연결하기

- 고 객 : "그럼, 김부장님 들어오시는 대로 전화 부탁드립니다. 그리고, 우리 언제 점심이나 한 번 합시다."
- S 양 : "네, 전해 드리겠습니다. 안녕히 계세요."
- S 양 : (동료 직원에게) "어후, 이 사람, 나한테 마음 있나봐. 내가 자기랑 점심을 왜 하냐?"

나는 두얼굴?

1. 전화를 끊자마자 그 사람에 대해 욕을 하거나 나쁜 소문을 말하는 것은 조금 전에 보여주었던 친절함마저 의심가게 하는 행동
2. 마음과 말이 하나가 되어 진실된 마음을 가진다면 전화를 통해 전해지는 말도 자연히 친절하게 될 것이며, 그 후에도 좋은 느낌을 그대로 지속시킬 수 있음

* 낮 말은 새가 듣고 밤 말은 쥐가 듣는다.
* 발 없는 말이 천 리 간다.

(30) 지킬 수 없는 약속 하지 않기 1

- 비즈니스 전화에서는 '다음에' 등 애매한 말을 사용하지 않는다.

- 고 객 : "지난 번에 주문한 것 언제쯤 배달될 지 확인하려고 전화 드렸는데요."
- S 양 : "언제 주문하셨습니까?"
- 고 객 : "20일 주문했는데요."
- S 양 : "그럼 도착할 때가 되었는데… 배송 과에 알아봐야 되니까, 지금 전화번호하고 성함 좀 알려주시겠어요?"
- 고 객 : "000이구요, 전화번호는 000 - 0000입니다."
- S 양 : "네, 확인을 해 봐야 하니까, 전화 끊으시고 잠깐만 기다려 주세요. 확인되는 대로 전화 드릴께요."
- 고 객 : "얼마나 기다리면 될까요?"
- S 양 : "바로 될 거예요."

지킬 수 없는 약속

1. ‘다음에’, ‘나중에’, ‘오전 중’ 등 시간에 관한 말은 서로의 주관에 따라서 아무렇게나 해석되는 성격의 것이며 그 때문에 트러블의 원인이 되기 쉬움
2. 시간을 약속하는 경우에 한하는 것은 아니지만 이러한 애매한 말은 되도록 피하고 ‘O시 O분’이든가 ‘30분 후’와 같이 서로의 해석 차이가 없도록 말하는 배려가 필요함

(31) 지킬 수 없는 약속 하지 않기 2

- ‘몇 분 정도 걸리겠습니까?’라는 물음에는 자신의 판단보다 좀 더 여유있게 대답한다.

지킬 수 없는 약속

- 고 객 : “지금 주문하면 몇 분 정도면 배달이 됩니까?”
- S 양 : “15분이면 됩니다.”
- 고 객 : “알았습니다. 그럼 지금 보내주시죠.”

1. ‘작업에 어느 정도의 시간이 걸리는가?’라는 질문을 받았을 때 많은 사람들은 자신이 가능하리라고 생각하는 시간보다 짧게 말하는 경향이 있음
2. 돌발적인 일이 생길 수도 있기 때문에 어느 정도 여유 있는 시간으로 약속해 두는 것이 좋음

(32) 직원들의 목소리 기억하기

나, 사장이오.

- 사 장 : “김부장 자리에 있나?”
- S 양 : “지금 잠시 자리 비우셨는데요.”
- 사 장 : “어디 멀리 갔나?”
- S 양 : “아니요, 그런 것 같지는 않습니다만…”
- 사 장 : “그럼, 들어오는 대로 나한테 전화하라 그래.”
- S 양 : “실례지만… 누구신데요?”
- 사 장 : “나, 사장이오.”
- S 양 : “네, 사장님, 죄송합니다.”

1. 전화로 듣게 되는 목소리는 평소에 육성으로 듣는 목소리와 다소 차이가 남
2. 자주 얘기를 나누는 직장 동료인 경우에도 전화로 듣게 될 경우에는 착각을 하게 되는 경우가 있음
3. 직원들 간에도 당연히 전화예절은 지켜야 할 것이며, 또한 직원들의 목소리는 빨리 기억하도록 함

(33) 잘 들리지 않을 때 말하기

- 전화의 감이 멀 때에는 주저 없이 그 사정을 전한다.

- 고 객 : "여보세요? 매너주식회사죠?"
- S 양 : "여보세요. 여보세요. 여보세요."
- 고 객 : "여보세요~ 매너주식회사죠?"
- S 양 : "안 들려요. 다시 거세요."

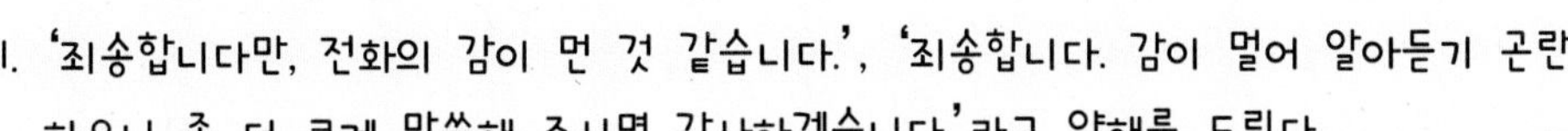

1. '죄송합니다만, 전화의 감이 먼 것 같습니다.', '죄송합니다. 감이 멀어 알아듣기 곤란하오니 좀 더 크게 말씀해 주시면 감사하겠습니다.'라고 양해를 드린다.
2. 되도록 상대의 기분을 상하지 않게 정중하게 말하는 것이 좋음

(34) 다른 직원 배려하기

함께 사는 사회

- S 양 : "어, 나야."
- 친 구 : "전화가 좀 울리는 것 같다."
- S 양 : "응, 스피커폰으로 하는 거거든."
- 친 구 : "그럼, 지금 내 소리가 다 들리겠네."

1. 독립된 방에서도 아니고 여러 사람이 함께 근무하는 사무실에서, 그것도 함께 들어야 할 내용이 아닌 경우에 스피커폰으로 전화하는 것은 자제해야 함
2. 전화를 걸 때 수화기를 들지 않고 버튼을 누르게 되면 스피커폰을 사용하는 것과 마찬가지로 버튼을 누를 때마다 띠띠띠띠띠… 하는 소리가 나게 되는데, 이 소리는 옆에 있는 사람의 신경을 매우 자극하게 됨

3. 휴대전화 매너

- 개인 휴대전화는 근무시간에는 진동으로 한다.
- 회사 내에서 개인적인 용무가 있어 사용해야 하는 경우 점심시간과 같이 근무시간 외를 활용한다.
- 회의 중이나 연수, 상담 중에는 전원을 끄거나 진동으로 한다. 불가피한 경우에는 사전에 양해를 구한다.
- 업무상 필요해서 전화기를 켜놓는 경우에는 착신 멜로디를 비즈니스와 어울리는 것으로 한다.
- 외부 사람이 상사나 동료의 휴대전화를 문의할 때는 "죄송합니다만, 제가 김매너님께 전화를 드리라고 하겠습니다."라고 정중하게 거절한다.
- 상대방에게 휴대전화를 발신했을 경우 반드시 "지금 통화가 가능하십니까?" 라고 상황을 여쭈어보고 본인의 용건을 말한다.

음주문화와 공공 시민 매너

대인관계 시 술자리 매너가 중요한 이유를 생각해 보라.

시민으로서 지켜야 할 공공매너는 무엇인가?

| 1 | 음주 문화의 실체

술자리의 예절인 '주도(酒道)'는 시대의 변화에 따라 많이 변했지만 최소한의 예의만큼은 지키는 것이 바람직하다. 윗사람과의 술자리에서는 특히 주의할 필요가 있다.

그렇다면 술자리에서 지켜야 할 예절에는 어떤 것들이 있을까? 술자리에 앉는 방법부터 술을 권하고 받는 방법, 술을 마시는 방법 등 술자리의 기본예절에 대해 알아보자.

우리나라의 음주 매너

전통적으로 심신을 흐트러지지 않게 하며 어른께 공경의 예를 갖추고 남에게 실례를 하지 않는 것이다. 전통 음주 매너에서 특히 중요한 것은 웃어른에 대한 공경임을 기억한다.

회식 술자리 계명

- 회사 비판을 하지 않는다.
- 남을 깎아 내리는 말은 도리어 자신의 신용도를 떨어뜨린다.
- 사내 애정문제나 인사문제 등에 대해서 언급하지 않는다. 자신도 구설수에 휘말릴 수 있다.
- 술 마시는 속도는 상사와 전체 분위기에 맞춘다.
- 상사보다 먼저 취하지 않는다.
- 평상시의 술버릇을 드러내지 않도록 주의한다.
- 직장에서의 술자리는 업무의 연장선이므로 가급적 참석하도록 한다.
- 회식 다음날은 정시 출근한다.

1 술자리 매너

(1) 술자리에 앉는 법

- 상석은 방 아랫목 또는 벽을 등지고 출입문을 정면으로 바라볼 수 있는 자리이다. 나이와 직위가 가장 윗사람 또는 술자리를 주최한 사람이 상석에 앉는다.
- 신입사원 환영회나 생일파티 등 이유가 분명한 모임에서는 그날의 주인공이 상석의 맞은편에 앉는다.
- 나이와 직위가 가장 높은 사람을 중심으로 직급에 따라 우측과 좌측에 순서대로 앉는다.
- 윗사람의 도착 전에 술자리를 먼저 시작하더라도 상석은 비워둔다.
- 선약 등으로 술자리를 일찍 빠져나갈 사람은 출입구와 가까운 가장자리에 앉는다.
- 주문, 계산 등을 담당하는 사람은 출입구 쪽에 앉는다.
- 술자리의 진행자는 나이와 직급이 가장 높은 사람의 맞은편 가장자리에 앉는다.
- 윗사람이 자리를 지정할 때에는 그에 따른다.
- 자리를 먼저 일어설 때에는 사전에 양해를 구한다.

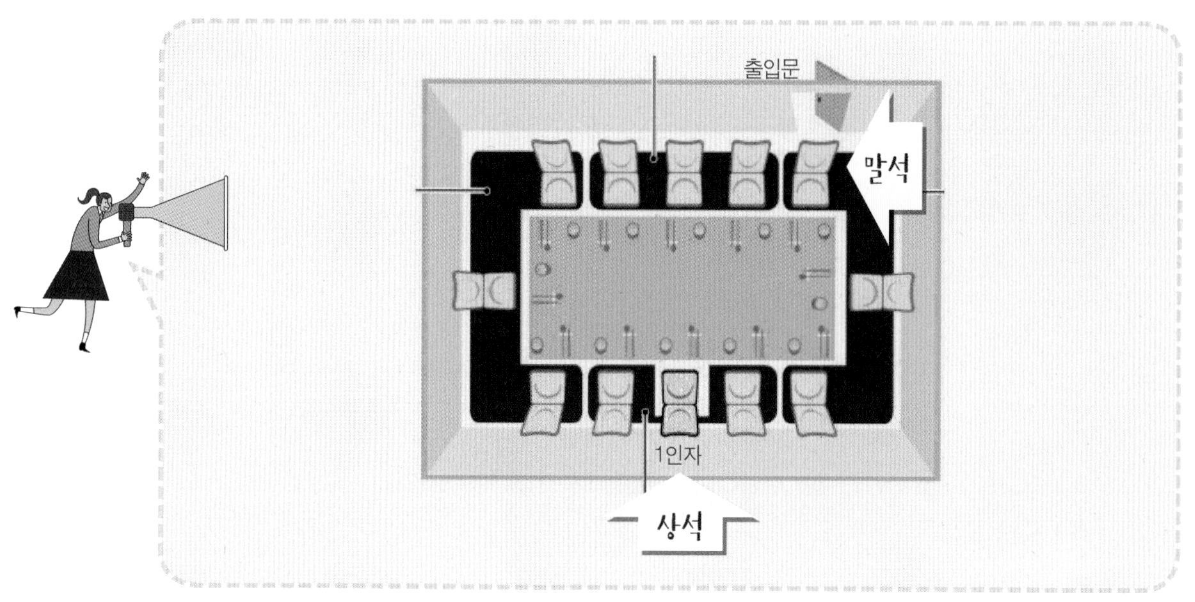

(2) 술 권하는 법

- 윗사람에게 허락을 받은 후 먼저 술을 따른다.
  "제가 먼저 한 잔 올려도 되겠습니까?"라고 한다.
- 윗사람이 먼저 따르겠다고 하면 즉시 술병을 드린다.
- 윗사람의 맞은편 또는 오른편에서 무릎을 꿇은 자세 혹은 왼쪽 무릎을 꿇고 오른쪽 무릎을 세운 자세에서 술을 따른다. 단, 의자에 앉는 술자리인 경우는 일어서서 술을 따른다.
- 술잔을 오른손으로 잡고 왼손은 팔목을 잡은 채 잔을 건넨다.
- 윗사람에게 술을 따를 때는 오른손으로 술병을 잡고, 왼손은 오른팔 밑에 대어 옷소매가 음식에 닿지 않게 조심한다.
- 나보다 나이가 어린 사람이나 동년배에게 술을 권할 때에는 왼손바닥을 가슴에 가볍게 대고 따른다.
- 술은 잔의 약 90% 정도가 차도록 천천히 정성스럽게 따른다.
- 술잔은 위생상 서로 주고받지 않는 것이 좋다.
- 불가피하게 술잔을 돌리는 경우에는 잔을 깨끗이 비운다.
- 자신이 마신 술잔을 다른 사람에게 권할 때는 입술이 닿은 부분을 냅킨이나 깨끗한 물로 닦은 다음 권한다. 음식점에서 사용하는 물수건을 사용하는 것은 위생상으로도 좋지 않고 예의 없는 행동으로 보일 수 있으므로 주의한다.
- 술을 따르라고 강요하지 않는다.
- 술 마시기를 꺼리는 사람에게는 억지로 권하지 않는다.

(3) 술 받는 법

- 상, 하급자를 막론하고 두 손으로 받는 것이 좋으나 친한 동료나 친구 사이에서는 한 손으로 받아도 무방하다.
- 윗사람이 술을 권할 때는 몸을 일으키거나 앞으로 다가가 술잔을 받는다.
- 술을 잘 못 마시더라도 첫 잔은 받는 것이 상대방에 대한 예의이다.
- 윗사람이 술을 따라 줄 때에는 두 무릎을 꿇고 앉거나 오른쪽 무릎을 꿇고 왼쪽 무릎을 세운 자세에서 양손으로 받는다.
- 나보다 나이가 어린 사람이나 동년배에게 술을 받을 때는 권할 때와 마찬가지로 오른손으로 술잔을 잡고 왼손바닥을 가슴에 가볍게 대고 받는다.

- 술잔을 받으면 감사의 인사를 한다.
- 술잔을 받으면 마시지 않더라도 입술에 댄 후 내린다.

(4) 술 마시는 법

- 윗사람이 잔을 들기 전에 먼저 마시지 않는다.
- 술은 천천히 두세 번에 나눠 마시는 것이 좋다.
- 상급자나 나이가 많은 사람 앞에서는 반대편으로 얼굴을 돌려서 마신다.
- 혀로 입술이나 술잔을 빨지 않는다.
- 자신의 주량에 맞게 마셔 실수를 하지 않도록 한다.
- 술이 독하더라도 눈살을 찌푸리거나 못마땅한 표정을 짓지 않는다.
- 잔을 부딪힐 때는 윗사람의 잔보다 아래쪽에 댄다.

술로부터 몸을 보호하는 법

- 술은 빈속에 마시지 않는 것이 좋고 되도록 천천히 마시도록 한다.
- 술과 함께 물이나 음료수를 자주 마시고 다른 종류의 술을 섞어 마시지 않는다.
- 술자리 중에 자주 바깥바람을 쐬거나 이야기를 많이 하고 되도록 담배는 함께 피지 않도록 한다.
- 술을 마신 다음날에는 아침을 꼭 먹어 숙취를 푼다.

2 다양한 음주 문화

1. 각국의 음주 문화

술은 초기에 약으로 통했다. 술을 적절하게 마시면 몸에 좋고 인간관계의 개선에 도움이 되지만 도를 지나치면 오히려 독이 된다. 각 나라마다 즐기는 술과 주법은 다르지만 국제적인 음주 매너를 익힘으로써 즐거운 자리와 비즈니스에서의 성공을 도모할 수 있다.

(1) 건배 매너

건배라는 단어는 잔을 깨끗이 비운 중국의 풍습에서 유래된 말이고 서양에서의 건배는 같은 병에 담긴 술을 나눠 마심으로써 독이 없음을 나타내는 의도에서 비롯된 풍속이다. 한국과 일본에서는 건배를 식사 전에 하는 것이 관례로 되어 있으나 서양에서는 식후주를 마실 때 한다. 공식 만찬에서는 건배를 위한 술로 샴페인을 사용하며 술을 마시지 못하는 사람이라도 소량이나마 잔을 채워 건배에 응하는 것이 예의이다.

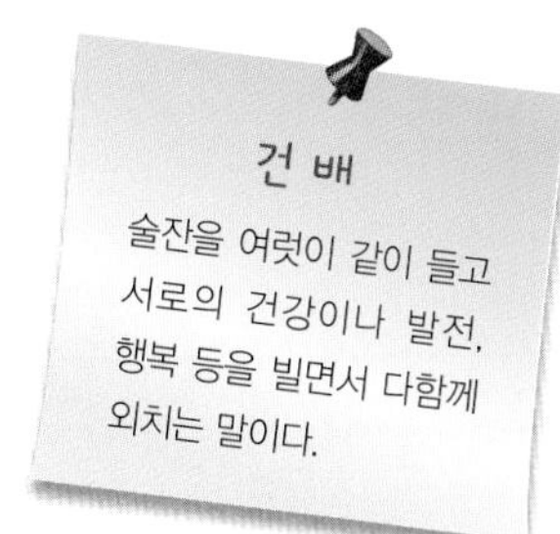

건 배
술잔을 여럿이 같이 들고 서로의 건강이나 발전, 행복 등을 빌면서 다함께 외치는 말이다.

호스트(주인)가 일어나 그 자리에서 가장 높은 사람이나 연장자에게 건배를 제의하면, 일어나서 짧은 건배사와 함께 건배를 외친다. 건배할 때 잔의 높이는 눈높이 정도가 알맞고 잔을 부딪힐 때는 좌우의 가까운 사람과 가깝게 갖다대고 먼 사람에게는 눈으로 의사를 표시한다. 서양에서는 건배했을 때 잔에 있는 술을 약간 마시는 것이 일반적이지만 동양에서는 잔을 비우는 것이 매너이다.

(2) 한국 음주 문화

술은 어른 앞에서 배워야 올바른 습관과 주도를 배울 수 있다고 생각하여 성년 의식인 관례에서 술마시는 예절을 가르쳤다. 어른 앞에서 술을 마실 때는 머리를 옆으로 반쯤 돌려 마시는 것이 예의이며 무리하게 권하지 않는다.

(3) 중국 음주 문화

개인적인 교제가 쉽게 이루어지지 않기 때문에 연회에서 술을 마시며 관계를 돈독히 할 수 있다. 연회에서 아무리 독한 술을 마셨다고 해도 흐트러진 모습을 보여서는 안 된다. 술이 약해서 그렇다고 받아들이는 한국인과 달리 무례하다고 생각한다. 잔이 비기 전에 계속 첨잔하는 것을 좋아한다. 술만 마시는 곳이 없고 식사가 끝나면 음주도 끝난다.

(4) 일본 음주 문화

상대방이 다 비울 때까지 기다리지 말고 술잔의 술이 줄어들면 첨잔을 한다. 술을 따를 때는 상대방의 오른쪽에서 가볍게 밑을 받치듯이 하여 잔의 80% 정도 술을 채운다.

첨잔은 한국에서는 금기이지만 일본에서는 오히려 미덕으로 여긴다. 술을 못하면 양해를 구하거나 잔을 엎어 놓는다. 술을 받을 때나 따를 때 한 손으로 하는 것은 실례가 되지 않는다.

(5) 독일 음주 문화

맥주를 물과 같이 여기고 낭만적이나 매우 보수적이다.

(6) 미국・영국 음주 문화

미국인들은 양주에 얼음을 많이 넣어 마시나 영국인들은 술의 농도가 낮아지는 것을 싫어해 적게 넣는다. 미국인들은 톡 쏘는 맛의 찬 맥주를, 영국인들은 쓴 맛의 실온으로 마시는 것을 즐긴다.

3 와인 매너

(1) 와인 선택

- 산지(보르도), 수확 연도, 요리와의 조화

(2) 와인 시음

- 단맛, 쓴맛, 신맛, 떫은 맛의 조화를 느낀다.
- 시각, 후각, 미각을 느끼며 45도 기울여 가장자리 색깔을 감상한다.
- 손님을 초대한 사람이 맨 처음 시음한다.
- 와인은 공기와 결합시킨 후 마신다.

(3) 와인 잔

- 왼쪽부터 오른쪽으로 차례로 보르도 레드 와인 잔, 부르고뉴 레드 와인 잔, 화이트 와인 잔, 스파클링 와인 잔이다.

(4) 와인 매너

- 모임 주최자나 주인이 먼저 사용한다(host tasting / 와인 테스팅).
- 와인을 따를 때는 잔을 들지 않는다.
- 글라스 중앙 몸통 부분을 부딪치면서 건배한다.
- 립 부분을 닦아가며 마신다.
- 와인은 비우지 않은 상태에서 잔을 채우므로 마지막 잔을 제외하고는 완전히 비우지 않는다.
- 본인의 와인 잔을 타인에게 돌리지 않는다.

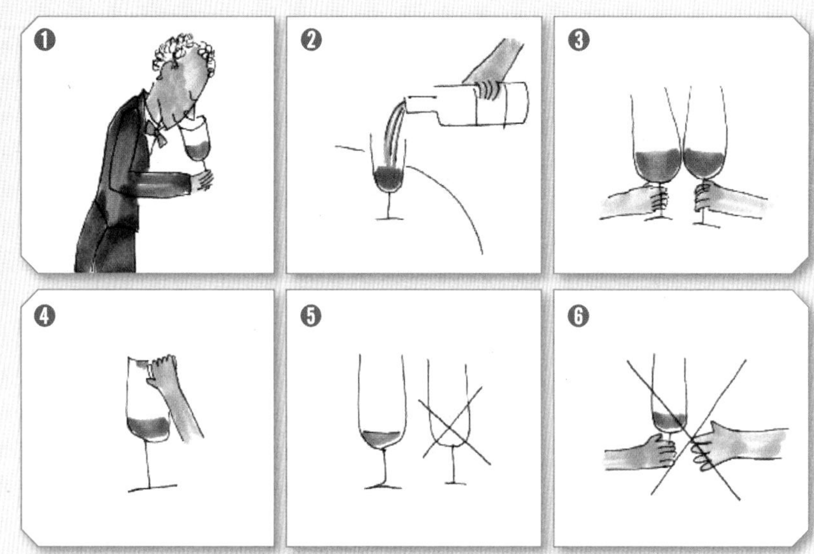

❶ 와인을 컵에 3분의 1 정도 따른다.

❷ 하얀 백지나 테이블 위에 와인 잔을 45도 기울여서 색을 관찰한다. 색과 투명도로 와인의 품종과 숙성 정도 등을 알 수 있으며, 잔 내벽에 흐르는 방울의 흔적을 관찰하여 알코올 농도와 당도의 정도를 추측할 수 있다.

❸ 잔을 돌리지 않고 그대로 코로 가져간다. 잔 안에 코를 최대한 깊이 넣어서 향을 맡는다.

❹ 잔을 손으로 돌려서 와인을 공기와 많이 접촉시킨 후 다시 향을 맡는다.

❺ 와인을 입 안에 머금고 '후루룩' 소리를 내며 여러 번 공기를 빨아들여 입 안 곳곳에 닿을 수 있도록 한다.

❻ 와인을 삼키고 맛과 향을 동시에 음미한다.

| 2 | 공공 시민 매너의 중요성

공공장소는 여러 사람이 공동으로 속하거나 이용하는 곳으로 나를 포함한 사회 구성원 모두가 공동생활을 하는 곳이다. 여러 사람이 함께 사용하는 공유 장소인 만큼 어떠한 경우든지 상대방에게 결례가 되지 않도록 세심한 배려와 양보가 필요하다. 공공장소 매너는 쾌적하고 질서 있는 공동생활을 위해 반드시 지켜야 될 예의규범이며 중요한 습관이다.

1 항공기 매너

항공 운송의 특성상 대량 수송을 하며 특히 국내외 여러 사람이 함께 사용하므로 기내 예절이 반드시 필요하다. 따라서 탑승객 모두가 제한된 공간에서 질서와 예의를 잘 지켜 나가야 보다 즐거운 항공 여행이 될 것이다.

(1) 착석과 좌석 벨트 착용

먼저 기내에 들어가면 탑승권에 기재된 좌석을 찾아 앉아야 하나 좌석 찾기가 쉽지 않을 경우 승무원에게 탑승권을 보이고 안내를 받는다. 앉을 때는 뒤따라오는 사람에게 불편을 끼치지 않도록 되도록 빨리 앉는다. 휴대품 정리 시 무거운 것이나 작은 가방 등은 자신의 앞좌석 아래나 발밑에 넣고, 오버코트 등 가벼운 것은 선반에 넣는다.

안전벨트 착용이나 금연사인은 철저히 지키도록 한다. 이륙한 항공기가 고도를 잡아 수평을 유지할 때까지와 착륙할 때 기상이 좋지 않은 곳을 통과하고 있을 때는 절대로 자리에서 일어서지 않는다.

(2) 기내에서의 매너

- 기내에서 간편한 옷차림을 하거나 슬리퍼를 신는 것은 괜찮으나 내의만 착용하거나 혹은 양말을 벗는 행위 등은 삼간다.
- 장거리 비행 중 오래 앉다보면 발이 잘 붓기 때문에 신발은 처음부터 편안한 것을 신는 게 좋다.

- 승무원을 부를 때는 큰 소리로 부르거나 지나갈 때 손가락으로 쿡쿡 찌르거나 건드리는 것은 곤란하다.
  → 승무원 호출 버튼을 누르거나 통로를 지나갈 때 가볍게 손짓하거나 눈이 마주칠 때 살짝 부르는 것이 좋다. 우리 식으로 손을 흔들어 부르는 것은 매너에 어긋난다.
- 필요 없이 돌아다닌다거나 아는 사람이 있는 곳으로 자주 가서 이야기하는 것을 삼간다.
- 좌석의 등받이를 젖힐 때는 뒤로 돌아보아 자리를 젖혀도 괜찮을지 살핀 후 조심스레 뒤로 젖힌다.

(3) 금연규칙 준수

- 국제항공법에 의해 전 세계가 항공기 내 금연을 실시하고 있다(흡연행위로 인한 화재 발생 시 비행기에서 승객이 화재를 피할 방법이 없다).

(4) 기내 음식

- 식사나 음료서비스를 받을 때는 반드시 "Thanks"하고 감사 표시를 해주는 게 예의이다.
- 창측에 앉은 승객이면 통로측 승객이 식사 중일 때 일어서서 나오는 일이 없어야 한다.
- 기내에서의 과음은 피하는 것이 좋다.

(5) 기내 화장실 이용

- 기내의 화장실이나 세면장은 남녀공용이다. 화장실에 들어가면 반드시 안에서 걸어 잠궈야 한다. 그래야 밖이 "사용 중(Occupied)"이라는 표시가 나타난다. 잠그지 않을 경우 밖에서 "비어 있음(Vacant)"이라는 표시가 되어 다른 승객이 문을 열게 됨을 유의해야 한다.
- 세면대도 될 수 있는 한 짧게 사용하고 사용 후에는 타월이나 휴지로 물기를 닦아 늘 깨끗이 해주는 게 상식이다.
- 사용한 타월이나 휴지는 반드시 "쓰레기 함"에 넣어야 한다.

(6) 기내에서의 안전

- 승무원이 비상시에 대비하여 산소마스크와 구명용 조끼의 착용법을 설명하고 시범을 보이므로 이때 잘 듣고 알아두는 것이 좋다.

- 이착륙 시에는 의자와 식사용 간이 테이블은 반드시 원위치로 돌려놓는 게 안전하다.
- 항공기의 안전운항을 위해 흉기로 쓰일 가능성이 있는 물건, 즉 과도나 송곳, 커다란 쇠붙이 등은 휴대를 금한다.

(7) 기내에서의 대화

옆 좌석의 승객과 이야기를 나누고 싶을 때는 먼저 자신을 소개하고 상대가 응해 오는 경우 부담 없이 이야기하되, 주위에 피해가 되지 않을 정도로 조용히 대화를 나누어야 한다.

2 호텔 매너

(1) 호텔 이용 시 알아두어야 할 점

- 호텔 이용 시에는 반드시 미리 예약을 한다. 예약 시에는 방의 종류, 숙박일수, 도착일, 도착 항공편 명을 알려주어야 한다.
- 호텔에는 퇴실 기준 시각, 즉 체크아웃 타임(Check-Out Time)이 있다는 것을 알아야 한다. 체크아웃 타임은 바로 객실 요금을 산출하는 기준 시각이 된다.
- 체크아웃할 때는 떠나기 전날 밤이나 당일 1시간 전까지 프론트에 떠나는 것을 알리는 것이 좋다.
- 체크아웃은 대개 12시(정오: 호텔에 따라 오후 1시까지 가능) 이전에 해야 한다.
- 호텔 내의 제반 편의시설과 서비스를 최대한 활용하는 것이 좋다. 호텔은 귀중품 보관함, 룸 서비스, 웨이크 업 콜(모닝콜), 세탁 서비스, 우편물 수발서비스 등을 제공하고 있으며 텔렉스, 팩시밀리, 인터넷, 전보서비스도 제공하고 있다.

(2) 호텔 투숙 시 매너

- 호텔에 머무를 때도 일단 자기 방을 벗어나면 공공장소임을 알아두어야 한다. 시끌벅적하게 떠들며 복도를 지나거나 술에 취해 큰 소리로 떠들며 복도를 지나가는 행동은 상식 이하의 행동이라 하겠다.

- 객실에서도 밤이 깊어지면 목소리를 낮추어야 하며 TV나 라디오의 볼륨도 낮추는 것이 예의이다.
- 호텔은 사교성이 짙은 장소이므로 복장에도 신경을 써야 한다. 객실을 벗어나면 항시 정장에 준하는 복장을 해야 하며 잠옷이나 런닝 차림, 핫팬티 차림이나 슬리퍼로 로비나 복도를 활보해서는 안 된다(휴양지에 있는 리조트 호텔의 경우 약간 가벼운 복장을 해도 무방하다).
- 로비나 복도에서 움직이면서 담배를 피워서는 안 된다.
- 엘리베이터의 문이 닫히려는 순간 뛰어 타거나 내릴 때도 문이 닫히려는 순간 황급히 밀치고 내리는 행위는 곤란하다. 타거나 내릴 때는 늘 레이디 퍼스트를 지켜야 하며 엘리베이터 조작 버튼 옆에 탔을 경우 열림 버튼을 누르고 있다가 내리는 여유를 보이는 게 좋다. 이것이 바로 "After you", 즉 상대를 우선하는 정신이다.
- 식당에 들어갈 때는 빈자리가 있다 해도 일단 입구에서 기다려 안내를 받는 것이 예의이다. 빈자리가 있나 없나 기웃거리다가 빈자리가 보인다 하여 마음대로 들어가 앉아버리는 것은 결례가 되는 행위이다.
- 호텔 내에서 종업원의 서비스가 다소 불만스럽다 하더라도 앞에서 바로 불평을 한다거나 시비하는 일이 없어야 한다. 꼭 할 말이 있으면 지배인을 불러 점잖게 말하면 된다.

1) 룸 서비스

- 객실에서 전화로 음료나 식사를 주문하는 것으로 주문 시에는 먼저 자기 방의 객실번호(Room Number)를 이야기하고 서비스받고 싶은 것을 분명히 말한다.
- 요금은 청구서에 일단 서명하고서 나중에 체크아웃할 때 정산하는 법과 그때그때 지불하는 방법이 있다.
- 배달해 준 서비스맨에게 반드시 팁을 주어야 하고, 먹고 난 식기류는 냅킨으로 덮은 다음 문 밖으로 내어놓으면 된다.

2) 욕실 사용

- 샤워실이 별도로 없는 경우에는 샤워커튼을 이용하여 욕조 안에서 샤워를 하며 이때는 커튼 끝이 욕조 안으로 오게 한다.
- 욕실에는 대개 3종류의 타월이 비치되어 있으므로 가장 작은 것을 이용하고 비누칠을 하고 난 뒤 가장 큰 것으로 몸의 물기를 닦는다.

3) 호텔 설비와 서비스의 활용법

- **텔레비전, 전화** : 객실 텔레비전에는 일반 채널과 호텔 내에서 개설해놓은 자체 채널의 두 가지가 있다. 이러한 자체 채널의 시청은 객실 내에 비치되어 있는 프로그램 안내서나 이용 안내서를 참고하면 된다. 호텔 내에서 사용하는 전화는 자동으로 계산되어 체크아웃 시 지불하도록 되어 있다. 고객의 편리를 위해 최근에는 객실에서 교환을 거치지 않고 국제전화도 직접 걸 수 있게 되어 있다. 전화를 이용한 시스템으로 '모닝콜'이라는 것이 있다. 해외여행 시 피로나 시차 등으로 인해 아침에 제대로 일어나지 못하는 경우 모닝콜을 이용하면 편리하다.
- **미니 바**(Mini bar) : 객실의 냉장고 위에는 미니 바가 갖추어져 있다. 미니 바란 음료나 주류를 비롯해 안주나 가벼운 스낵류를 객실에서 간단히 즐길 수 있도록 해놓은 것으로 미니 바에 대한 계산은 체크아웃 시 하면 된다.
- **객실 메이크업서비스와 DD 카드** : 청소 서비스를 말하는 것으로 하루에 한 번씩 고객이 외출한 때를 이용해 룸메이드가 하도록 되어 있다. 이때는 자고 난 다음날 반드시 팁을 준비하여 침대 베개 위에 놓아둔다. 그러나 객실 내에서 중요한 작업을 하거나 굳이 방해받고 싶지 않을 때는 문 밖에 'DD(Do not disturb) 카드'를 걸어두면 룸메이드가 객실 청소를 위해 객실을 노크하는 등의 방해를 일체 하지 않는다.
- **세탁물 처리** : 세탁 서비스란 옷의 세탁에서부터 다림질까지의 서비스를 말하는 것으로 호텔에서의 세탁물 서비스는 기본이다.

- 여행 시 사전준비와 목적지에 관한 사전지식을 알아두면 관습상의 차이로 인한 오해와 충돌을 줄일 수 있다.
- 로마에 가면 로마법을 따르라고 하듯이 그 나라의 풍속 및 습관, 금기사항 등을 미리 숙지하는 것이 좋다.
- 방문 국가의 간단한 회화 정도는 익혀두면 편리하다. 특히 "실례합니다", "감사합니다", "죄송합니다"의 표현을 시기적절하게 사용하여 한국인에 대한 좋은 이미지를 주는 것이 바람직하겠다.

여행지에서의 유의사항

❶ 여행 떠나기 전 그 나라의 한국대사관 연락처를 알아두어 긴급상황에 대비한다.

❷ 여행지에서 필요 이상으로 호의를 베푸는 건 일단 경계한다.

❸ 여권은 소중하게 보관하고 만일 분실 시엔 여행지의 한국대사관에 신속히 연락한다. 현금은 분산시켜 보관하는 것이 좋으며 신용카드보다는 여행자수표(T/C)가 편리하다.

❹ 신기하다고 생소한 음식을 시장 같은 데서 함부로 사먹지 말고, 특히 물은 함부로 마시지 않는다.

❺ 긴급 의약품은 반드시 소지한다.

3 전시장 · 박람회 · 극장 · 음악회 매너

- 한 줄로 서서 차례로 표를 사고 입장할 때는 휴대금지 품목을 지정장소에 보관한다.
- 사진촬영이 금지된 곳에서는 규정을 준수하고 연구자료 등으로 꼭 필요한 경우에는 주최측의 허가를 얻고 가급적 관람객이 적은 시간에 촬영하도록 한다.
- 전시품은 눈으로 감상하며 함부로 손을 대거나 훼손시키면 안 된다.
- 작품을 큰 소리로 비방하거나 평하지 않는다.
- 관람을 마치고 나올 때에는 주최자에게 축하 내지는 감사의 뜻을 표하며 안내원의 지시에 따라 질서를 지키고 조용히 관람한다.
- 관람객이 많아 줄을 지어 관람할 때에는 한 곳에 지나치게 오래 머물러 다음 사람에게 방해를 주는 태도를 삼가고 적당한 거리만큼 떨어져서 관람한다.
- 공연장에서는 무대상연 시작 시간 전에 도착하여 질서를 지켜 매표를 한 후 입장한다. 특히 화장실의 위치는 미리 확인하고 헤드폰을 대여하는 경우도 미리 도착해 확보해 둔다.
- 착석하기 위해 다른 관객 앞을 지날 때에는 공손히 양해를 구하며 옆사람에게 폐가 되지 않도록 옆 걸음으로 조용히 들어오거나 나가야 한다. 일반적으로 입장 시 여성이 앞에 서는 것이 상례이나 남성이 티켓을 가지고 있을 경우는 남성이 앞장서서 에스코트하면 된다. 남녀 커플들이 동반할 경우는 남녀, 남녀 순으로 앉고 좌석 끝에 여성을 앉히지 않는다.

- 막이 오른 후에 도착했을 때는 다른 관객 및 출연자에게 방해가 되지 않도록 한 곡이 끝날 때까지 기다렸다가 막간을 이용해 들어가도록 한다.
- 공연 중에는 휴대폰을 끄고 안내책자를 뒤적이거나 옆사람과 잡담을 하지 않는다.
- 상연 중에는 이야기하면서 웃거나 머리를 지나치게 움직인다거나 이쪽저쪽 두리번거리고 소란스럽게 만드는 행위, 껌이나 사탕을 소리내어 먹는 행위 등을 하지 않는다.
- 지정 좌석이 아닌 경우는 가운데 자리부터 앉아 다른 관람객들이 번거롭지 않게 하고 자기 좌석을 찾아 들어갈 때는 양해를 구한다. 오페라하우스의 경우 로열박스(특별석)는 앞쪽이 여성석, 뒤쪽이 남성석이다.
- 박수 등은 알맞게 쳐야 하는데 연극을 관람할 때는 장이 바뀔 때마다 박수를 치고 연극이 끝나고 막이 내 릴때까지 자리에서 일어나지 않는다. 오페라의 경우는 각 장이나 막마다 끝나면 박수를 친다. 클래식 콘서트는 음악작품이 다 끝나면, 재즈 콘서트는 작품 내에서 솔로 공연 뒤에 박수를 친다.

박수 치는 시기와 방법

❶ 발레는 막이 내린 후에 박수를 친다.
❷ 국악은 한 곡 연주 후에 박수를 친다.
❸ 판소리, 마당놀이는 흥에 겨우면 언제나 박수를 친다.
❹ 연극은 막이 내렸을 때, 연극 중에 명대사나 명연기가 나올 때, 최후의 막이 내렸을 때 박수를 친다.
❺ 음악회의 경우 지휘자 등 한 곡이 끝났을 때, 마지막 곡이 끝났을 때 박수를 친다.
❻ 교향곡과 같이 악장 수가 3~4장으로 구성된 곡은 모든 악장이 끝난 후에 박수를 친다. 오페라는 아리아나 이중창이 끝나면 박수를 친다.
❼ 앙코르는 한두 번 청하고 받아주지 않는다고 휘파람을 불며 고함을 치면서 자꾸 청하는 것은 매너에 어긋난다.

4 스포츠 관람 매너

- 운동경기 중에 상대방 선수에게 야유를 보낸다거나 물건을 던지는 행위를 하지 않도록 하고, 적절한 응원으로 경기장 분위기에 활력을 조성하는 것이 좋다.

- 상대편 선수나 팀이라도 훌륭한 경기를 보여 주었을 때에는 기꺼이 박수를 쳐준다.

5 공공 보도 이용 매너

- 길을 보행할 때에는 일행 중 연장자가 길 안쪽에 서고, 상급자와 함께 걸을 때는 하급자가, 여성과 함께 길을 걸을 때는 남성이 바깥쪽에 선다. 여성들끼리는 연령순으로 연장자가 안쪽에 선다. 4~5명이 횡대로 나란히 걷지 않도록 하고 남녀가 같이 걸을 때는 남성이 여성을 우측으로 모시는 것이 매너이다.
- 보행 중에 휴대폰을 장시간 사용한다거나 침이나 가래를 뱉는 행위, 싸움, 과음으로 비틀거리는 행위, 흡연을 삼간다. 혼잡한 노상에서 보행 중 장애인과 마주쳤을 때에는 잠시 멈추고 길 옆으로 비켜서서 그들이 무사히 지나갈 수 있도록 배려한다.

경조사와 선물 매너

Warming-Up

경사와 조사의 종류에 대해 생각해 보라

조문 시 적절한 용모 복장은 무엇인가?

| 1 | 경조사의 이해

동료 및 친구들의 경조사에 빠지지 않고 참석하고 힘들거나 도움이 필요한 시기에 서로 돕는 것은 신용을 한층 높여 인간관계에 도움을 준다.

1 경조사 종류

(1) 경사(慶事)

기쁜 일을 함께 기뻐하고 기쁨을 보태며 더 잘되기를 빈다.

- **임신** : 기쁜 임신을 축하하며 건강한 아기의 순산을 빕니다.
- **출산** : 예쁜 아기의 출산을 축하합니다.
- **백일** : 아기의 백일을 맞아 크신 기쁨을 드립니다.
- **돌** : 아기의 돌을 맞아 크신 보람과 기쁨을 드립니다.
- **입학** : 매너학교 · 유치원의 입학을 축하합니다.
- **졸업** : 매너학교 · 유치원의 졸업을 축하합니다.
- **취직** : 기쁜 취직(승진 · 영전)을 축하합니다.
- **혼인**(결혼) : 기쁜 혼인을 축하하며 행복하기를 빕니다.
- **집들이와 이사** : 새살림을 축하하며 행복을 빕니다.
- **개업과 이전** : 희망찬 개업을 축하하며 발전을 빕니다.
- **생신** : 생신을 축하드리며 건강하시기를 빕니다.

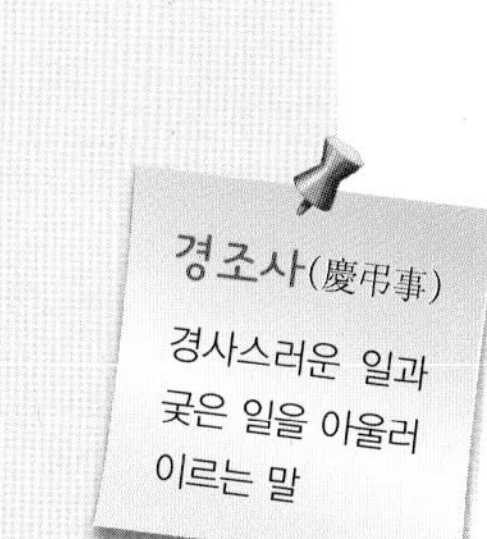

경조사(慶弔事)
경사스러운 일과 궂은 일을 아울러 이르는 말

《 혼인기념 : 회혼을 축하드리며 만수무강을 빕니다. 》

- 1주년 : 지혼식 (祗婚式)
- 2주년 : 고혼식 (藁婚式)
- 3주년 : 과혼식 (菓婚式)
- 4주년 : 혁혼식 (革婚式)
- 5주년 : 목혼식 (木婚式)
- 7주년 : 화혼식 (花婚式)
- 10주년 : 석혼식 (錫婚式)
- 12주년 : 마혼식 (麻婚式)
- 15주년 : 동혼식 (銅婚式, 또는 水晶婚式)
- 20주년 : 도혼식 (陶婚式, 陶磁器婚式)
- 25주년 : 은혼식 (銀婚式)
- 30주년 : 진주혼식 (眞珠婚式)
- 35주년 : 산호혼식 (珊湖婚式)
- 40주년 : 녹옥혼식 (綠玉婚式, 에메랄드혼식)
- 45주년 : 홍옥혼식 (紅玉婚式, 루비혼식)
- 50주년 : 금혼식 (金婚式)
- 55주년 : 금강석혼식 (金剛石婚式, 다이아몬드혼식)
- 60주년 : 회혼식 (回婚式)
- 75주년 : 금강혼식 (金剛婚式)

- **회혼례** (祝回婚禮) : 결혼 60주기를 맞은 부부가 자손들 앞에서 혼례복을 입고 60년 전과 같은 혼례식을 올리면서 (해로 60년)을 기념하는 의례식

- **회갑** (回甲) : 61세 되는 해 (환갑 還甲)
- **진갑** (進甲) : 회갑 다음 해 (진갑 進甲)
- **칠순** (七旬) : 70세 되는 해 (고희 古稀)
- **희수** (稀壽) : 77세 되는 해 (희수 稀壽, 喜壽)
- **팔순** (八旬) : 80세 되는 해 (산수 傘壽)
- **미수** (米壽) : 88세 되는 해 (미수연 米壽宴)
- **백수** (白壽) : 99세 되는 해 (백수 白壽)

(2) 감사(感謝)

고마운 일의 부탁과 사례를 정중하고 간절하게 한다.

- **일의 부탁** : 크나큰 은혜로 도와주실 것을 간절히 바랍니다.
- **끝난 일의 감사** : 도와주신 큰 은혜에 깊은 감사를 드립니다.

일에 대한 부탁 또는 감사의 사례에 ① 寸志(촌지 · 아주 작은 뜻), ② 微意(미의 · 아주 적은 마음), ③ 薄禮(박례 · 아주 얇고 적게 예를 표한다)라고 쓴 봉투를 주는 것은 “당신을 존중하지 않는다.”는 뜻이 되어 실례이다. 이런 것은 웃어른이 아랫사람에게 용돈을 줄 때, 또는 아랫사람의 수고의 대가를 줄 때에 쓰는 말이다.

(3) 길사(吉事)

고인의 명복을 기린다.

- **제사**(祭祀) : 고인의 유덕을 기려 제상에 음식 한 가지라도 올린다.
- **추모행사** : 주관자를 칭송하며 정성을 드린다.

제사의 의미

- 제사란 조상과 후손을 정신적으로 연결시켜주는 의식이자 통로이며 우리의 전통적인 문화양식이다. 제사는 조상을 추모하고 그 은혜에 보답하는 표시이면서 또한 자신의 뿌리를 확인하고 생명의 근본을 새겨 가문의 전통과 정신을 배우고 아울러 같은 뿌리를 가진 친족들이 모여 화합과 우의를 다짐으로써 현대 핵가족 사회에서 초래되는 단절과 공동체 의식의 결핍을 복원하는 장으로 기능한다.
- 실상 제사는 우리 삶의 중요한 한 부분을 이루고 있다. 조상의 제사를 모시는 형식적 의미는 많이 퇴색했지만 흩어진 가족들이 모여 정담을 나누고 가족애를 확인할 수 있는 자리가 제사를 통해 이루어지고 있기 때문이다. 설이나 추석기간에 민족의 대이동이라 할 귀성 행렬을 보면 알 수 있듯이 우리에게 제사는 제사 이상의 큰 의미가 있는 소중한 유산이다.
- 최근에는 제사도 많이 간소화되고 합리적으로 치르려는 경향이 강하여 지방도 한글로 사용하고 축문도 전통의 형식에서 벗어나 쉽고 각자의 사정에 맞게 쓰기도 한다. 처가나 본가에 상관없이 제례에 참가하기도 하며 여성에게도 개방적인 추세이다. 제례는 상례나 혼례에 비해 상대적으로 자율성이 있는 예식이므로 시대의 변화와 가정환경, 종교나 형편에 맞게 예를 갖추어 행하면 된다. 단, 조상을 공경하고 효를 숭상하며 가족 간의 우애와 화목을 중시하는 우리의 미풍양속을 계승하고 그 뜻을 현실에 맞게 실천하는 것이 중요하며 그것이 현대에서의 제사의 참다운 의미라 할 것이다.

(4) 명절(名節)

함께 즐기는 날이다. 어른이나 아랫사람을 즐겁게 한다.

- **설날** : 설날에 잡수실 음식을 올립니다. 새해에도 건강하세요.
- **한가위** : 오곡백과가 무르익은 한가위에 풍성하게 누리세요.

(5) 흉사(凶事)

죽음을 슬퍼하며, 상주의 슬픔을 함께 나눈다.

- **조상**(弔喪) : 죽은 이의 영좌에 분향하고 지극히 슬퍼한다.
- **문상**(問喪) : 유가족에게 슬픔을 위문하고 지나친 슬픔을 경계한다.
- **부조**(扶助) : 갑자기 당한 일, 정성을 다해 도와준다.

(6) 위문(慰問)

병환과 재난을 근심하며 회복과 전화위복을 진심으로 빈다.

- **문병** : 병환을 근심하며 빠른 회복을 믿고 깊이 빕니다.
- **재난** : 도난(화재 · 수재)에서 빠른 회복을 바랍니다.

(7) 헤어짐

그간의 공로를 치하하며 이별을 아쉬워하고 또 만나길 기약한다.

- **송별** : 그간의 우정을 감사하며 반드시 또 만날 것을 바랍니다.
- **전근 · 정년퇴임** : 그간의 공로를 치하하며 또 만나기를 바랍니다.

| 2 | 상황별 경사(慶事)의 예절

1 결혼

(1) 결혼 축하 매너

- 예식장에는 정장을 입고 참석해야 하며, 식전에 도착하여 혼주와의 인사 및 축의금을 전달한다.
- 축의금이나 선물을 할 경우에는 결혼하는 사람과의 관계를 생각해서 알맞게 한다.
- 결혼식에 참석하는 손님은 결혼식 10분 전에 미리 식장에 도착해서 조용히 예식을 기다리는 것이 예의다. 결혼식 도중에 허둥지둥 들어오는 모습은 매너에 어긋난다.
- 의상은 정장을 입는다. 흰색은 신랑 · 신부의 색이므로 삼가고, 검은색의 옷일 경우에는 액세서리나 스카프로 밝은 분위기를 연출하도록 한다. 아무리 친한 사이라도 청바지나 일상복 차림은 예의에 어긋난다.
- 축의금 대신 선물로 축하의 마음을 전달하고 싶은 경우에는 결혼 전에 미리 상의하고 당사자들이 필요한 물건을 선택하도록 하는 것이 좋다.

(2) 축의금

- 축의금은 자기의 처지에 맞게 분수에 넘치지 않도록 한다.
- 봉투의 내면지를 쓸 경우는 깨끗하게 성의를 다한다. 이때 회사의 양식을 사용하여도 좋다.
- 축의금을 넣은 봉투 입구는 봉하지 않는다.

(3) 축하의 문구

- 축혼인(祝婚姻), 축화혼(祝華婚), 축의(祝儀), 축성전(祝盛典)

2 출산 · 돌

(1) 출산

출산한 집에 바로 방문하는 것보다는 전화나 편지로 축하를 먼저 전하고 3주가 지난 뒤에 방문하는 것이 좋다. 선물을 할 때에는 산모에게 필요한 것을 물어 보아 하는 것이 좋고 화환은 되도록 하지 않는 것이 좋다. 아이와 어머니의 건강을 빌어주고 축하의 말을 하여 함께 즐거움을 나누는 것이 좋다.

(2) 돌

돌은 아이가 1년 24절기를 처음으로 한바퀴 돌았다는 뜻에서 생긴 말이다. 영아 사망률이 높았던 옛날에는 생후 1년이 지나야 위험한 고비를 무사히 넘기고 비로소 가족 구성원이 되었다고 생각하였다.

돌잔치는 아이가 가족의 일원이 된 것을 축하하고 아이의 장수와 복을 기원하는 잔치이다. 최근에는 가까운 친구나 친척들을 초대하여 돌잔치를 열고 돌잡이 행사를 하는 것이 일반적이다. 초대받은 사람은 아이의 돌을 축하하는 인사말을 하고 아이의 옷이나 반지, 축하금 등을 선물하는 것이 좋다.

3 수상

친척이나 친구 등의 수상소식을 듣게 되면 전화나 전보, 편지 등으로 축하하도록 한다. 이때 간단하게 기쁜 마음을 전달하는 것이 좋다. 수상자는 수상을 하는 데 도움을 주신 분들에게 감사의 인사를 잊지 말아야 한다.

4 취직 · 영전 · 전근

(1) 취직

사회의 첫발을 내딛는 사람을 축복해 주는 것은 당연하다. 당사자의 용기를 복돋아 주는 인사말을 하도록 한다. 선물은 당사자의 취미나 희망을 듣고 하는 것이 좋으며 취향을 모르는 경우에는 현금을 주는 것도 좋다.

(2) 영전 · 전근

개인적 출세라는 극히 좁은 범위의 성격을 띤 경사이므로 가족끼리 축하하도록 한다.

그러나 친구나 친지가 전근을 가거나 이사를 간다는 이야기를 들으면 축하 인사말 정도는 해 주어도 된다.

5 수연

(1) 수연례 매너

- 수연례는 회갑, 그리고 그 이후의 모든 생신 행사를 의미한다. 어른의 생신에 상을 차려 술을 올리고 건강하게 오래 사시기를 기원하는 의식이다. 아랫사람이 태어난 날을 생일이라 하고 웃어른의 생일은 생신이라 한다. 최근에는 평균연령이 높아지면서 회갑연을 하지 않고 칠순잔치를 하는 경향이 있다.
- 초대의 범위는 가까운 친구, 친척, 직장 동료 정도가 적당하다. 정성스러운 마음가짐과 존경하는 의미로 축하하러 올 수 있도록 초대인의 적절한 범위를 정하는 것이 중요하다. 또한 접수처를 마련하여 선물이나 축의금을 받는 것은 좋지 않다. 가능하면 검소하게 지내는 것이 바람직하다.
- 직계가족이나 친척들은 큰절 인사를 드려야 하기 때문에 가능하면 한복차림을 하고 축하객들도 정장 차림을 갖추도록 한다.

(2) 인사말

- 만복을 기원합니다.
- 축하드립니다. 축하올립니다.
- 만수무강하십시오.

6 개업

개업의 경우에는 앞으로의 번창을 기원하기 위하여 널리 알리는 것이 좋다.

초대받았을 때는 점포 앞을 장식할 화환이나 생화를 선물하거나 점포 장식에 필요한 선물을 하는 것이 좋다.

| 3 | 상황별 조사(弔詞)의 예절

1 조문

(1) 조문 매너

- 조문시간

연락을 받으면 즉시 가서 도와주어야 하는 처지가 아닌 사람은 상가에서 성복이 끝나기를 기다려 문상하는 것이 예의이다. 상을 당한 직후에는 아직 조문객을 맞을 준비가 되어 있지 않기 때문이다. 스스럼이 없는 사이라면 염습이나 입관을 마친 때도 가능하다.

조문

- **조문** 조상과 문상을 함께 일컫는 말로 상가에 가서 죽은이에게 예를 올리고 유족을 위로하는 것이다. 따로 구분하지 않고 같은 의미로 사용한다.
- **조상** 죽은이에게 예를 표함
- **문상** 상주에게 예를 표함

- 조문 가서 삼가야 할 일

장례 진행에 불편을 주지 않기 위해 상제에게 많은 말을 시키지 않으며 반가운 친구나 친지를 만나더라도 조용한 음성으로 말하고 고인의 사망 원인, 경위 등을 유족에게 묻지 않는 것이 좋다. 또 슬픔을 나타내야 하는데 얼굴에 웃음을 띠는 경우는 삼가야 한다.

조문 갈 때의 옷차림

화려한 색이나 요란한 무늬의 옷은 피하고 검정색, 감색 등 짙은 빛깔 계열 또는 흰색의 옷을 입도록 하고 넥타이는 가급적 검정색으로 한다.

한복이나 양복 정장을 하지 못할 상황이면 수수하고 깨끗한 느낌의 평상복을 입어도 되나, 스웨터나 집안에서 입는 옷차림은 삼가는 것이 좋다. 여성의 경우 화장을 짙게 하지 말고 액세서리도 하지 않는 것이 예의 바른 차림새이다.

상가에 도착하면 오버나 코트 등은 밖에서 벗어 들고 들어가도록 한다.

분향(焚香)의 요령

빈소(殯所)에 도착하면 먼저 상제에게 목례(目禮)를 한 다음, 영정 앞에 무릎 꿇고 앉아 분향을 한다. 향나무를 깎아 만든 나무 향이면 오른손을 왼손으로 받치고 오른손의 엄지와 검지로 향을 집어 향로 속에 넣으며, 만수향처럼 긴 향은 한두 개 집어서 불을 붙인 다음 향로에 정중히 꽂고 일어선다. 그리고 영정을 향하여 두 번 절한다.

헌화(獻花)하는 요령

준비된 꽃을 한 송이씩 헌화한다.

꽃을 들고 제단 앞으로 나가 고개를 약간 숙이고 뿌리 쪽이 제단으로 향하도록 하여 왼손으로 꽃 쪽을 오른손은 뿌리 쪽을 쥐고 헌화대에 꽃을 바친다. 헌화하고 흉사 때 공수를 하고 묵념한다.

헌화하는 방법

1. 담당하는 사람으로부터 꽃을 받아 든다.
2. 꽃을 들고 제단 앞으로 나가 고개를 약간 숙인다.
3. 뿌리 쪽이 제단으로 향하도록 바꿔 든다.
4. 꽃을 헌화대에 바친다.
5. 묵념을 할 때 손은 왼손 엄지가 위로 오도록 포갠다.

(2) 부의(賻儀)

부의는 오래 전부터 전해 내려오는 상부상조의 한 방식이다.

사람의 죽음은 예측할 수 없는 일이다. 그러므로 졸지에 상을 당한 상가를 돕기 위해 상장 절차에 소용되는 물품이나 돈을 자기의 형편에 맞게 부조하는 것이 우리의 미풍양속이고 그것을 부의라 한다.

부의는 많고 적음보다 정성이 앞서야 하므로 깍듯한 예를 차려야 한다. 물건이나 돈을 불쑥 내놓기보다 일정한 격식을 차리는데 사실대로 품명과 수량을 쓴다. 부의 금품은 반드시 호상소에 내놓아야 한다.

부조 봉투 쓰기

- 부의 (賻儀)
- 근조 (謹弔)
- 조의 (弔儀)
- 전의 (奠儀)

조상을 갈 수 없으면 조전(弔電)을 보내는데, 발인 전에 도착할 수 있게 보내는 것이 좋다.

상제가 외로운 처지이면 방문을 하거나 또는 전화를 하고 편지를 보내어 상제의 고독과 슬픔을 위로하여 주는 것이 좋은 일이라 하겠다.

복습 1 장례식에는 검은 정장만을 착용해야 되는가?

- ☑ 일반적으로 장례식에 참석할 때 남성은 검은색 정장에 검은 넥타이, 여성은 어두운 색의 정장을 주로 입는다.
- ☑ 미처 준비하지 못했을 경우에는 회색이나 감색 양복도 무방하다.
- ☑ 주의할 점은 같은 검은색 옷이라도 살이 너무 드러나거나 긴 드레스는 절대 입지 말아야 한다.
- ☑ 장례식용 의복으로는 간결하고 수수한 복장을 하는 것이 상대에 대한 예의다.

복습 2 장례식 때 보석 착용은 예의에 어긋나는 것일까?

- ☑ 슬픈 자리에 참석할 때는 보석을 착용하지 않는 것이 예의다.
- ☑ 그러나 약혼이나 결혼 반지의 경우에는 굳이 빼지 않아도 되며, 그 밖의 장신구는 화려하지 않은 디자인이라면 무난히 넘어갈 수 있다.
- ☑ 진주의 경우에는 장례식과 같은 엄숙한 자리에 적당한 보석으로 인식되어 있다.
- ☑ 남성들이 즐겨 사용하는 타이핀과 타이의 경우는 장신구와는 별 상관 없으나 커프 링크스의 경우에는 액세서리로 보여질 수 있으니 가능하면 삼가는 것이 좋다.

복습 3 결혼식장에 갈 때도 복장의 제한이 있다?

☑ 다른 사람을 축복해주는 장소인 만큼 깔끔하고 단정하게 입고 가는 것이 하객들의 매너이다.

☑ 그러나 여성의 경우에는 신부의 하얀 웨딩드레스를 빛내주어야 하기 때문에 흰색이나 분홍색, 눈에 띄는 옷차림은 삼가는 것이 좋다.

☑ 남성의 경우에는 정장을 입는 것이 올바른 방법이다.

2 문병

(1) 문병 매너

- 향기가 진한 꽃을 가지고 가거나 향수를 진하게 뿌리고 가지 않는다.
- 어느 때나 병문안은 짧게 끝내서 환자의 부담을 감소시킨다.
- 문병시간은 병원에서 정한 면회시간 또는 오전 10시경이나 오후 3시경이 좋으며 환자의 식사시간, 안전시간, 의사의 회진시간은 피한다.
- 회진시에는 복도에서 끝날 때까지 기다린다.

(2) 문병 인사말

- "사고를 당하였다기에 무척 놀랐습니다. 이만 하기가 다행입니다."
- "친환 또는 내환이 계시다니 얼마나 걱정되십니까?"
- "요새는 병환이 좀 어떻습니까? 차도가 좀 있다니 다행입니다."
- "예전보다는 안색이 매우 나아 보입니다. 이제 얼마 지나면 완쾌되겠지요. 이대로 꾸준히 조리 잘 하셔야겠습니다."

| 4 | 선물 매너의 실제

1 선물 매너

(1) 선물할 때의 주의사항

- 선물 자체보다는 선물을 하게 된 동기, 즉 마음의 표현이 중요하다.
- 선물에 대한 답례를 기대해서는 안 된다.
- 선물은 직접 전달하는 것이 좋으나 부득이한 경우에는 편지나 카드를 함께 보내고 전화로 미리 알려주는 것이 좋다.
- 선물은 정성이 담긴 물건을 선택한다.

(2) 선물받았을 때의 주의사항

- 선물을 받았을 때에는 즉시 진심이 담긴 감사의 말과 함께 기쁨을 나타내는 것이 좋다.
- 인편이나 우편으로 선물을 받은 경우에는 감사의 편지나 전화로 고마운 마음을 즉시 전달하여야 한다.
- 회사에서 업무와 관련하여 거래처에서 선물을 받은 경우에는 상사에게 보고하고 이메일이나 엽서, 전화로 감사의 마음을 전한다.

(3) 선물을 보내는 시기

- **설날 등 명절** : 정초나 1주일 이내
- **생일, 결혼 기념일** : 당일이나 1주일 전
- **결혼 축하** : 결혼식 1개월 전부터 1주일 이내
- **출산 축하** : 출산 후 1주일 후부터 3주 정도까지
- **조문 시 부조금** : 발생 당일부터 장례식 당일까지
- **크리스마스 선물** : 크리스마스 이브까지
- **여행을 떠나는 사람이나 본국으로 귀국하는 손님** : 일정 2~3일 전

(4) 선물의 숫자

- 원칙적으로 선물의 수는 경사에는 홀수, 조사에는 짝수로 한다.
- 결혼 축하선물의 경우에는 그릇이나 수저를 반드시 짝수로 보낸다.

(5) 삼가야 할 선물

- 흰 손수건, 거울, 칼, 가위 등은 되도록 선물하지 않으며 속옷은 부부 사이와 같이 친한 경우에만 선물한다.
- 지나치게 고가인 선물은 상대가 부담을 느끼므로 역효과를 낼 수 있다.
- 개인적 취향을 잘 모르는 경우에는 스카프나 옷, 액세서리는 피하는 것이 좋다.

한국인이 좋아하는 꽃 best 5
(한국갤럽)

- 1위 장미 / 사랑
- 2위 백합 / 순결
- 3위 국화 / 절개, 고상
- 4위 안개꽃 / 기쁨, 밝은 마음
- 5위 프리지어 / 순결, 청초

타문화 선물 매너

❶ 중국

주의해야 할 선물(사항)

- 흰색, 검은색, 파란색이 많이 들어간 것(장례식의 색깔)
- 짚신, 시계(괘종시계처럼 종이 달린), 황새와 두루미('끝낸다'와 죽음의 의미)
- 먹는 배(이별의 의미)
- 거북이(발음이 욕설과 비슷함)
- 우산(이별을 뜻함)
- 꽃 또는 꽃다발('생명이 짧음'을 의미하여 장례용)

- 손수건(슬픔과 눈물을 상징)
- 축의금과 선물은 짝수, 부의금은 홀수
- 저녁식사나 파티에 초대를 받은 경우 선물로 먹을 것은 피함

추천하는 선물

- 빨간색의 선물(복을 불러온다는 속설)
- 담배와 코냑 · 넥타이 · 사무용품 · 필기도구 등의 생활용품
- 술

❷ 독일

주의해야 할 선물(사항)

- 흰색, 검정색, 갈색의 포장지와 리본
- 꽃은 짝수가 아닌 홀수로 선물하되, 열세송이(13)는 피해야 함
- 비즈니스 때문에 독일을 방문할 때 값비싼 선물은 뇌물로 취급되므로 반드시 주의
- 포장한 꽃은 좋아하지 않으므로, 꽃다발을 싼 포장지를 벗김

추천하는 선물

- 저녁식사 초대를 받을 경우 꽃이나 화분
- 초콜릿, 와인, 샴페인과 같은 무난한 선물

❸ 일본

주의해야 할 선물(사항)

- 칼(단절을 의미)
- 하얀색(죽음을 의미)
- 반짝거리는 색의 포장지
- 선물에 장식하는 리본
- 짝수를 이루고 있는 선물(꽃도 포함)

추천하는 선물

- 김치, 김, 건어물 종류의 식품
- 도자기 제품

- 카드(연초의 연하장 같은)
- 간단한 식료품(여름)
- 식사 초대를 받았을 경우 수입 스카치, 코냑 등의 선물

❹ 프랑스

주의해야 할 선물(사항)

- 빨간 장미(구애를 뜻하므로 연인 사이에서만 함)
- 카네이션 꽃(불길하다고 생각)
- 향수(프랑스의 기호품)
- 와인(프랑스에선 흔함)

추천하는 선물

- 차나 공예품(동양적인 선물을 선호)

❺ 말레이시아

주의해야 할 선물(사항)

- 장난감 강아지, 개 그림의 선물(개를 부정적으로 여김)
- 돼지고기와 술(이슬람교들에겐 피함)
- 돼지가죽으로 만든 물건
- 향수(알코올이 첨가된)

추천하는 선물

- 브로치(스카프를 많이 하기 때문에)
- 정성이 담긴 카드(선물과 함께)
- 나침반(이슬람교도 예배에 유용함)

❻ 러시아

주의해야 할 선물(사항)

- 꽃을 선물할 때 : 홀수(축하의 의미), 짝수(애도의 의미)
- 러시아인은 선물을 무척 좋아해서 금기시하는 물건이 거의 없다.

추천하는 선물

- 향수, 라이터, 명함, 계산기, 지갑, 카메라 등
- 어린 아이들 : 츄잉껌
- 젊은이나 어른들 : 인기 있는 레코드, 담배, 청바지, 책, 넥타이
- 특별한 사람 : 작은 향수병 등

❼ 멕시코

주의해야 할 선물(사항)

- 칼(인간관계의 단절을 뜻함)
- 노란색 꽃(죽음을 의미)
- 은으로 만들어진 선물(값싼 장신구라고 생각함)
- 간단한 선물 지참(부담을 주는 비싼 선물은 금물)

추천하는 선물

- 초대받은 경우 꼭 선물을 할 필요는 없다(초면일 경우 정성이 담긴 가벼운 선물 정도).

❽ 브라질

주의해야 할 선물(사항)

- 검은색이나 자주색(자줏빛 꽃)으로 된 것
- 칼(인간관계의 단절을 뜻함)

추천하는 선물

- 계산기, CD플레이어 등과 같은 소형 전자제품

❾ 아르헨티나

주의해야 할 선물(사항)

- 칼(인간관계의 단절을 뜻함)
- 와인(풍부함)
- 가죽 제품(가죽의 주요 생산국)

추천하는 선물

- 스카치 위스키나 프랑스산 샴페인(수입한 술에는 세금이 많이 붙기 때문)

⑩ 사우디아라비아

주의해야 할 선물(사항)

- 누드화와 애완동물(격이 낮은 선물로 평가)
- 손수건(눈물, 이별을 상징)

추천하는 선물

- 이슬람 국가의 경우 여성은 주로 금, 은을 선호(현금화할 수 있는 장신구)

⑪ 이집트

주의해야 할 선물(사항)

- 선물을 주거나 받을 때 : 반드시 오른손

추천하는 선물

- 화려한 것(선물받는 것을 좋아함)
- 인삼(일부 상류층)

⑫ 인도

주의해야 할 선물(사항)

- 재스민(장례식과 연관)
- 쇠가죽 지갑 또는 가방 등(소로 만든 제품=힌두교도는 소를 신성하게 여김)

추천하는 선물

- 열쇠고리, 목걸이형 볼펜(한국제품을 좋아함)

⑬ 헝가리

주의해야 할 선물(사항)

- 붉은 장미와 백합은 금기(꽃은 반드시 포장)

- 와인(자부심이 강함)
- 꽃은 반드시 포장해야 함(독일과 반대)

추천하는 선물

- 비즈니스 초대 시 : 꽃이나 주류가 무난
- 헝가리에서는 생일보다 이름데이(Name Day)가 더 중요하므로, 해당하는 날에 선물해주는 것을 좋아함.

⑭ 폴란드

주의해야 할 선물(사항)

- 짝수의 꽃

추천하는 선물

- 꽃(초대받은 경우엔 필수적)
- 간단한 선물(주요한 거래처)
- 민속제품, 라이터, 필기구 등(부피가 크지 않고 소박하면서도 부담 없는 선물)

⑮ 미국

주의해야 할 선물(사항)

- 백합(죽음을 의미)
- 선물은 받은 즉시 풀어보는 것이 매너
- 케이크 : 집으로 초대받았을 경우 집주인이 직접 만들기 때문에 케이크는 선물하지 않음

추천하는 선물

- 액자, 양초, 인형

⑯ 홍콩

주의해야 할 선물(사항)

- 시계(죽음을 의미=중국문화)
- 청색, 백색(장례식의 색깔=중국문화)

추천하는 선물

- 짝수의 선물(두 가지를 동시에 하는 것을 좋아함)

글로벌 매너와
이미지 스타일링

테이블 매너

Warming-Up

한국의 밥상머리 예절이란 무엇인지 생각해 보라.

양식 테이블 식사에서 지켜야 할 매너는 무엇인가?

| 1 | 한국의 밥상머리 예절

한국 요리의 식사 예절은 중국이나 서양에 비해 매우 관대하고 단순하여서 상식적이라고 생각해도 무방하다. 서양의 경우 매우 까다로운 격식과 복잡한 순서를 지켜야 한다. 스푼이나 포크, 나이프 등의 기구에서부터 갖가지 음식의 하나하나에 엄격한 사용법과 먹는 법이 정해져 있어서 여간 익숙하지 않고는 실수가 생긴다. 물론 우리 음식 문화도 서양 사람이 보면 복잡하고 까다로울 수가 있다. 그러므로 동서양을 막론하고 식사 예절이란 식사를 하는 사람의 입장에서 갖춰야 할 여러 가지의 예절과 준비하는 사람의 입장에서 지켜야 할 예절이 있는 것이며 그 예절에 맞는 행동으로 임하면 되는 것이다. 우리 전통 식사의 예절에도 식사를 하기 전 준비과정의 예절과 식사를 하는 도중의 예절과 식사를 끝낸 후 후식의 예절이 있는 것이다.

한국은 삼면이 바다로 둘러싸여 있고 대륙과 통하는 지형적인 특징을 지닐 뿐만 아니라 사계절이 뚜렷하여 각 지역의 향토성과 특색을 살린 다양한 전통음식과 절기음식이 잘 발달되어 왔다.

한국 음식은 주식과 부식이 분리되어 있으며 곡물 조리법과 저장식품, 가공식품의 발달, 각 계절과 지역에 따른 각종 절기음식과 행사음식, 의례음식이 발달하였다. 또한 음식의 간을 중요시하며 아침, 저녁 음식에 중점을 두는 등의 특징이 있다.

1. 밥상머리 예절

식사 전에는 위생상의 필요뿐만 아니라, 마음을 안정시키고 경건한 태도를 가지기 위해서도 손을 씻는 것이 좋다. 식사 전에 건네주는 물수건은 손만 닦아야 한다. 얼굴이나 머리를 닦거나 심할 경우에는 겨드랑이 등 몸을 닦는 사람도 있는데, 보기에도 흉하고 비위생적이며 남에게도 큰 실례가 된다. 가볍게 손을 닦은 물수건은 잘 접어서 식탁 옆에 놓아두는 것이 예의이다. 식사하기 위하여 자리를 잡으면 몸치장을 단정히 하고 자세를 바르게 하여야 한다.

한국의 밥상머리 예절

유교적 생활의 틀 속에서 효를 중시하는 가부장적 대가족제도 아래 있었기 때문에 식사 예절은 엄격

전통적인 식사 예절

- 어른을 모시고 식사를 할 때에는 어른이 먼저 수저를 든 다음에 아랫사람이 들도록 함
- 숟가락과 젓가락을 한 손에 들지 않으며, 젓가락을 사용할 때에는 숟가락을 상위에 놓아야 하고, 숟가락이나 젓가락을 그릇에 걸치거나 얹어놓지 말고 밥그릇이나 국그릇을 손으로 들고 먹지 않아야 함
- 숟가락으로 국이나 김치 국물을 먼저 떠 마시고 나서 밥이나 다른 음식을 먹는데, 밥과 국물이 있는 김치, 찌개, 국은 숟가락으로 먹고, 다른 찬은 젓가락으로 먹어야 함
- 음식을 먹을 때에는 음식 타박을 하거나 먹을 때에 소리를 내지 말고 수저가 그릇에 부딪혀서 소리가 나지 않도록 해야 함
- 수저로 반찬이나 밥을 뒤적거리거나 헤치는 것은 좋지 않고, 먹지 않는 것을 골라내거나 양념을 털어내고 먹지 않아야 함
- 먹는 중에 수저에 음식이 묻어서 남아있지 않도록 하며, 밥그릇은 제일 나중에 숭늉을 부어 깨끗하게 비워야 함
- 여럿이 함께 먹는 음식은 각자 접시에 덜어 먹고, 초장이나 초고추장도 접시에 덜어서 찍어먹는 것이 좋음
- 음식을 먹는 도중에 뼈나 생선가시 등 입으로 넘기지 못하는 것은 옆 사람에게 보이지 않게 조용히 종이에 싸서 비아통(토구)에 버려야 하고, 상 위나 바닥에 그대로 버려서 더럽히지 않도록 함
- 식사 중에 기침이나 재채기가 나면, 얼굴을 옆으로 하고 손이나 손수건으로 입을 가려서 다른 사람에게 실례가 되지 않도록 조심해야 함
- 너무 서둘러서 먹거나 지나치게 늦게 먹지 않고 다른 사람들과 보조를 맞춰야 하고, 어른과 함께 먹을 때는 먼저 어른이 수저를 내려놓은 다음에 따라서 내려놓도록 함
- 음식을 다 먹은 후에는 수저를 처음 위치에 가지런히 놓고, 사용한 휘건은 대강 접어서 상위에 놓아야 함
- 이쑤시개는 한 손으로 가리고 사용하고, 사용 후에는 남에게 보이지 않게 처리해야 함

「규합총서」의 사대부 식시오관(食時五觀)

- 공들인 것의 많고 적음을 헤아리고 그것이 어디서 왔는지 생각해야 한다.
- 충효와 입신의 뜻을 살펴서 음식의 맛을 너무 따지지 말아야 한다.
- 마음을 다스려서 과하게 하지 말고 탐내는 것도 막아야 한다.
- 음식을 좋은 약으로 생각하여 모양에 너무 치우쳐 먹지 말아야 한다.
- 도업(道業: 군자의 도리)을 이루어 놓고서야 음식을 받을 것이다.

이덕무의 「사소절(士小節)」에 나오는 식사 예절

- 조선 후기 선비들의 덕목 중의 하나로 식사 예절이 꼽혔을 정도로 밥 먹을 때의 예의가 강조
- 특히 도덕교과서인 「소학(小學)」에는 식사 예절을 성현들의 교훈을 통해 가르치고 있는데, 곧 먹는 것에 욕심을 부리는 일은 성욕과 같은 것이기 때문에 최대한 절제된 식사를 하는 것이 군자의 도리라고 함
- 이덕무는 「소학」을 한국적 상황에 맞게 고친 「사소절」에서 다음과 같이 말함
  - 너무 크게 싸서 입안에 넣기가 어렵게 하지 마라.
  - 볼이 크게 부르게 하는 것은 예절에 벗어난다.
  - 무나 배나 밤을 먹을 때는 자주 씹어 사각사각 소리를 내지 말고 먹어야 하며, 국수와 국 그리고 죽을 먹을 때는 갑자기 들어 마셔 후루룩 소리를 내지 말아야 하며, 물을 마실 때는 목구멍 속에서 꿀걱꿀걱 소리 나게 하지 말라.
  - 음식을 먹을 때는 배에 알맞게 먹어서 남은 것이 없게 하고, 특히 밥을 다 먹고 난 후 그릇에 물을 부어 먹어 한 톨의 쌀이라도 버려서는 안 된다.
  - 숟가락이 그릇에 닿아 소리나게 하지 말 것이며, 밥알을 남겨 뜰의 도랑이나 더럽고 습한 곳에 흘려버리지 말라.
- 조선 후기 주자학의 도학실천에 투철한 사대부들이 믿었던 이러한 '식시오관' 등의 규범은 음식을 먹고 마시는 일을 마치 수도승처럼 하도록 강요했으나, 이면에는 선비들의 검소한 정신이 담겨 있었음

1 한국 음식 특징과 예절

한식 세계화 공식포털 한식 스토리 핵심내용 정리

아름다운 색의 조화뿐만 아니라 영양학적으로 조화와 균형을 갖춘 건강한 음식

- 한식은 아름답고, 맛있으며, 그리고 세계적으로 유래를 찾기 어려울 만큼 건강에 좋은 음식
- 여러 가지 식품영양학적 특성을 지니고 있음
- 쌀밥, 특히 잡곡을 섞은 밥, 국, 김치, 반찬 형태의 한식 식단은 비만이나 이로 인해 생기는 동맥경화, 고혈압 및 암 등을 예방하는 우수한 식단으로 평가되고 있음

(1) 비만 예방의 효과

- 쌀밥의 전분은 체내에서 서서히 소화, 흡수되며 밥과 반찬을 번갈아 먹게 되므로 혈당 상승이 느리고 포만감을 느끼게 하여 비만을 예방하는 효과가 있다.
- 한식 상차림은 쌀밥과 김치, 장류, 콩제품, 생선, 나물, 고기 등 반찬이 조화롭게 짜여 있어서 다양한 식품 섭취가 가능하다.

(2) 균형을 이루는 음식재료

- 음식재료 혼합 측면에서의 영양적 우수성을 들 수 있다.

- 한국 음식하면 떠오르는 비빔밥, 잡채, 신선로, 갈비찜, 생선찜 등의 음식재료를 보면 곡류, 채소류, 어육류, 유지류 등 동물성 식품과 식물성 식품이 혼합되어 있는 특징을 발견할 수 있다.

(3) 담백한 조리법

- 조리법 자체가 구이, 찜, 데쳐서 무치는 방법 등을 많이 사용하는 담백한 조리법으로 지방을 많이 사용하지 않는다.
- 사용하는 지방도 주로 식물성 기름으로 우리 몸에 좋은 불포화지방산의 함량이 동물성 지방에 비하여 상대적으로 많다는 특징을 지니고 있다.

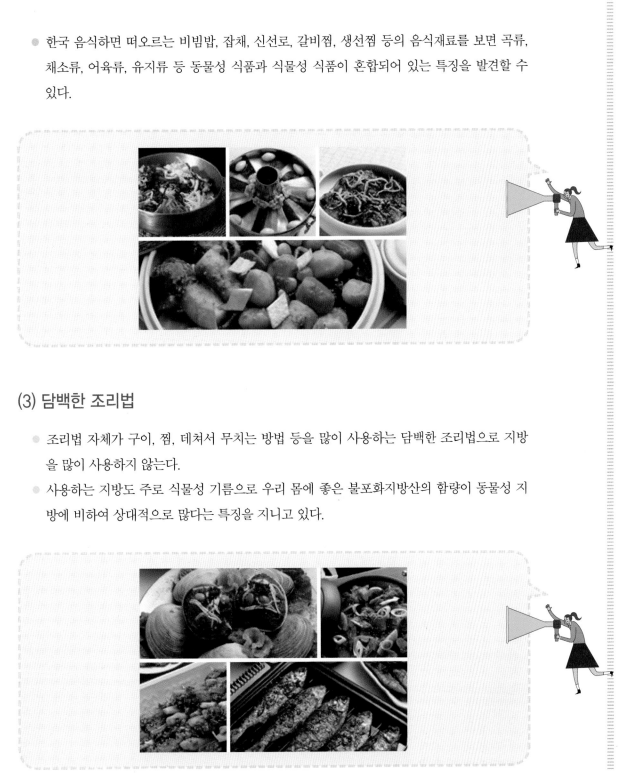

(4) 에너지 구성 비율 우수

- 식단 구성이 저열량의 탄수화물 및 채식 위주로 되어 있어, 탄수화물, 단백질, 지방 등 3대 영양소가 균형을 이루며 생선 및 해조류를 이용한 다양한 음식이 발달하였다.
- 우리 식단은 탄수화물 : 단백질 : 지방의 에너지 구성 비율이 65% : 15% : 20%으로 권장 비율인 60~65% : 15~20% : 20%에 아주 근접하다.
- 식사 내용에서도 식물성과 동물성 식품의 비율이 80 : 20으로 적정하게 구성되어 있다.

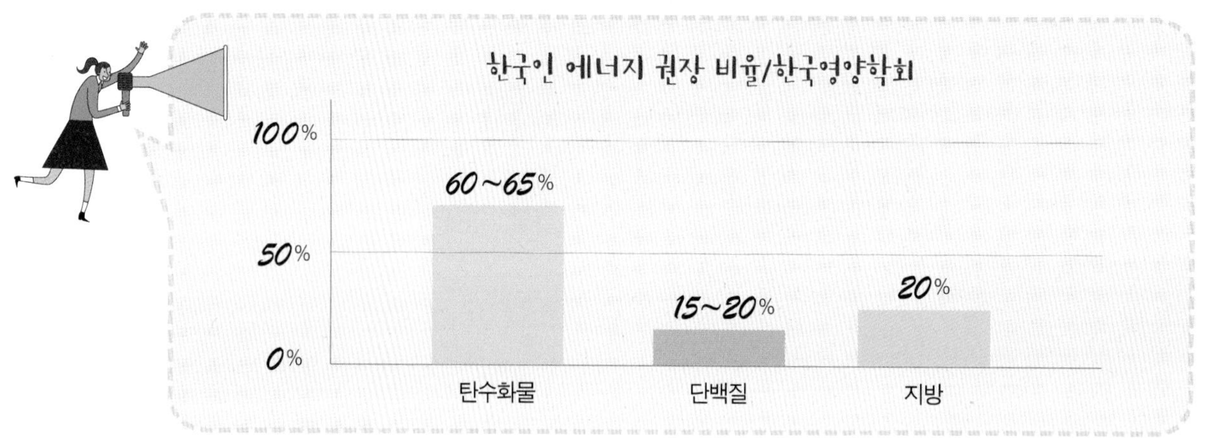

출처 : http://www.hansik.org/contents/sort.do

(5) 발효음식

- '발효(醱酵)'란 미생물이 자신의 효소로 유기물을 분해 또는 변화시켜 특유한 최종산물을 만들어내는 현상이다.
- 영어로는 fermentation이라고 하는데, 이 말은 라틴어의 'ferverve(끓는다)'에서 유래된 것으로 미생물이 식품 내에서 작용하여 부글부글 끓는 듯한 모습을 표현한 것이다.

발효의 원리

- 발효는 인류의 역사와 함께 알려지고 이용되는 현상으로 인류에 의해 과실주 · 맥주 · 빵 · 치즈 등의 제조에 경험적으로 또한 전통적으로 이용되어 옴
- 기원전 6,000년에 효모가 맥주 제조에 사용됨
- 치즈 생산에 곰팡이, 식초 생산에 초산균이 역시 오래 전에 이용됨

- 우리 조상들도 발효식품을 개발하였고, 다양하고 조화된 향을 오랜 기간 동안 즐겨옴
- 한국인이 애호하는 발효식품은 장, 김치, 젓갈, 식초, 식혜, 술 등
- 발효의 원리에 대해서는 19세기까지 알지 못함
- 근대화학의 시조인 A. L. 라부아지에는 1787년에 포도즙 속에 있는 포도당이 정량적(定量的)으로 알코올과 이산화탄소로 분해되는 과정이 발효라고 기록
- 19세기로 접어들자 J. J. 베르셀리우스나 J. 리비히 등 유력한 화학자들에 의한 발효의 촉매설(觸媒說)과 L. 파스퇴르를 중심으로 하는 미생물학자와 세균학자들에 의한 발효의 효모설(酵母說) 사이에 격렬한 논쟁이 벌어짐
- 파스퇴르는 1857년에 우유의 락트산 발효 및 당(糖)의 알코올 발효를 치밀한 실험에 의해서 조사하여, 자연발생설을 부정함과 동시에 발효를 '산소 없는 미생물의 생활'이라고 단정하기에 이르렀음
- 그러나 그가 죽은 후 1897년 E. 부흐너가 살아 있는 세포 없이, 즉 효모추출법에 의해서 수크로오스[蔗糖]가 발효하는 것을 발견하여 발효가 효소에 의한 촉매반응임을 실증
- 그후 1900년대 초에 A. 하든이나 영을 비롯한 많은 효소화학자에 의하여 효모즙의 발효에 관여하는 효소와 조효소(助酵素)가 잇따라 발견되고 분리되면서 발효 과정이 과학적으로 설명됨

- 삼국지 '위지동이전'의 기록에 의하면 고구려인들은 이미 채소를 소금에 절이는 형태로 먹기 시작했음을 알 수 있음
- 이후 통일신라 시대와 고려 시대를 거치며 단순한 채소 절임의 형태를 벗어나 여러 가지 양념과 채소류를 사용하여 양념된 김치의 형태로 발전되어감
- 조선 시대에는 고추가 유입됨에 따라 고춧가루를 김치에 사용
- 김치의 종류가 다양해지면서 젓갈 역시 다양하게 쓰임
- 1766년 쓰여진 「증보산림경제」를 보면 41종의 다양한 김치 형태가 소개되어 있는데 통배추를 비롯한 오이, 무 등을 이용해 이미 지금의 김치 형태와 거의 흡사한 방법으로 김치를 담가 먹었음을 알 수 있음

- 청국장은 고구려인들이 콩을 삶아 말 안장에 넣고 다니며 먹었던 것에서 시작
- 삶은 콩은 말의 체온에 의해 자연스레 발효되어 단백질을 섭취할 수 있는 유용한 음식이 되었던 것
- 이후 1766년 출간된 「증보산림경제」를 살펴보면 "태두를 잘 씻어 삶아서 고석에 싼 뒤 따뜻하게 두면 진이 난다."라는 기록이 있는데 '전국장'이라 불렸던 이 음식은 오늘날의 청국장과 같은 종류라고 볼 수 있음
- 청국장은 된장과는 달리 2~3일의 숙성기간만 거치면 먹을 수 있으므로 효율적으로 영양을 섭취할 수 있는 콩 발효식품이라고 할 수 있음

- 된장의 초기 형태는 간장과 된장을 섞은 듯한 묽은 형태의 장이었을 것으로 짐작
- 고려 시대에는 장 자체를 메주라 불렀고 이것이 조선 시대에 이르러서는 장을 만드는 누룩은 말장이라 부르고 장은 된장이나 간장으로 부르게 됨
- 조선 시대 문헌을 살펴보면 된장 제조의 기본인 메주를 만드는 방법이 나와있으며 음식으로서 뿐만 아니라 병을 치료하는 여러 가지 민간요법으로도 쓰였음을 알 수 있음

- 고추장이 우리나라에서 만들어지기 시작한 것은 16세기 말에서 17세기 초인 것으로 추정
- 고추가 유입된 초기에는 향신료로 사용했으나 고추 재배가 널리 보급되면서 된장, 간장에 매운맛을 첨가시키는 방법으로 발달되었을 것으로 짐작
- 「증보산림경제」에 따르면 콩으로 만든 말장가루와 고춧가루 등을 이용해 햇볕에 숙성시켜 먹었다고 하니 이것은 오늘날의 고추장과 흡사한 형태였다고 보여짐
- 고추장은 된장과는 달리 엿기름, 고춧가루 등을 사용하여 단맛과 매운맛이 한데 어울린 독특한 전통 발효식품
- 특히 순창 지역의 고추장이 유명하며 우리나라 사람들의 식욕을 돋우는 중요한 조미료 중 하나

출처 : http://www.hansik.org/contents/sort.do

건강해지는 음식, 한식

- 한국 전통 음식을 꾸준히 섭취하면 서양 음식에 비해 성인병 예방과 생식기능 개선, 비만 예방 등에 고루 도움이 됨
- 2008년 농림수산식품부와 전북대 의대는 함께 '한식 및 전통식품의 우수성에 대한 임상실험'을 진행하여 이같은 효과를 확인
- 우선 실험 대상자를 두 그룹으로 나눠 한식과 서양식 섭취에 따른 변화를 조사한 결과 한식 섭취군의 정자 운동성 및 남성 호르몬이 증가
- 또 도시와 농촌의 40~50대 남성을 대상으로 한 생식능력 비교에서도 가공, 인스턴트 식품을 거의 접하지 않은 농촌 남성들이 우월

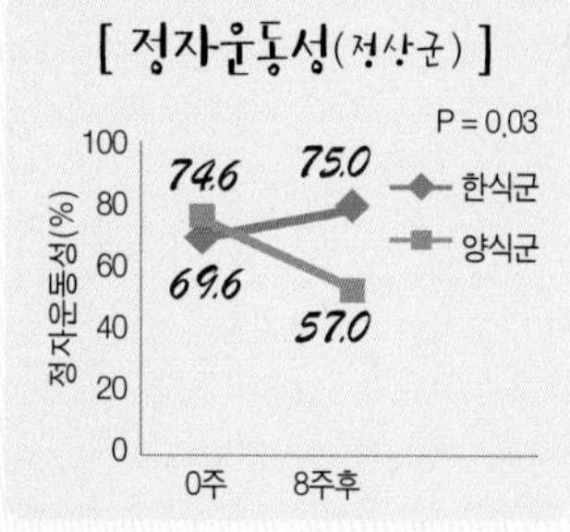

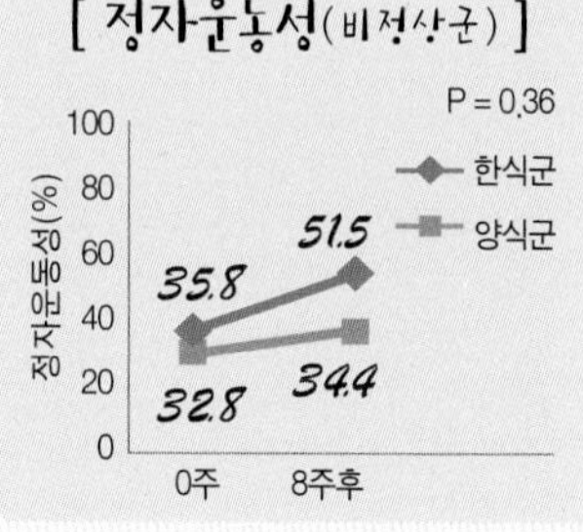

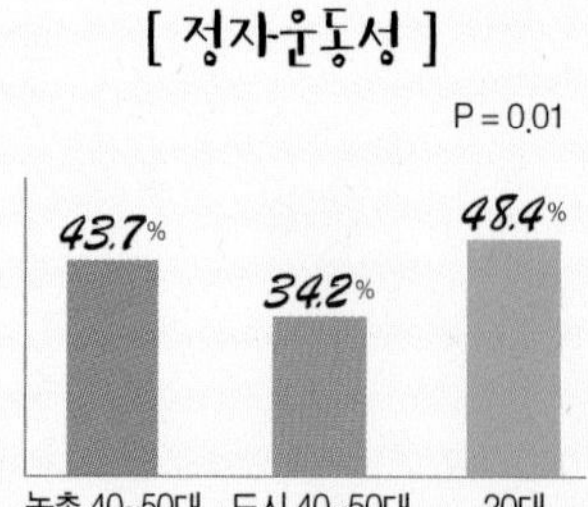

- 아울러 비빔밥, 김밥 등 한식 위주 식단을 따른 사람들은 탄수화물 섭취량이 많더라도 돈가스, 햄버거 등의 서양식 섭취군에 비해 혈당지수가 높지 않고 인슐린 지수도 낮아 당뇨 등 성인병 위험이 상대적으로 적은 것으로 나타남

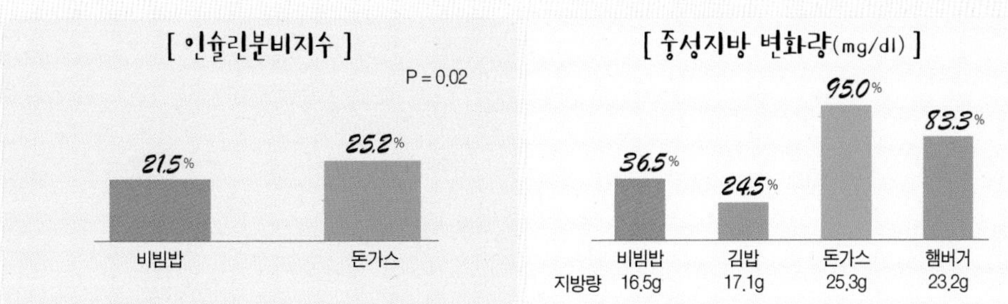

- 한식에서 빠질 수 없는 고추장, 된장은 비만에도 뚜렷한 효과가 있음
- 고추장, 된장 섭취군의 체지방 및 복부, 내장지방 변화를 12주 동안 관찰한 결과 고추장 섭취군은 중성지방, 된장 섭취군은 내장지방이 줄어들었음

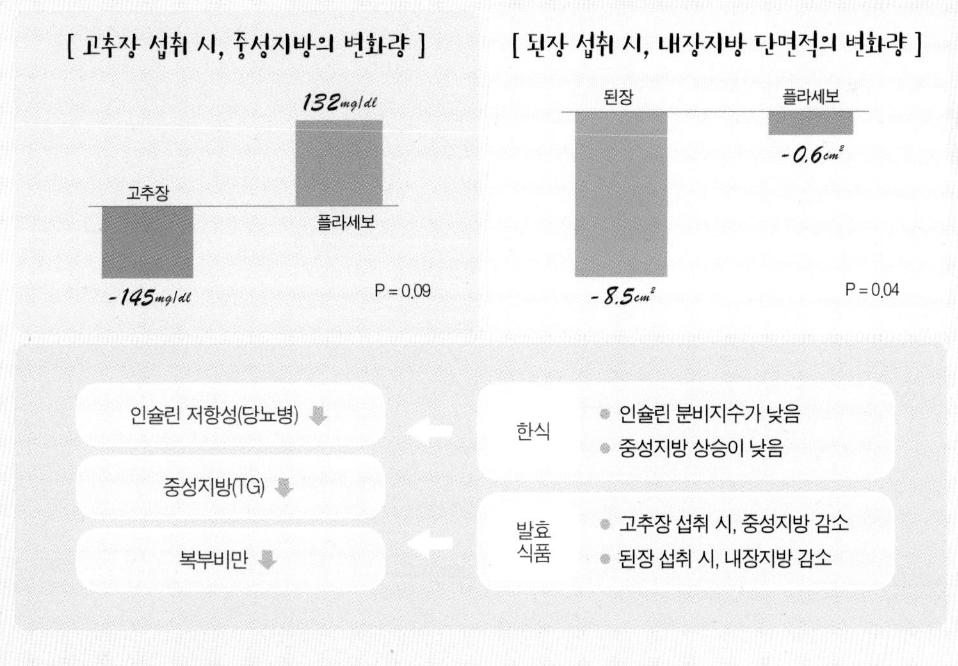

출처 : http://www.hansik.org/contents/clinical.do

김치 먹으면 늙지 않는다.

- 미국 건강전문 월간지 '헬스'에 세계 5대 건강식품으로 선정된 김치는 한국인이 즐겨먹는 우수한 발효식품
- 더불어 김치를 꾸준히 섭취하면 노화 및 암 예방에 효과가 있음이 증명됨
- 이를 밝혀낸 농촌진흥청 연구팀은 세포의 노화유도 전 · 후에 배추김치 시료를 처리해 세포노화 예방효과를 조사한 결과, 일반 노화유발세포가 54% 노화되는 반면, 적당히 익은 적숙기 배추김치를 노화유도 전에 처리해 노화를 유도할 경우 최저 25% 수준으로 노화가 유발, 정상세포에 가까운 기능을 유지하는 등 노화예방 효과가 있음을 확인
- 특히 담근 후 보름 정도 지난 김치에서 노화방지 효과가 가장 뛰어난 것으로 나타났으며, 이는 잘 익은 김치일수록 젖산 발효균의 작용이 가장 활발하기 때문
- 연구팀은 노화예방 효과를 입증한 데 이어 김치 부재료인 마늘, 생강, 고춧가루, 쪽파가 김치 발효균에 의해 발효되면서 항암효과를 더욱 증가시킨다는 사실도 증명

<table>
<tr><th colspan="3">위암세포에 처리한 것</th><th>암세포 성장 억제율</th></tr>
<tr><td colspan="3">항암제로 알려진 '시스－프라틴(Cis－platin)'</td><td>79 %</td></tr>
<tr><td rowspan="8">양념채소</td><td rowspan="2">마늘</td><td>발효 전</td><td>47 %</td></tr>
<tr><td>발효 후</td><td>51 %</td></tr>
<tr><td rowspan="2">생강</td><td>발효 전</td><td>29 %</td></tr>
<tr><td>발효 후</td><td>38 %</td></tr>
<tr><td rowspan="2">쪽파</td><td>발효 전</td><td>38 %</td></tr>
<tr><td>발효 후</td><td>48 %</td></tr>
<tr><td rowspan="2">고춧가루</td><td>발효 전</td><td>46 %</td></tr>
<tr><td>발효 후</td><td>56 %</td></tr>
</table>

● 양념채소가 김치 부재료로써 발효되면서 항암효과를 더욱 증가시킨다는 것을 밝혀냄

[항암제, 생, 양념채소, 발표 양념채소의 위암세포 생장 억제효과]

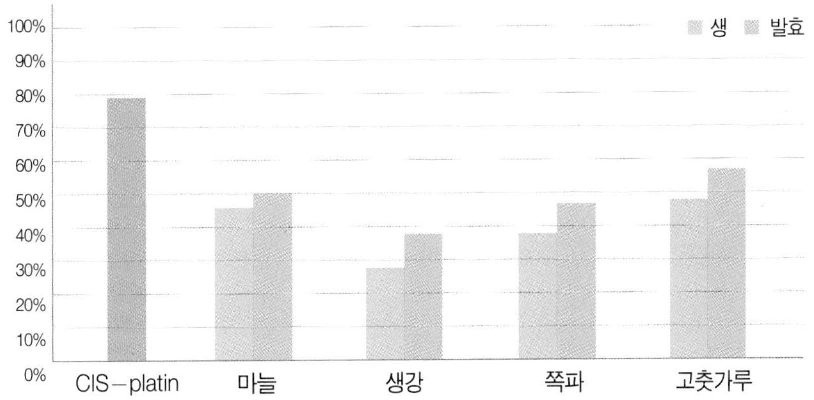

출처 : http://www.hansik.org/contents/clinical.do

(6) 식사 예절

- 식사는 감사한 마음으로 하여야 한다. 예로부터 우리가 음식을 먹을 때에는 장만한 분의 노고와 은혜에 감사하는 마음으로 식사를 하는 것이 예의이다. 음식을 먹으면서 마지못해 먹는 표정으로 먹는다면 대접한 사람의 입장은 어떻겠는가? 그러므로 감사하는 마음으로 즐겁게 식사하는 것이 식사의 기본 예의이다.
- 식사 시간이 다소 길어질 수가 있다. 그렇다고 해서 자세가 바르지 못하다면 예의가 아니다. 고개를 너무 숙이고 먹는데만 열중한다든지 자세를 흩트려서 몸을 비꼰다든지 상대방의 다리를 건드리는 것은 상대방을 불쾌하게 할 수가 있으므로 주의하여야 하며 의젓하고도 자연스러운 자세로 식사를 하도록 하여야 한다.
- 옷차림은 단정히 하여야 한다. 식사 중에 옷을 벗는다든지 넥타이를 풀어 헤치는 행동이라든지 바지를 걷어 올린다든지 다른 사람이 식사도 끝나지 않은 식탁에서 화장을 고치는 등의 행동은 교양이 없어 보이는 단정치 못한 행동이다.

- 숟가락과 젓가락을 함께 쥔다든지 음식을 큰소리가 나게 먹는다든지 밥그릇을 돌려가면서 먹는 버릇 혹은 반찬을 헤젓는 버릇 등 예의에 어긋나는 행동의 버릇이 있다면 기억해서 주의하여 상대방에게 불쾌감을 주지 않도록 한다.
- 큰소리를 내지 않도록 한다. 식사 중 남의 이목에는 안중에도 없고 자기 이야기만 큰소리로 말을 한다면 꼴불견이다. 또는 국물이나 숭늉을 마시면서도 큰소리로 후루룩하고 마신다면 역시 교양이 없어 보인다. 밥그릇을 요란스럽게 부딪히는 소리나 숟가락으로 밥그릇 등을 부딪히는 것도 역시 불쾌감을 줄 수가 있다 그러므로 식사 때에는 항시 불필요한 소리가 나지 않도록 주의해야 한다.
- 음식은 깨끗이 먹는 습관을 갖는다. 음식을 지저분하게 남기는 사람도 있고 국물이나 찌개 등을 지저분하게 남긴다거나 그릇의 가장자리에 묻혀놓은 사람도 있다. 숟가락 등에도 김치 국물이 묻는다든지 음식 등을 흘려서 지저분한 느낌을 준다면 예의에 어긋난다.
- 윗사람보다 먼저 숟가락을 들지 않는 게 우리의 식사 예절이다. 부모님이나 윗분들과의 식사 때는 물론 손님을 초대했을 때에는 손님이 먼저 수저를 들고 식사를 시작하면 따라서 식사를 하는 것이 예의이다.
- 식사 중에 자리를 뜨는 것은 예의에 어긋난다. 식사 중에는 자리를 뜨지 않는 것이 원칙이며 식사 중의 전화도 거절하는 것이 예의이다. 혹 식사 중에 다른 볼일로 손님이 왔을 경우에도 응접실이나 거실에서 기다리게 하고 식사를 모두 마친 후에 다른 볼일을 처리하는 것이 예의이다.
- 식사를 마칠 때에도 단정하게 한다. 마칠 때에도 숟가락이나 젓가락을 나란히 놓아두고 깔고 앉은 방석이나 의자도 가지런하게 정돈하고 일어나는 게 예의이다.
- "잘 먹었습니다 감사합니다." 인사를 하는 것이 교양 있는 사람의 예절이다.
- 이쑤시개는 사용하는 것이 아니다. 특히 잘 모르는 사람 앞에서는 절대로 금지하는 것이 옳은 일이다.

2 한국 상차림 종류

1. 전통 반상차림

밥이 주식이 되고, 그 밖에 여러 가지 반찬을 마련한 상차림으로 반찬 수에 따라 상의 규모가 정해진다.

(1) 3첩 반상

적당히 먹었던 시민의 상차림이다. 기본적인 밥, 국, 김치, 장 외에 생채 또는 숙채, 구이 혹은 조림, 마른 반찬이나 장 또는 젓갈 중 한 가지로, 세 가지 찬을 내는 반상이다.

(2) 5첩 반상

여유가 있는 서민층의 상차림이다. 밥, 국, 김치 2가지, 장(간장, 초간장), 찌개(조림) 외에 생채 또는 숙채, 구이, 조림, 전, 마른반찬이나 장 또는 젓갈 중 한 가지, 이렇게 다섯 가지 찬을 내는 반상이다.

(3) 7첩 반상

우리나라 전통 상차림의 하나이다. 밥, 국, 김치 2가지, 장(간장, 초간장, 초고추장), 찌개 2가지, 찜 또는 전골 외에 생채, 숙채, 구이, 조림, 전, 마른 반찬이나 장 또는 젓갈 중에서 한 가지, 회 또는 편육 중 한 가지의 찬을 내는 반상이다.

(4) 9첩 반상

반가의 상차림이다. 생채, 숙채, 구이, 조림, 전, 마른반찬, 장과 젓갈, 회 또는 편육 중 한 가지의 찬을 내며 이 반상에는 전골상이 곁상으로 들여진다.

출처: http://www.hansik.org/contents/servings.do

(5) 12첩 반상

반찬의 가짓수가 많을 뿐 아니라 식사 예법도 까다로운 편이다. 열두 가지 이상의 찬을 내는 반상으로 수라상이라고도 한다. 수라상에는 대원반, 소원반, 사각반의 세 가지 상이 차려지는데 기존 밥, 국, 김치, 찌개, 찜, 전골 이외에도 생채, 숙채, 구이 2종류(찬 구이, 더운 구이), 조림, 전, 마른 반찬, 장과 젓갈, 회, 편육, 별찬 이렇게 열두 가지가 나오고 조리법이나 양념이 중복되지 않도록 각별히 신경을 쓴 12첩 반상이다. 전국에서 생산되는 명산물을 가지고 궁중의 주방 상궁들의 빼어난 솜씨로 올려지게 된다.

전통 의례상

❶ 돌상

- 아기가 태어난 지 만 1년이 되는 날을 축하하는 상이다. 돌상에 올려놓은 것(쌀, 면, 대추, 흰 타래실, 청 · 홍색 타래실, 붓, 먹, 벼루, 책, 활, 돈 등)을 아기가 집도록 해서 아기의 장래를 축복한다. 음식 중에서 떡은 이웃과 함께 나누어 먹는다. 음식으로는 백반, 미역국, 나물, 백설기, 수수경단, 송편, 생실과 등을 차린다.
- 이상과 같은 상차림이 갖추어지면 남자 아이는 색동저고리, 풍차바지, 쾌자를 입히고 복건을 씌우며, 여자 아이에게는 색동저고리, 다홍치마를 입히고 조바위를 씌워 갖추어 입힌 다음 돌상 앞에 무명을 필로 준비하여 방석 삼아 앉힌다. 온 가족이 둘러앉아서 아기가 무엇을 먼저 집는가를 보아 아기의 장래를 예측해본다. 아기가 커서 생일이 돌아오면 삼칠일 때와 마찬가지로 미역국과 흰밥을 차려주며, 떡을 만들어서 이웃과 친척들끼리 나누어 먹는다.

- **쌀** : 장래 부유하고 식복이 많으라는 뜻으로 흰쌀을 깨끗이 대끼고 싸라기 없이 골라 그릇에 담아 놓는다. 아기가 마음대로 휘저어도 좋도록 수북하게 담는다.
- **국수** : 장수하기를 비는 뜻으로 놓는다.
- **돈** : 부자가 되라는 뜻. 통용되는 지폐나 동전을 놓는데, 옛날에는 굵은 홍실에 대대로 내려오는 엽전을 잔뜩 궤어 놓았다.
- **활 / 자** : 남자 아이의 상에 무운과 용맹의 상징으로 놓으며, 여자 아이의 돌상에는 활 대신 자를 놓는데 이것은 바느질을 잘 하라는 뜻이다.
- **책, 벼루, 먹, 붓** : 재주가 많고 장래 큰 학자가 되라는 뜻으로 놓는데, 이때 놓았던 천자문은 잘 보관하였다가 그 아기가 자라면 읽게 하였다.
- **무명타래실** : 역시 긴 실끝처럼 오래오래 살라는 뜻으로 놓는다.

❷ 혼례상

- 혼례에는 의혼(議婚), 납채(納采), 납폐(納幣), 친영(親迎)의 네 가지 절차가 있다. 정혼을 하려면 양가 부모의 동의를 받아야 하는데, 이를 의혼이라고 한다. 납채는 신랑집에서 사주단자를 보내면 신부집에서는 택일하여 보낸다. 납폐는 친영 전에 신랑집에서 신부집으로 함을 보내는 절차로서, 함 속에는 채단(采緞)과 혼서지(婚書紙)를 넣는다. 대개 혼인 전날 치른다.
- 친영은 신랑이 신부를 맞이해 오는 일이다. 즉, 신랑이 신부 집으로 장가들러 가는 일로 후행과 구종이 따라간다. 신부집에서는 교배상(交拜床)을 차리고 상견례, 합근례를 치른 다음 이웃을 초청하여 국수장국을 대접한다. 혼례가 끝나면 신랑에게 고배상(망상)을 차려 축하해 주고, 신랑 신부에게 입맷상을 차려준다.

❸ 폐백상

- 혼례 때 신부가 시부모님과 시댁 어른들께 첫 인사를 드리는 절차를 '폐백'이라고 하는데 지나치게 형식에 치우쳐 번거롭게 하는 것보다는 폐백의 근본적인 의미를 알고 간편하면서도 성의를 가지고 드리는 것이 좋다. 폐백에 따른 음식은 지방마다 다른데 경기, 충청 지방에서 써왔던 것이 간단하면서도 품위가 있다. 시부모님께는 대추고임과 쇠고기 산적을 준비하고, 시조부모님께는 시부모님께 드리는 것과 같은 것으로 하거나, 또는 대추고임과 닭산적을 준비한다. 대추는 바깥부모님께, 고기산적은 안부모님께 드리는 것이다.

❹ 회갑상

- 회갑이란 사람이 나서 만 60년이 되는 해를 회갑이라고 한다. 그리고 회갑상은 본인의 자녀들이 그 아버지나 어머니의 장수를 축하하기 위해서 잔치를 베푸는 것을 말하는데, 이것을 수연 또는 회갑연이라 하여 일가친척과 친한 친구들을 초청하여 술과 음식을 대접한다. 그리고 자녀들이 술을 올리고 절을 하는데 이것을 헌수라 한다. 차리는 음식의 종류는 건과, 생과, 다식, 유과, 당속, 편, 포, 정과, 적, 전, 초 등이다. 회갑연의 당사자인 상을 받을 분 앞에 입맷상을 놓고, 국수, 신선로, 김치, 간장, 초장, 찜, 숙채, 생채, 과일, 회 등을 차린다. 입맷상 앞으로는 큰상을 놓는데, 큰상은 굄상(고배상)이라고 하여 편류, 유과, 조과, 과실 등을 높이 괴어 화려하게 차린다. 큰상을 괴는 음식은 계절에 따라 달라지며, 지역적인 풍습이나 각 가정의 생활 정도, 가풍에 따라 일정하지가 않다. 따라서 굄상에 차리는 음식의 가짓수는 물론, 종류나 높이 등은 형편에 맞추어 알맞게 준비하도록 한다. 그러나 예로부터 전해오는 가장 기본적인 범절이 있는 경우 그것을 따르기도 한다.

❺ 제상

- 제상이란 돌아가신 어른의 기일(忌日)에 가족이나 가까운 친척들이 모여 고인을 추모하며 제사를 모실 때 차리는 상이다. 제사는 우리나라 고유의 풍속으로 조상을 공경하고 그 공덕을 추념하는 행사로, 원래 엄숙하고 그 절차도 아주 까다롭다. 제사의 종류에는 소상, 대상, 기제사, 절사, 천신, 시제, 묘제 등이 있고, 제상을 차리는 형식도 각 가문의 전통과 가세 등에 따라 달라진다. 제상에 차리는 제물(음식)은 정성들여 깨끗하게 만들며, 일반 요리와 달리 화려한 색을 피해야 한다. 제상에는 풍습에 따라 금기 음식이 있다. 복숭아를 쓰지 않는 것이 보통이고, 생선 중에서도 이름의 끝 자가 '치'자로 끝나는 갈치, 꽁치, 준치 등도 쓰지 않는다. 그리고 제상에 쓰는 음식은 재료를 잘게 칼질하지 않고 크게 각을 뜨거나 통째로 양념하여 만든다.

❻ 삼칠일상

- 출생 후 21일이 되는 날로써 아기의 탄생을 축하하고 산모의 노고를 달래는 뜻으로 차린다. 음식으로는 흰쌀밥에 고기를 넣고 끓인 미역국과, 떡으로는 백설기가 준비된다. 특히, 백설기는 신성의 의미로 아기와 산모를 속인의 세계와 섞지 않고 산신의 보호 아래 둔다는 의미에서 집안에 모인 가족끼리만 나누어 먹고 대문 밖으로는 내보내지 않는다.

❼ 백일상

- 아기의 수명장수를 빌고, 잡귀를 막는 뜻에서 백설기(백 사람에게 나누어준다는 뜻)와 수수경단을 나누는 것이다. 음식으로는 백설기, 수수경단, 미역국, 흰 밥, 간장 등이 준비된다.

❽ 입맷상

- 혼인 후 신랑과 신부가 양가에서 제일 처음 받는 상이다. 음식으로는 국수, 전골(버섯전골), 찜(갈비찜), 저냐, 편육, 화양적, 신선로, 포, 김치 - 나박김치, 각색 강정(잣박산) - 약과, 편(승검초편, 꿀편), 각색 정과(생강, 연근), 약식, 복숭아화채, 각색 다식(송황, 흑임자, 녹말), 생실과(배, 참외, 생율, 감)등을 차린다.

❾ 정월상

- 정월상은 정월 초하루상(설날상)과 정월 대보름상을 들 수 있다.

정월 초하룻날

- 떡국 ● 잡누르미 ● 편육 ● 저냐 ● 육회 ● 떡볶이 ● 잡채 ● 구절판 ● 장김치
- 간장, 초간장, 겨자즙 ● 약식 ● 두텁떡 ● 강정, 밤초, 대추초 ● 수정과 ● 식혜 ● 정과

정월 대보름

[교잣상]

- 오곡밥 ● 곰국 ● 아홉 가지 나물(무, 숙주, 콩, 고사리, 도라지, 시금치, 취, 호박오가리, 시래기)
- 너비아니구이 ● 가리찜 ● 저냐 ● 잡채 ● 김구이 ● 나박김치 ● 굴깍두기 ● 약식
- 두텁떡 ● 원소병 ● 강정, 약과 ● 부럼(밤, 잣, 호도, 땅콩 등) ● 귀밝이술 ● 부꾸미

한국 전통 다례

- 차를 대접하는 행위를 일반적으로 '끽다법, 전다법, 행차법, 다례법'이라고 한다. 이와 같이 차를 우려서 손님을 대접하며 함께 마시는 방법을 다례라고 한다.
- 다례(茶禮)는 한국의 전통 차 의식이다. 다례의 뜻은 차에 대한 예절이다.

출처 : http://ko.wikipedia.org/wiki/다례#.EC.B0.A8_.EC.A4.80.EB.B9.84

1. 다구 준비

2. 물 준비

3. 예열하기

4. 차 우려내기

5. 다과 준비

다과

- 차와 같이 먹는 다과로는 송화다식이나 미말다식 같은 다식이나 전통 한과를 먹는 것이 좋지만 차의 맛을 해치지 않는 선에서 적당한 것을 선택한다.

〈 행다법식 〉

- 주인과 손님이 함께 인사를 나눈다. 상좌에 병풍치고 그 서남쪽에 주인이 동향해 앉고 주인의 좌측 앞에 시중들 행자가 동향해 앉으며 손님은 동쪽에서 서향해 주인과 마주보고 앉는다. 모두 오른손이 위로 가게 공수한 손을 오른쪽 다리 위에 올려놓고 앉는다. 인사를 할 때는 오른쪽 무릎을 세우고 두 손을 양옆으로 늘어뜨려 치마자락 밑으로 밀어 넣으며 바닥을 짚으면서 고개를 15도 정도 숙여 다소곳이 경의를 표한다.
- 주인은 우측으로 돌아 찻상을 향하고 행자도 남향해 앉는다. 주인은 차를 만들기 위해 찻상보를 걷는다. 상보는 팔덕을 의미하여 여덟 번을 접어서 상아래에 단정하게 놓는다.
- 주인은 오른손으로 마른행주를 집어다가 왼손에 옮겨 쥔 다음 다시 오른손으로 바꿔 쥐고 솥뚜껑 손잡이를 덮어 쥐어 뚜껑을 열어 오른쪽에 놓는다.
- 주인은 왼손으로 물뜨개(포자)를 집어다가 오른손으로 쥔 다음 솥 위에 걸쳐놓는다.
- 주인은 차받침을 아래로 내려놓고, 물식힘 그릇과 다관은 오른쪽으로 옮겨 놓는다.
  그리고 솥 위에 걸쳐놓았던 물뜨개를 오른손으로 들어 솥의 뜨거운 물을 떠서 물식힘 그릇에 붓는다.
- 주인은 물식힘 그릇의 물을 들어 다관에 따른다. 그리고 상 위에 엎어져 있던 찻잔을 하나씩 주인 앞으로 가져와서 두 손으로 뒤집어서 다시 상위에 갖다 놓는다.
- 주인은 다관을 들어 뜨거운 물을 찻잔마다 1/2 정도씩 골고루 따른다. 다시 물뜨개로 솥의 뜨거운 물을 떠서 물식힘 그릇에 붓고, 차통의 차를 찻숟갈로 조심스럽게 떠서 다관에 넣는다.
- 주인은 다관의 차가 우러날 동안 왼손에 마른행주를 들고 오른손으로 물이 담긴 찻잔을 하나씩 가져다가 마른행주를 든 왼손으로 받쳐들고 1번 돌린 다음 물을 퇴수기에 버리고 찻잔은 제자리에 놓는다.
- 주인은 오른손으로 다관을 가져다가 왼손 위에 올려놓고 찻잔을 돌리듯 1번 정도 돌려서 차가 고루 섞이게 한다.

- 주인은 오른손으로 다관의 손잡이를 들고 마른행주를 쥔 왼손으로 다관 뚜껑을 누른 다음 각 찻잔에 차례로 차를 조금씩 따르고 다시 각 찻잔에 차례대로 차를 따른다. 두 번에 나누어 따르는 것은 각 찻잔의 차의 양과 농도를 똑같이 하기 위해서이다.
- 주인은 상 밑에 놓았던 차받침을 왼손으로 들고 오른손으로 찻잔을 집어다가 차받침으로 찻잔 밑을 한 번 닦은 다음 찻잔을 앞에 있는 상 위에 놓는다.
- 주인의 옆에 앉아 있던 행자가 엄지손가락이 상 위에 올려지지 않게, 네 손가락을 모아서 두 손으로 찻상을 받쳐들고 손님 앞으로 가져간다. 이때 행자는 팔굽이 90도가 되게 손을 굽혀서 상을 앞으로 쭉 빼서 든다.
- 행자는 나이가 위인 손님 앞부터 차례로 찻잔을 놓는다.
- 찻잔을 다 놓으면 주인, 행자, 손님이 함께 "차를 드시라"는 인사를 한다.
- 주인이 차가 잘 달여졌는지 먼저 한 모금 마신다.
- 주인이 손님들께 권하면 손님은 차를 마시고, 주인은 두 번째 차를 준비한다.
- 행자는 찻잔을 받쳤던 상을 주인 옆으로 가지고 와서 과자그릇을 받쳐서 다시 손님 앞으로 가져간다. 과자그릇을 손님 앞의 상 위에 올리고, 연장자 앞으로 손잡이가 가도록 젓가락을 과자그릇 위에 놓는다. 이때 주인은 두 번째 차를 상 위에 놓고 손님과 담소하며 다과를 든다.
- 다 먹으면 행자는 다관 찻잔 과자 접시를 상에 받쳐서 주인 앞에 가져다 놓고, 주인은 찻잔에 찬물을 붓는다.
- 주인은 찻잔을 헹구어 퇴수기에 물을 쏟고, 찻잔을 마른행주로 닦아서 상 위에 포개 놓는다. 물식힘 그릇과 다관도 마른행주로 닦아 상 위에 놓고, 차받침은 닦아 다관 아래에 놓고 마른행주를 제자리에 놓는다. 찻숟갈은 차받침 위에 놓고, 차통은 차받침의 오른쪽 옆에 놓는다.

| 2 | 서양 테이블 매너의 이해

1. 테이블 매너

(1) 식사 전 매너

1) 고급 식당은 정장을 하여야 한다.
2) 식사예약을 반드시 한다.
3) 약속시간 5~10분 전에 도착하여 주최자에게 인사한 후 응접실에서 기다린다.

4) 연회장에 들어가기 전에 반드시 화장실에 가서 손을 씻고 일을 마친다. 식사 도중에 자리를 뜨면 실례가 된다.
5) 연회장에는 불필요한 물건을 가지고 들어가지 않는다.
6) 연회장에는 서비스맨의 안내에 따라 들어가 정해진 자리에 앉는다. 테이블 매너로는 레이디 퍼스트가 기본 규칙이므로 여성이 먼저 자리에 착석한다.
7) 착석한 자세도 테이블 매너의 기본이 되므로 주의를 요한다. 테이블과 가슴과의 거리는 주먹 2개가 들어갈 정도로 떨어져야 하므로 의자를 잡아당겨 앉고 가슴을 편다. 다리를 꼬지 않으며 테이블에 팔꿈치를 괴지 않는다.
8) 냅킨은 전원이 착석한 후 펴서 무릎 위에 놓고, 식사 중에 떨어지지 않도록 한쪽 끝을 옷 사이에 살짝 끼워 놓는다.
9) 아페리티프(식전주)는 자기의 기호에 따라 분명하게 주문하고, 무리하여 익숙하지 않은 것이나 알코올 성분이 강한 것을 마시는 일은 삼간다.
10) 식사를 시작하기 전에 양 옆에 앉은 사람에게 가볍게 인사하고 간단한 자기소개를 하여 식사 중의 환담에 도움이 되게 한다.

(2) 식사 중 매너

1) 식사의 순서에 따라 사용하는 나이프 · 포크 · 스푼 등은 차려 놓은 상태에서 바깥쪽으로부터 차례로 사용한다.
2) 식사를 시작하는 것은 다른 사람과 함께 하여 보조를 맞춘다.
3) 식사하는 시간도 연회장의 대부분의 사람들과 보조를 맞추어 혼자 너무 빠르지도 느리지도 않도록 한다.
4) 수프는 소리나지 않게 떠먹는다.
5) 빵은 한 번에 입에 넣기 좋은 크기로 떼어 버터를 발라 먹도록 한다. 큰 덩어리째로 버터를 바르지 않도록 한다.
6) 버터는 적당한 양을 자기 접시에 덜어다 놓은 후 빵에 바른다.
7) 빵은 나이프나 포크를 사용하지 않고 손으로 떼어 먹는다.
8) 생선이나 육류요리를 서비스받을 때는 무리하여 자기가 덜어 오지 말고 서비스맨이 덜어주는 대로 받도록 한다.

9) 고기 요리에 곁들이는 채소와 소스가 다 들어온 뒤에 먹기 시작한다.
10) 식사 중에는 즐거운 분위기를 만들기 위하여 옆 사람들과 가벼운 담소를 나누어야 한다. 묵묵히 식사만 하면 실례가 된다.
11) 때에 따라 식전 또는 식사 후 디저트를 들 때 테이블 스피치를 할 때가 있는데, 이때는 사회자가 지명하여 스피치를 하게 되며, 결혼 축하연 · 각종 축하연 · 기념회 · 송별회 등에서는 대개 스피치할 사람이 많으므로 3분이 넘지 않게 간단히 끝내는 것이 바람직하다.
12) 식사 도중에 자리를 뜨는 것은 실례가 되나 불가피하게 자리를 떠야 할 때는 냅킨을 의자 위에 놓도록 한다. 냅킨을 옷에 끼운 채 움직이면 실례가 되고 보기에도 좋지 않다.
13) 나이프나 포크를 바닥에 떨어뜨렸을 때는 자기 스스로 집지 말고 서비스맨에게 얘기하면 다른 것을 가져다 준다.
14) 소금이나 후추는 팔을 길게 뻗어 집어오지 말고 옆 사람에게 부탁하여 패스해서 받는다.
15) 식사가 끝나면 나이프와 포크를 가지런히 접시 위에 놓고, 끝나지 않았을 때는 접시 양쪽에 걸쳐 놓는다. 자기에게 배분된 음식은 되도록 남기지 말고 깨끗이 먹는다. 음료는 자기 오른쪽에 있는 것을 마시고, 빵과 샐러드는 왼쪽에 있는 것을 먹는다. 술 또는 커피 같은 음료를 원하지 않을 때는 분명하게 거절하도록 한다. 마시다 남기면 실례이다. 생선은 접시 위에서 뒤집지 않는다. 로스트 치킨과 통째 내놓은 옥수수와 빵은 손으로 먹어도 좋으나, 그 외의 음식은 손으로 먹어서는 안 된다. 샐러드는 육류요리와 번갈아 먹어도 좋다. 스파게티는 포크에 감아서 먹는다. 아이스크림에 붙어 있는 웨이퍼는 아이스크림의 찬 느낌을 덜기 위한 것이므로 아이스크림과 번갈아 먹는다. 커피를 다 마신 후 스푼은 컵 속에 담아 놓지 말고 접시 위에 놓는다. 핑거 볼(손가락과 입을 씻기 위하여 물을 담아서 내놓는 그릇)에는 양쪽 손을 함께 넣어 씻지 말고 한 손씩 씻는다.

(3) 식사 후 매너

1) 냅킨은 자리에서 일어날 때 보기좋게 적당히 접어 테이블 위에 놓는다.
2) 식사가 끝난 후 테이블에서 화장을 고치거나 사람들 앞에서 바지를 추켜올리지 않는다.
3) 계산은 서비스맨에게 요청하여 식탁에서 하는 것이 정식이다.
4) 퇴장할 때는 옆 사람들에게 가볍게 인사를 한다.
5) 퇴장할 때는 주최자에게 반드시 정중하게 인사를 해야 한다.

1 양식 테이블 매너

(1) 왼쪽 빵과 오른쪽 물이 내 것 '좌빵우물'

가장 혼돈하는 것이 빵과 물의 위치이다. 이럴 때는 앞에 놓인 가장 큰 접시를 기준으로 왼쪽 빵과 오른쪽 물이 본인 것이다. 이른바 '좌빵우물', 와인도 물과 같이 오른쪽에 놓인 것이 자신 것이다. 유럽에서는 대부분 왼손으로 음식을 먹는 것이 예의이다.

포크는 왼손에, 나이프는 오른손을 생각하면 된다. 또 왼손에 빵을 들고 오른손으로 버터를 발라야 하는 이유도 있다. 빵 바구니에 빵이 담겨 나오는 경우에는 빵을 왼쪽 접시에 덜고 바구니를 왼쪽 방향으로 전달해 주면 된다.

(2) 식사 시작은 '8시 20분', 끝은 '4시 20분'

"식사 시작은 8시 20분, 끝낼 때는 4시 20분"이라는 말을 기억해 두는 것도 쉽게 테이블 매너를 익힐 수 있는 방법이다. 실제 시각을 말하는 것이 아니고 식사 도중에 잠시 포크와 나이프를 내려놓을 때는 시계의 '8시 20분' 모양으로 놓으면 '식사 중'이라는 의미이며, '4시 20분' 모양으로 놓으면 식사를 마쳤다는 의미다. 이때 나이프의 날은 포크를 향해야 한다.

(3) 냅킨은 가슴이 아닌 무릎에

첫 요리가 나오기 직전에 펴서 반을 접은 뒤, 접힌 쪽이 안쪽으로 놓이도록 무릎 위에 올려둔다.

보통 냅킨을 '툴툴' 털어서 활짝 편 뒤 무릎에 올리거나 가슴에 대는 경우가 있는데 모두 매너에 어긋난다. 자리를 비울 땐 의자 위에 올려둔다.

테이블 위에 올려두는 것은 식사가 끝났음을 의미한다. 입을 닦을 때는 겉이 보이지 않는 안쪽으로 조심스럽게 닦으면 된다.

(4) 생선은 뼈를 발라 먹어야

생선은 뒤집지 않아야 한다. 살만 발라내어 접시 앞쪽으로 옮겨서 먹고 뼈를 발라낸 뒤 다시 아랫부분을 먹는다. 입안에 가시가 있을 때는 뱉거나 손가락으로 집지 않고 포크로 받은 후 접시에 놓는 것이 매너이다.

(5) 빵에 칼을 대지 마세요

서양에서 포도주와 빵은 예수의 피와 몸을 상징한다. 이러한 믿음 때문에 빵은 손으로 뜯으며, 절대 칼을 대지 않는 것이 테이블 매너다.

또 빵은 입맛을 정돈하기 위해 먹는 것이므로 미리 수프 등을 찍어 많이 먹게 되면 메인 음식의 맛을 제대로 음미할 수 없기 때문에 적게 먹어야 한다.

(6) 스테이크는 '블루'로 해 주세요?

스테이크의 굽기 정도는 다양하다. 흔히 우리나라 사람들은 레어, 미디엄, 웰던 등 3종류를 알고 있다. 하지만 서양에서는 블루, 레어, 미디엄 레어, 미디엄, 미디엄 웰던, 웰던, 베리 웰던 등 7종류 가운데 하나를 주문한다.

스테이크 굽기 정도

- 블루(blue) : 레어보다 덜 익힌 상태로 겉면부터 피가 흐르도록 굽는다.
- 레어(rare) : 겉면은 짙은 붉은색 색깔만 내고 자르면 피가 흐르도록 굽는다.
- 미디엄 레어(medium rare) : 겉면은 선명한 붉은색으로 자르면 피가 보일 정도로 굽는다.
- 미디엄(medium) : 겉면은 옅은 붉은색으로 절반 정도 굽는다.
- 미디엄 웰던(medium welldone) : 겉면은 핑크색으로 단단하게 굽는다.
- 웰던(welldone) : 겉면은 옅은 회색으로 육즙이 조금 있게 단단하게 굽는다.
- 베리 웰던(very welldone) : 겉면은 톨회색으로 육즙이 거의 없고 단단하게 굽는다.

(7) 수프를 먹을 때 미국은 바깥쪽으로, 영국은 안쪽으로

수프를 먹을 때 가슴 앞쪽에서 바깥쪽으로 떠먹는 것은 미국식이며, 바깥쪽에서 안쪽으로 먹는 것은 유럽식이다. 하지만 요즘은 자신이 편한 방법으로 먹는 추세다. 수프를 다 먹었을 때는 접시에 스푼을 그대로 올려놓는다.

(8) 소리를 내지 않는다.

양식은 기본적으로 음식을 먹을 때 소리를 내는 것을 금기로 한다. 특히 수프를 먹을 때 '후루룩'하고 소리를 내는 사람을 교양이 없는 사람으로 본다. 우리들의 관습으로는 음식을 맛있게 먹어야 '복스럽다'하여, 열심히 먹다 보면 자연히 소리를 내게 된다. 그러나 양식에서는 '맛있게 먹는 모습'은 부정적인 평가를 받는다. 나이프와 포크가 맞부딪치는 소리, 식기와 부딪치는 소리들이 나지 않도록 특히 조심해야 한다.

(9) 바른 자세로 먹는다.

식탁에서의 바른 자세는 동서고금(동양과 서양, 옛날과 지금이라는 뜻)을 막론하고 한결같이 요구되고 있는 매너이다. 어떤 경우에라도 흐트러진 모습으로 식탁에 앉아서는 안 된다. 우리들이 특히 조심을 해야 할 것은, 다리를 꼬고 앉거나, 왼쪽 팔꿈치를 테이블 위에 올려놓는 것, 식사 중 의자 등받이에 기대는 것 등이다.

(10) 요리 방법을 구체적으로 선택한다.

음식을 먹는 데 까다로워야 하는 것이 양식의 매너이다. 달걀 프라이 하나를 먹는 데도 그 방법과 상태를 자신의 기호에 맞게 주문하는 것이 정상이며, '적당히 알아서 주시오.'하는 식으로 개성이 없는 주문을 하는 것은 오히려 상대를 당황하게 한다.

예를 들어, "달걀 프라이를 주시오."라고 주문을 하면 서비스맨은 다시 묻는다. "어떻게 해 드릴까요?"이 질문은 프라이를 한 쪽만 할 것인지, 양쪽 다 할 것인지, 또는 양쪽을 다 하되, 한쪽을 더 익힐 것인지를 묻는 것으로 달걀 프라이 하나에도 선택의 폭은 3가지가 되는 것이다.

(11) 대화 속에서 음식을 즐긴다.

음식을 먹을 때는 대화를 하면서 즐기는 것이 매너로, 이를 테이블 컨버세이션(table conversation)이라 한다. 아무 말 없이 음식만을 먹으면 식탐하는 사람으로 보여 타인으로부터 무시를 당하게 된다. 그런데 식사 중 대화를 한다는 것이 자칫 입 안에 음식을 넣고 말하는 사람이 있는데, 이렇게 하면 대단히 천한 사람으로 취급받는다.

네글자 서양 테이블 매너

- **상석고심** 서비스맨이 의자를 제일 먼저 빼주는 자리가 확실한 상석이다. 전망이 좋은 곳이나 출입구에서 가장 먼 자리를 상석으로 친다.
- **냅킨자제** 자리에 앉자마자 냅킨을 펼치는 건 실례. 첫 요리가 나온 뒤 무릎 위에 펴놓는 것이 정석이다. 얼굴에서 입 외의 부위는 닦지 않고 입가를 톡톡 치는 정도로만 쓴다. 장시간 자리를 비울 때는 의자 등받이에 걸쳐놓는다.
- **맨손무방** 전채로 나온 셀러리 · 파슬리 · 양파 · 당근 · 아스파라거스, 사이드 메뉴로 나오는 통옥수수 · 새우 · 크리스피, 디저트로 나오는 초콜릿이나 닭다리는 손으로 먹어도 실례가 되지 않는다. 카나페는 손으로 먹는 것이 올바른 방법이다.
- **바깥부터** 접시 양쪽으로 펼쳐진 포크와 나이프는 요리가 나올 때마다 새로 세팅되는데 무조건 가장 밖의 것부터 사용하면 된다.
- **좌측먼저** 세팅된 접시의 위치나 방향은 바꾸지 않고 접시의 왼쪽에 놓인 음식부터 먹는 것이 원칙이다.

- **좌빵우물** 원형 테이블의 경우 양쪽에 놓인 빵과 물의 주인이 헷갈리게 마련. 빵은 왼쪽, 물은 오른쪽에 있는 것이 자기 것이다. 빵이 처음부터 테이블에 세팅된 경우 조금씩 집어 먹는 건 괜찮지만 원래는 수프 후에 먹는 것이 정석이다. 빵은 요리와 함께 먹기 시작해 디저트 전에 먹기를 끝내는 게 좋다. 양식에서의 빵은 다른 요리를 즐기기 위해 입을 '씻어내는' 도구적인 의미가 크기 때문이다. 바스켓에 든 빵은 남자가 들어 여자에게 먼저 권한다. 잼은 아침에만 곁들여져 나오므로 점심과 저녁에는 잼을 요구하지 않는다.
- **조금썰기** 스테이크를 먹기 전에 먼저 다 썰어놓지 않는다. 육즙이 빠진다는 미각적인 이유도 있고 유치한 행동으로 간주되기 때문이다. 먹을 때마다 한입 크기로 썰어 먹는다.
- **양손레몬** 생선에 레몬을 뿌릴 때는 한 손으로 짜되 옆사람에게 튀지 않도록 가리거나, 생선 위에 놓고 한쪽 끝을 포크로 고정해 나이프로 가볍게 눌러 즙을 낸다. 입속에 들어간 가시를 발라낼 때는 손으로 집어내지 말고 포크에 살짝 뱉어 접시 한쪽에 놓는다.

총 정리

서양 테이블의 순차적 매너

1. 입장

❶ 복장은 남성은 정장, 여성은 원피스나 슈트 등이 적당하며, 색상은 검정이나 흰색 등 단색이 적당하다.

❷ 식당에 들어가기 전에 준비된 물로 손을 씻고 들어가서 자리를 잡은 후에는 손을 씻지 않는다.

❸ 들어가기 전에 문 앞에서 서비스맨이 안내하는 식당인지를 확인하고, 좌석 지정 식당인 경우에는 서비스맨의 안내 없이 빈자리에 마음대로 앉지 않는다.

❹ 부피가 큰 휴대물은 클로크룸에 맡기고 들어간다.

❺ 서양인의 매너에서는 여성이 우선하므로, 여성이 먼저 서비스맨의 안내를 받아 들어가고, 남자는 뒤따라 들어간다.

❻ 자리에 앉은 후 주변을 두리번거리지 않는다.

❼ 서비스맨은 소리로 부르지 않으며, 시선이 마주칠 때까지 기다려서 수신호로 부른다.

2. 메뉴 주문

❶ 반드시 메뉴를 한 번 살펴보고 주문하며, 메뉴를 보지 않고 주문하는 것은 실례가 된다.

❷ 메뉴에 대해서 아는 체하지 않으며, 모르는 메뉴는 서비스맨에게 무엇인지 물어보는 것이 예의이다.

❸ 손님으로 초대받아 갔을 경우 초청자보다 비싼 것을 주문하지 않는 것이 예의이며, 메뉴에 쓰여 있는 요금을 보고 중간층을 주문하는 것이 무난하다.

❹ 옆 테이블의 음식과 같은 것을 먹고 싶다면 눈으로 가리키며 묻는 것이 예의이며, 직접 손으로 가리켜서는 안 된다.

❺ 여성은 직접 주문하지 않으며, 동행한 남성에게 먹고 싶은 메뉴를 말하고, 남자가 대신 주문하는 형식을 취한다.

3. 나이프, 포크

❶ 나이프와 포크를 실수로 떨어뜨리면 줍지 않고 서비스맨을 통해 새것을 가져오도록 한다.

❷ 나이프와 포크를 쥔 채 말하지 않는다. 나이프와 포크가 눈앞에서 왔다갔다 하면 좋지 않다.

❸ 나이프를 접시 위에 놓을 때는 칼날이 자기를 향해서 밖으로 놓이지 않게 한다.

❹ 포크는 날이 위를 향하여 뒤집어 놓지 않는다. 그러면 식사가 다 끝났음을 의미한다.

❺ 나이프와 포크를 사용할 때에는 부딪치는 소리가 나지 않도록 한다. 쨍그랑 소리는 동시에 예절이 없음을 나타낸다.

❻ 나이프로 스테이크를 자르는 경우 밀 때 힘을 주고, 당길 때 유연하게 하면 톱질하는 것과 같이 보이지 않는다.

4. 냅킨

❶ 냅킨은 혼자서 먼저 펴지 않으며 반드시 주빈이나 초청자와 맞추어서 펴는 것이 예의에 어긋나지 않는다.

❷ 냅킨은 식사 중에 테이블에 놓아서는 안 되며, 놓고 싶을 때에는 의자 위에 놓아야 한다.

❸ 여성은 냅킨에 립스틱이 묻어나지 않도록 식전에 립스틱을 살짝 닦아 내고 사용하는 것이 바람직하다.

❹ 냅킨은 한 쪽 귀퉁이를 제한적으로 사용하는 것이 바람직하며 손수건과 같이 전체를 함부로 사용하는 것은 옳지 못하다.

❺ 식사가 끝나면 냅킨을 잘 개어 놓을 필요는 없으며, 대충 개어서 포크가 놓인 왼쪽 테이블에 놓는 것이 좋다.

5. 식전주

❶ 식전주를 주문할 경우 "적당한 것을 달라."는 식의 주문은 하지 않는다. 따라서 평소 자신이 좋아하는 칵테일의 이름을 기억할 필요가 있다.

❷ 카나페는 손으로 먹기 때문에 포크로 찍어 먹지 않는다.

❸ 양식에서 술은 취하기 위하여 마시는 것이 아니므로, 칵테일은 일반적으로 2잔 이상 마시지 않는다.

6. 수프

❶ 수프는 소리를 내어 마시지 않는다.

❷ 뜨거운 수프를 식힐 경우 입으로 불어서 식히지 않으며, 스푼으로 저어서 식힌다.

❸ 수프를 먹었을 때 생각보다 뜨거울 경우에는 유리잔 속의 물을 마신다.

❹ 수프를 흐르지 않게 하기 위해 너무 입을 그릇에 가까이 하지 않는다.

❺ 수프를 먹을 때 스푼을 빨지 않는다.

❻ 스푼은 옆쪽으로 사용하지 않는 것이 예의이며, 스푼의 끝이 입으로 들어오도록 해야 한다.

7. 생선요리

❶ 생선요리가 먼저 나왔다 하더라도 소스가 나오지 않는 한 먹지 않는다. 생선은 소스를 친 후에 먹어야 한다.

❷ 묽은 소스는 고기에 직접 사용하나, 진한 소스는 접시에 덜어 고기를 찍어 먹는다.

❸ 즙을 내기 위한 레몬은 즙을 낸 후 함부로 버리지 않으며, 접시 한 쪽에 보기 좋게 놓는다.

❹ 생선은 뒤집어서 먹지 않는다. 한 쪽을 다 먹으면 뼈를 발라내서 그대로 먹는다.

8. 빵과 버터

❶ 빵은 치아로 잘라 먹지 않으며, 손으로 뜯어 먹는다.

❷ 빵은 부분적으로 남기지 않고, 한 쪽을 먹기 시작했으면, 그것을 다 먹고 남기는 일이 없어야 한다.

❸ 토스트는 아침에만 먹는 것이 원칙이며, 점심, 저녁 식사에서 토스트를 주문해서는 안 된다.

❹ 빵은 수프를 먹기 전에 먹어서는 안 되며, 수프를 먹고 난 후 먹는 것이 일반적이다.

❺ 빵은 우유나 수프에 적셔 먹지 않는다.

❻ 버터는 버터 그릇에서 떠서 자기 빵 접시 6시 방향에 놓고 다시 찍어 먹는 것이 원칙이다.

❼ 빵을 먹을 때에는 오른손으로 먹는 것이 원칙이다.

9. 와인

❶ 양식에서 와인은 생선요리, 고기요리에 필수적이다. 귀한 손님을 대접하는 경우 와인이 빠져서는 안 된다.

❷ 와인은 향기, 색깔, 맛을 음미하며 한 번에 마시지 않는다.

❸ 와인은 와인 글라스에 가득 부어 마시지 않는다.

❹ 샴페인은 흔들지 않고 사용하며, 냉장고에 보관한다.

❺ 와인을 보관할 때는 병을 세워 놓지 않는다. 코르크 마개가 마르면 쭈그러들어 공기가 들어가므로 크로크는 항상 젖어 있어야 한다.

❻ 좋은 와인은 밑에 앙금이 있다. 따라서 따를 때는 앙금이 생기지 않도록 급하게 따르지 않는다.

❼ 와인은 공기와 접촉해야 제맛이 난다. 공기와 접촉시키려면 와인잔을 이리저리 흔들어 접촉시간을 갖는다.

❽ 와인은 소주 마시듯 단번에 마시지 않으며, 입안에서 한 모금씩 굴리며 충분히 혀로 맛을 느낀 후 마신다.

❾ 와인은 기름기 묻은 입으로 마시지 않는다. 따라서 와인을 마시기 전에 입 주변을 냅킨으로 정리한다.

❿ 상대방이 술을 따라 줄 때는 잔을 올리거나 잡지 않는다.

10. 스테이크

❶ 스테이크류는 크게 잘라서 먹으면 입모양이 보기에 좋지 않으므로 크게 잘라서 먹지 않는다.

❷ 스테이크는 한 번에 다 잘라놓고 먹는 것은 예의가 아니며 한두 점씩 잘라가면서 먹어야 한다.

❸ 스테이크는 왼쪽에서부터 잘라 먹는다.

❹ 스테이크나 고기는 반드시 세로로 자른다.

❺ 고기는 좌우로 당겨서 자르지 않는다.

❻ 고기와 야채를 동시에 입안에 넣지 않는다.

11. 샐러드

❶ 샐러드 접시를 자기 손으로 옮기는 것은 옳지 못하며, 서비스맨이 갖다 놓은 위치에 그대로 놓고 먹는다.

❷ 샐러드는 포크로만 먹는다.

12. 디저트

❶ 아이스크림은 형태가 망가지지 않도록 자기 앞쪽부터 먹는다.
❷ 아이스크림을 웨이퍼에 얹어 먹지 않으며 따로 먹는다.
❸ 홍차에 곁들인 레몬은 손으로 짜지 않으며, 스푼으로 가볍게 즙을 내고 그대로 먹는다.
❹ 모서리가 있는 케이크는 모서리 부분부터 잘라 먹는다.

13. 건배법

❶ 양식에서는 디저트 코스에서 건배를 한다. 공식연회에서는 주최자가 축의를 표하는 시점에 건배한다.
❷ 건배 시에는 술을 마시지 못하는 사람도 술을 받아 놓는다.
❸ 건배 시 잔만 올려서 참가하고 술은 마시지 않아도 좋다.
❹ 술이 싫다고 물을 따라서는 안 되며, 정말 싫다면 양해를 구해 주스나 콜라를 따라도 가능하다.
❺ 축배를 받는 주인은 좌중의 사람들과 같이 잔을 올려 제의를 받는다. 이때 주빈만은 자리에서 일어서지 않고 앉은 채로 건배를 받은 다음 일어서서 예를 표하는 것이 일반적이다.
❻ 잔을 들어올릴 때의 높이는 눈높이가 적당하며, 서로 마주보며 축배를 올릴 때 상대의 눈에 시선을 둔다.
❼ 잔을 올려 건배를 하고 난 다음에는 잔을 입에 대고 한 모금 마시거나 마시는 시늉을 해야 한다. 잔만 올리고 내리는 경우는 큰 실례가 된다.
❽ 앉아서 건배를 할 경우 전원이 일어나는 것이 원칙이며, 이때 앉아서 잔을 들고 일어나서는 안 되며, 먼저 일어난 후 식탁의 잔을 들도록 해야 한다.
❾ 건배 후 앉을 때에는 식탁 위에 잔을 놓고 난 후 앉는다.
❿ 건배 시 잔을 들고 있을 때는 글라스의 윗면이 자신의 턱과 가슴의 중간 높이에 오도록 한다.
⓫ 잔을 잡을 때는 몸체를 잡지 않고 잔의 다리를 엄지, 인지, 중지 등 세 손가락을 합해서 쥐는 것이 올바른 방법이다.

| 3 | 타문화 테이블 매너의 이해

일본

일본은 수많은 섬으로 이루어져 있고 사계절이 뚜렷하여 각 계절에 수확되는 작물에 따라 조리법이 다양하게 발달하였다. 일본요리에는 한국과 중국문화의 영향을 받은 흔적이 보이지만 섬나라의 특성상 생선 조리법이 다양하다. 과거에는 불교의 영향으로 육류나 생선요리가 일반화되지는 않았으나 근래에는 경제성장에 따른 국민소득이 향상되고 저장기술 및 유통체계의 발달로 생선회가 일반화되고 있다.

일본은 식사 예절이 엄격하고 복잡하다. 식사하기 전에 반드시 잘 먹겠다는 인사를 한다. 식사 전반에 걸쳐 자세를 바르게 하고 음식 먹는 소리가 나지 않도록 한다.

- 주식인 쌀과 부식의 구별이 뚜렷하다.
- 해조류와 버섯의 상용 채소를 많이 먹는다.
- 재료의 본맛을 살려서 조리하기 때문에 향신료를 진하게 사용하지 않는다.
- 콩을 이용한 음식문화의 발달로 낫토(메주콩을 발효시켜 만든 것), 각종 두부요리 등이 있다.

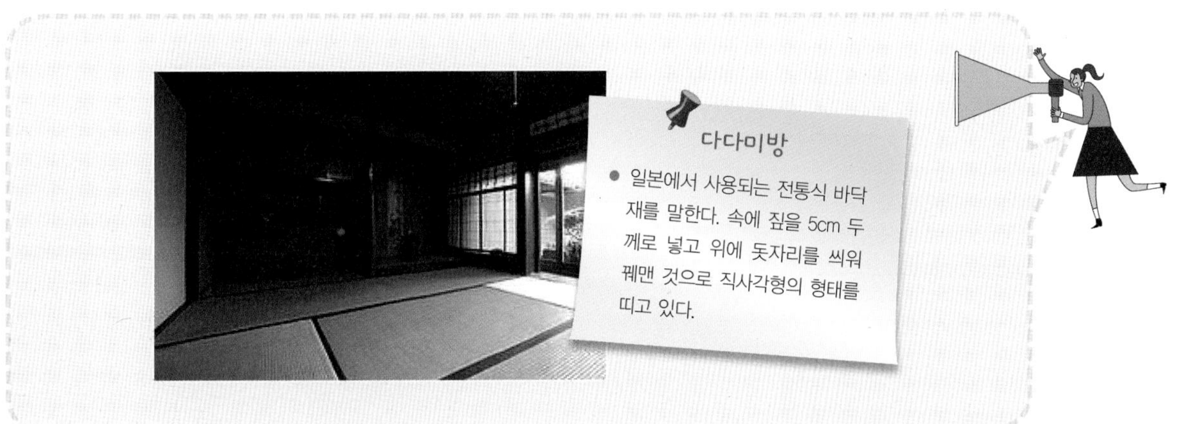

다다미방
• 일본에서 사용되는 전통식 바닥재를 말한다. 속에 짚을 5cm 두께로 넣고 위에 돗자리를 씌워 꿰맨 것으로 직사각형의 형태를 띠고 있다.

(1) 다다미방에 들어갈 때

일본 요리는 다다미방에 앉아서 식사하는 것이 격식이다. 현관에 들어갈 때 코트를 벗어서 서비스맨에게 맡기거나 방에 가지고 가서 옷걸이에 걸고 얌전히 개어서 자리에 앉는다. 모자를 쓰고 있을 때 남자는 현관에서 벗고 여성은 쓰고 있어도 관계없다.

웃어른이나 주인보다 먼저 자리에 앉아 있어야 하며, 물러날 때는 웃어른이나 주인이 일어서면 이에 따른다.

(2) 방석에 앉을 때

일본 요리집은 다다미방에 방석이 놓여 있는 것이 보통이다. 방석 위에 앉을 때 무릎을 꿇고 앉아야 하기 때문에 외국 사람은 약간 불편하다. 그러나 공간이 좁기 때문에 아무렇게나 앉을 수도 없다. 우선 무릎을 꿇고 앉은 후에 가끔 남이 눈치 채지 않도록 발바닥을 바꾸어가면서 앉으면 약간은 편하다. 근래에는 다다미방에서 다리를 편히 내려놓도록 움푹 파여진 호리 고다쯔가 있는 곳도 있어서 그런 곳에서는 걸터앉기만 하면 된다.

(3) 상의를 탈의하기에 알맞은 때

남자들은 다다미에서 양복 상의를 입고 앉아 있으면 매우 불편하다. 초면인 분과 식사를 하는데 처음부터 상의를 탈의하는 것이 약간 결례가 될 수 있으므로 처음에는 단정히 입고 있다가 요리가 진행되면서 사시미가 나오는 타이밍 정도가 적당할 것 같다. 이때가 술도 한 잔 마셨고 서로가 통성명도 끝났으니 긴장도 약간 풀릴 때가 되었기 때문이다.

(4) 자리 배정

손님을 모시는 자리에서는 모시는 쪽이 여러 모로 신경을 쓰기 마련이다. 우선 자리 배정부터 그렇다. 일본 다다미방에도 상석이 있다. 다다미방에는 '도꼬노 마'라는 자리가 있다. 그곳에는 가께지꾸(족자)를 걸어놓고 있다. 그 족자 앞이 바로 상석이다. 이곳은 연회석의 정면으로 입구에서 멀고 정원이 잘 보이는 곳이다. 그 반대인 곳, 즉 문에서 가깝거나 창문이 등뒤에 있다든가 복도가 가까운 곳은 아랫사람이 앉는 자리이다.

상석이냐 하석이냐 하는 것은 '도꼬노 마'를 중심으로 결정되므로 서비스맨은 주빈이 상석에 앉을 수 있도록 자리를 안내한다. 그 다음의 좋은 자리가 주빈의 오른쪽 자리이고 왼쪽이 그 다음 가는 자리이다.

(5) 일본 주도

- 손님이 자리에 앉으면 서비스맨이 차와 물수건을 가지고 들어온다. 그리고는 술 주문을 받는다. 술은 도쿠리라고 부르는 도자기 병에 담겨져 나온다.
- 술을 따를 때 남자는 왼손으로 술병을 잡고 왼쪽 무릎에 놓고 오른손으로 따른다. 여자가 따를 때는 오른손으로 술병을 잡고 왼손으로 병을 받치면서 따른다. 받는 사람도 남성은 한 손으로, 여성은 두 손으로 잔을 들고 마시는 것이 좋다. 예전에는 여성이 술을 따르는 것을 당연하게 여겼지만 지금은 여성이기 때문에 따른다는 사고방식은 없다. 다만, 여성이나 남성이나 옆 사람 잔이 비어 있을 때는 서로 따르는 것이 좋다. 또 첨잔도 상관없다.
- 식사 중에 옆 사람이 술을 따르면 젓가락을 상에 놓고 받도록 한다. 젓가락을 쥔 채(즉, 음식을 먹으면서) 술을 받는 것은 결례가 된다.
- 일본에서는 술자리는 언제나 건배로 시작한다. 잔을 눈높이까지 들어올려 '건배'라는 구호를 복창한 후 마신다. 술을 마실 수 없는 사람도 건배를 한 후 잔에 입을 대는 시늉을 한다.
- 건배가 끝나기 전에는 음식에 손을 대지 않는다.
- 술을 따를 때는 상대방의 오른쪽으로 가서 오른손으로 병 밑을 가볍게 받치듯이 하고 잔의 80% 정도를 채운다.

(6) 식사 시

- 뚜껑이 있는 경우에는 밥그릇, 국그릇, 조림그릇의 순서로 뚜껑을 벗긴다. 상의 왼쪽에 있는 것은 왼손으로 뚜껑을 쥐고 오른손을 대어 물기가 떨어지지 않게 뒤집어서 상 왼쪽 다다미에 놓는다.
- **밥** : 양손으로 밥공기를 들어 왼손 위에 올려놓고, 그대로 오른손으로 젓가락을 위에서 집어 왼손 손가락 사이에 끼운다. 그런 다음 다시 오른손으로 쓰기 좋게 잡고 젓가락 끝을 국에 넣어 조금 축인 뒤 밥을 한 입 먹는다.
- **국** : 국그릇을 두 손으로 들어 앞에서와 같이 젓가락을 들고 건더기를 먹고 국물을 한 모금 마신다. 이때 젓가락으로 건더기를 누르고 마신 후에 놓는다.
- **반찬** : 조림은 그릇째로 들거나, 국물이 없는 것은 뚜껑에 덜어서 먹는다. 회는 나눔 젓가락으로 접시에 가장자리에서부터 차례로 작은 접시에 덜어 와사비(고추냉이)를 곁들인 간장에 찍어 먹는다. 생선은 머리 쪽에서 꼬리 쪽으로 먹고, 뒤집지 않는다. 자왕무시(달걀찜)는 젓가락으로 젓지 않고 앞에서부터 떼어먹는다.

- 차 : 찻잔을 두 손으로 들어 왼손은 찻잔 밑에 받치고 오른손으로 찻잔을 쥐고 마신 다음 뚜껑을 도로 덮는다.
- 식사 후 그릇에 뚜껑이 있는 경우 덮어두고, 젓가락은 상 위에 가지런히 놓는다.

식사 시 유의할 점

- 상 위에 있는 음식은 밀지 말고 손으로 들어 이동할 것
- 도자기는 높이 치켜들지 말고 두 손으로 조심스레 다룰 것
- 국물은 밥그릇에 부어 먹지 말 것
- 젓가락으로 음식을 집어 건네지 말 것
- 건네주는 요리는 손으로 받아 그대로 먹지 말고 상에 놓았다가 들고 먹을 것
- 상에 나온 음식은 새로 간을 맞추지 말 것
- 아무리 작은 잔이라 해도 두 손을 사용하여 공손히 전해 줄 것

네글자 일식 테이블 매너

- **맨손가능** 초밥은 대개 젓가락으로 먹지만 덴시보리(물수건)로 손을 닦고 손으로 집어 먹어도 예의에 어긋나지 않는다.
- **꼬치젓갈** 꼬치는 손에 들고 입으로 바로 먹는 것이 아니라 한 손으로 꼬치를 눌러 젓가락으로 하나씩 빼내어 먹는 게 예의이다.
- **후룩면발** 면은 후루룩 소리를 내며 들이마시듯 먹는 게 성의의 표시다. 일식은 한식처럼 먹을 때 나는 소리에 크게 신경을 쓰지 않아도 된다.
- **우측중심** 대개 오른쪽으로 중심을 잡는다. 젓가락은 오른손으로 위에서 집어 왼손에 받친 다음 다시 오른손에 쓰기 좋게 쥔다. 식사 중에는 접시의 우측에 걸쳐놓는다. 뚜껑을 열 때는 오른손으로 밥그릇 ➜ 국그릇 ➜ 보시기 순으로 연 뒤 우측에 포개둔다. 차를 마실 때는 두 손으로 찻잔을 든 뒤 왼손바닥에 받치고 오른손으로 찻잔을 감싸쥔다. 밥을 먹을 때도 밥그릇을 왼손에 받쳐 들고 오른손으로 든 젓가락으로 먹는다.
- **젓갈세척** 식사가 끝나면 젓가락 끝을 차에 씻어 깨끗이 한 후 뒤 제자리에 놓는다.

2 중국

중국은 수천년의 역사와 넓은 국토를 지녔으며 기후도 지역차가 커서 지방마다 독특한 식문화가 발달하였다. 중국요리는 맛있고 영양이 풍부하며 한의사를 중심으로 그 기초가 다져진 음식으로서 오늘날 세계적인 요리로 인정받고 있다.

- 재료의 선택이 자유롭고 광범위하다(제비집, 상어 지느러미 등이 재료로 이용)
- 색과 향, 미를 중시한 요리이다. 외향이 풍요롭고 화려하며 독특한 향이 나는 향 차이를 많이 사용한다.
- 조리기구가 간단하고 사용이 용이하다.
- 조리법이 다양하여 어떤 재료를 쓰든 원하는 요리로 조리해 낼 수 있다.
- 음식의 수분과 기름기가 분리되는 것을 방지하기 위해 녹말을 사용하는 요리가 많다.
- 중국요리는 양자강을 기준으로 하여 북방요리와 남방요리로 나누기도 하고 지역을 구분하여 북경요리, 사천요리, 광동요리, 상해요리 등으로 구분한다.

(1) 상석

주빈(손님)이 앉는 자리가 그 방의 제일 상석이다. 상석은 출입구에서 제일 먼 곳이라고 알면 된다. 그런데 식당에 가면 서비스맨이 상석의 위치를 가리켜 주는 것이 보통이다. 주빈을 상석에 안내하는 일은 서비스맨에게 매우 중요한 일이다. 요리를 서브하거나 음료를 따를 때 항상 주빈부터 대접하는 것이 바른 매너이기 때문이다. 만일 자리 순서를 잘 모르면 서비스맨에게 물어보고 정확히 앉는 것이 좋다.

(2) 중국 요리 주문 요령

- 보통 중화요리를 주문할 때는 인원수에 맞는 요리수에 수프 일품을 첨가하는 것이 기본이므로 기본 인원수가 4인이라면 이때 4채 1탕(요리 4품과 수프 1품)이 된다. 요리 한 접시가 양이 많으므로 대중소를 고려해서 주문한다.
- 술과 차의 종류를 확실히 알고 주문하면 좋다.
- 4명 이상인 경우에는 요리 중에 수프류를 넣는다.

- 세트메뉴가 있는 경우에는 요리를 일일이 주문하는 것보다 세트메뉴를 주문하면 훨씬 경제적이다.
- 재료와 조리법, 소스 등이 중복되지 않도록 주문한다.
- 해물, 상어 지느러미, 제비집 등은 가격이 비싸다는 것을 알아둔다.
- 처음 이용 시에는 서비스맨에게 자신의 취향을 알려주고, 도움을 받는 것이 좋다.
- 북경오리 요리인 페킹 덕은 2인이 먹기에는 양이 너무 많은 요리이다. 이럴 때 반만 주문할 수 있는가를 물어 보는데 대부분의 식당에서는 반쪽씩 팔고 있다. 중국에서는 먹는 것을 중요하게 여기므로 남는 음식은 싸가지고 가는 것이 보통이다.

(3) 코스 요리 주문할 때 주의점

조리법에 신경을 써서 주문해야 한다. 중국 요리는 조리법에 따라 새로운 맛을 즐길 수 있는 특징이 있으므로 재료를 중복되지 않게 주문하는 것도 중요하지만 조리법이 같은 요리를 중복하여 주문하지 않도록 하는 것이 좋다.

예를 들어 3품 요리를 주문할 때 전채요리에서 차가운 해피리 냉채를 주문하였다면 다른 2가지는 뜨거운 고기 요리 - 탕수육 그 다음에 생선 요리 또는 닭고기 요리를 주문하는 것이 적당하다. 양념장도 간장, 고추 기름, 소금 등이 나오므로 조리의 성격에 따라 알맞게 선택해서 찍어 먹는다.

(4) 해서는 안 될 테이블 매너

중국 요리를 먹는 데 특별한 규칙은 없으나 특히 해서는 안 될 매너는 접시에 손을 대는 것, 면류를 먹을 때 소리를 내는 것, 식기를 입에 대고 먹는 것이다.

중국인들은 오른손은 젓가락을, 왼손은 작은 국자를 쥐고 음식을 먹기 때문에 식기를 입에 대고 먹는 것은 매너 위반으로 여긴다. 다만, 밥은 공기밥으로 손으로 들어 입에 가까이 대고 젓가락으로 먹는다.

(5) 해도 되는 테이블 매너

해도 되는 매너로는 밥을 젓가락으로 긁듯이 넣어 먹는 것, 먹다 남은 뼈 · 가시 등은 테이블에 그대로 올려 놓는 것, 본인의 젓가락을 사용하여 요리를 나누어 먹는 것, 같은 요리에 서로 동시에 젓가락을 대서 집어 먹는 것(보통 남이 젓가락을 대려고 할 때는 다른 한 사람은 기다리는 것이나 중국인은 그렇지 않다는 의미) 등은 중국인들이 대중식당에서 스스럼없이 하는 매너이다.

(6) 턴테이블에서 매너

- 턴테이블의 회전방향은 시계방향이 원칙이다.
- 자기가 좋아하는 요리가 나왔다고 하여 본인 앞으로 먼저 돌려놓는 것은 결례가 된다. 우선 주빈에게 요리가 먼저 가도록 돌려놓고 주빈이 요리를 뜨면 동석한 사람들에게 돌리면서 요리를 뜨도록 한다. 주빈과 먼저 요리를 받은 사람은 먼저 먹어도 관계없지만 다른 사람에게 "실례합니다."라는 한마디는 필요하다.
- 처음 나오는 전채요리는 자기의 접시에 나누었다 하여도 바로 먹지 말고 모든 사람이 다 접시에 담는 것을 기다려주는 것이 매너이다.
- 요리를 먼저 덜 때에는 "먼저 실례합니다."하고 요리를 덜고 놓는다.
- 다음 사람이 요리를 덜고 있을 때에는 테이블을 돌리지 않는다.
- 턴테이블 위에 놓을 수 있는 것은 큰 접시에 담겨져 있는 요리, 조미료, 장식용 꽃 등이다. 술, 개인접시, 글라스, 재떨이 등은 얹지 않는다.
- 한 번 돌아간 음식이 아직 남아 있으면 더 들어도 좋다.
- 자신의 앞에 요리가 돌아왔을 때, 옆 사람에게 "먼저 드십시오."하고 양보하는 것은 바람직하지 않다.

(7) 요리는 먹을 수 있는 만큼만

좋아하는 요리가 자신의 앞에 왔다고 해서 너무 많이 덜어버리면 마지막 사람이 그 요리를 맛볼 수 없는 경우도 있기 때문에 다음 사람을 생각해 가면서 자신의 몫을 덜도록 한다.

(8) 개인접시는 요리마다 한 개씩

옛날에는 개인접시 하나로 모든 요리를 먹었다고 한다. 그러나 지금은 요리마다 새 접시로 바꾸어준다. 그것은 요리마다 맛이 틀리고 다른 소스로 조리하기 때문이다. 새콤한 소스, 달콤한 소스, 간장 맛 소스 등 중국 요리는 흔히 걸쭉한 감칠맛 나는 소스를 쓴다.

이런 요리들을 하나의 접시에 계속 담아 먹는다면 맛의 개성이 없어진다. 따라서 개인접시는 요리마다 바꾸는 것이 바람직하다. 서비스맨이 잊고 있다면 "접시를 바꾸어주세요."라고 말한다. 서비스가 순조로운 식당은 새로운 요리마다 새 접시가 나오는 것은 당연한 일이다.

(9) 개인접시를 손으로 들고서 먹는 것은 금물

개인접시는 손에 들지 않고, 원탁에 놓은 상태로 먹는 것이 바람직하다. 요리를 덜 때도 개인접시를 요리접시에 가까이 두고 테이블 위에 놓은 상태로 요리접시에 있는 숟가락과 포크를 사용해서 요리를 덜도록 한다. 개인접시가 모자랄 경우에는 서비스맨에게 새로운 접시를 요구한다.

(10) 중국 주도

식사하기 전에 제일 먼저 건배를 한다. 한 번이 아니고 요리가 나올 때마다 건배를 한다. 이것은 입안에 남은 먼저 먹은 요리 맛을 없애고 새롭게 다음 요리를 먹어보자는 뜻이다. 따라서 요리와 요리 사이에 호스트(host, 주최자, 진행자)가 "건배합시다."하면 전원이 술잔을 들고 건배를 한다. 이것이 중국식 건배의 특징이다.

술을 마시고는 동석한 사람에게 술잔을 기우뚱하면서 모두 마셨다고 술잔 속을 보여준다. 글라스를 거꾸로 엎어놓는다는 이야기가 있는데 오늘날에는 시행하지 않는 곳이 많다. 물론 만약 그와 같은 자리에 갔다면 당연히 함께 거꾸로 놓아야 한다.

그리고 서비스맨이 술을 따르러 왔을 때 더 마시지 않아야겠다고 생각되면 글라스 위에 손을 얹는 동작을 한다. 이것은 술을 붓는 것을 거절한다는 뜻이다.

(11) '간뻬이', '쓰으이'

중국의 주법으로는 간뻬이(乾杯)와 쓰으이(隨意)가 있는데 전자는 우리나라 말의 건배에 해당하나, 후자는 우리나라에는 해당되는 말이 없는 중국만의 권주법(술 권하는 방법)이다.

중국의 주법에서는 우리나라와 같이 술잔을 돌리지 않고 상대를 향하여 술잔을 올리면서 간뻬이! 하는데, 이것은 술잔의 술을 남기지 말고 마시자는 권주의 말이다. 이때 술을 마시고 잔 밑바닥을 상대에게 보이는 제스처를 하여 다 마셨다는 것을 확인시킨다.

이에 대하여 단번에 술잔을 비울 자신이 없을 경우에는 쓰으이! 하며 술을 조금만 마시고 남겨두어도 무방하다.

네글자 중식 테이블 매너

- **시계회전** 회전식 테이블은 시계 방향으로 돌린다.
- **주인먼저** 식사를 시작할 때 주인이 주빈의 술잔에 먼저 술을 따라주고 다른 손님에게 차례로 따라준다. 주인이 일어나 감사 인사를 하고 술을 권할 경우, 술을 못 마셔도 답례 표시로 입가에 댔다 내려놓아야 한다. 술 거절은 한국보다 더 무례하게 간주된다. 축배는 단숨에 마시고 비운다. 첫 요리가 나오면 주인이 한 젓갈 집어 주빈의 접시에 올려준다. 음식을 덜 때는 먼저 주빈이 개인접시에 덜고 다른 손님에게 권한다.
- **수저구별** 탕은 렝게(사기로 된 중국 숟가락)로, 요리와 쌀밥, 면류는 젓가락으로 먹는다. 탕을 다 먹으면 렝게를 뒤집어놓아야 한다. 식사 중 젓가락을 사용하지 않을 때는 개인접시 끝에 걸쳐놓고 식사가 끝나면 젓가락 받침에 놓는다.
- **밥먹고탕** 쌀밥과 요리를 함께 먹은 뒤 탕류를 먹는다. 요리의 종류가 많을 때는 요리 → 주식 → 탕 순으로 먹는다 .
- **빳빳고개** 일식처럼 그릇을 받쳐 들고 먹는다. 고개를 숙이고 먹는 건 '돼지처럼 보인다'는 이유에서다.

3 인도

- 식사 때 낮은 걸상을 사용하거나 바닥에 앉는다.
- 좌석 배치에 규칙이 있다. 오른쪽에 주인, 왼쪽으로 가면서 연령 순서로 앉는다. 노인과 소년, 소녀는 조금 떨어져 앉는다.
- 식사 전에 반드시 물로 양손을 씻는다. 보통 손가락으로 집어먹지만, 음식이 뜨거운 경우에는 나무 스푼을 사용하기도 한다.
- 반드시 오른손으로 식사를 한다.
- 물을 마실 때 컵을 입에 대지 않고 물을 입안에 부어 넣는다.
- 식사 후 물로 양치한 후 물을 뱉어 버린다.
- 식사 중에 이야기하는 것을 무례하다고 여기므로 식사가 끝나면 손을 씻고 양치한 후에 이야기를 시작한다.

4 태국

- 초대를 받았을 경우 식탁에 앉을 때는 주인이 지정해 주는 자리에 앉는다.
- 태국인들은 원래 손으로 식사하였으나 요즘은 고급식당에서 대중음식에 이르기까지 모두 숟가락과 포크를 사용하여 먹는다. 국물이 있는 국수를 먹을 때에는 젓가락과 숟가락을 혼용하며 튀긴 국수류에는 포크와 스푼을 사용한다.
- 공동의 음식을 먹을 때에는 천글랑(서빙스푼)을 사용해서 각자의 식기에 덜어온 다음 개인 스푼으로 먹는다.
- 밥이 나오지 않았을 때 반찬을 먹거나 자기 접시에 떠다 놓는 것은 삼간다.
- 국은 작은 그릇에 떠서 숟가락으로 떠먹어야 하며 국그릇에 입을 대고 마시는 것은 삼간다.
- 손님은 음식을 남기는 것이 예의이다. 만약 음식을 다 먹으면 주인이 손님을 위해 충분하게 음식을 준비하지 않았다는 의미이기 때문이다.

5 베트남

- 밥통에서 각자 자신의 밥그릇에 밥을 담은 후 밥그릇을 들고 입가에 갖다 대고 젓가락으로 밥을 먹는다.
- 숟가락은 국을 먹는데만 사용하며 식탁 위에 숟가락을 놓을 때는 반드시 엎어 놓는다.
  젓가락은 육류, 생선 또는 야채를 집어서 밥 위에 올려놓는 데도 쓰인다. 밥을 다 먹으면 젓가락을 밥그릇 위에 가지런히 얹어 놓는다.
  밥그릇에 아직 밥이 있을 때 젓가락을 밥에 꽂아 두는 것은 매우 불쾌하게 여기므로 주의한다. 이것은 전통적으로 불교신도들이 죽은 사람에게 바치는 공물을 상징하기 때문이다.
- 자신이 먹던 젓가락으로 음식을 집어서 상대방 밥그릇에 얹어 주는 것은 상대방에 대한 친절의 표시이다.
- 베트남인들은 전통적으로 뜨거운 차를 마시는 것이 일상생활이기에 특별한 다도는 없다. 찻잔이 비게 되면 상대방의 찻잔에 차를 채워준다.
- 술을 마실 때는 커다란 항아리에 담긴 것을 각자의 그릇에 나누어 마신다. 독하지 않은 술을 즐기며 상대방에게 술잔을 돌리지는 않지만 상대방의 잔이 비지 않게 채워 주는 것이 예의이다.

PART

2

이미지 스타일링

CHAPTER 07

이미지 메이킹

글로벌 시대에 이미지를 관리해야 하는 이유를 생각해 보라

이미지를 구성하는 요소는 무엇인가?

| 1 | 이미지의 정의와 인식

1. 이미지 정의

- 감각 대상에 대해 감지된 정보가 마음속에서 정보처리의 과정을 거치며 재구성되어 만들어지는 형상. 어떤 사람이나 사물에 대한 가지는 시각상이나 기억, 인상, 평가 및 태도의 총체이다.
- 영상으로부터 전해져 오는 느낌과 그 느낌에 대한 인식주체의 확신은 실재하는 것을 뛰어넘을 만큼 강력한 영향력을 발휘한다(Image is stronger than reality).
- 한 사람의 개인 이미지(Personal Image)는 시각적, 청각적, 감각적 단서를 통해 인지할 수 있는 직접적이며 즉각적인 외적 이미지와 보다 근본적이고 장기적이며 경험적 인식체계를 통해 인식되는 그림 이상의 저력을 갖는 내적 이미지로 구성된다.

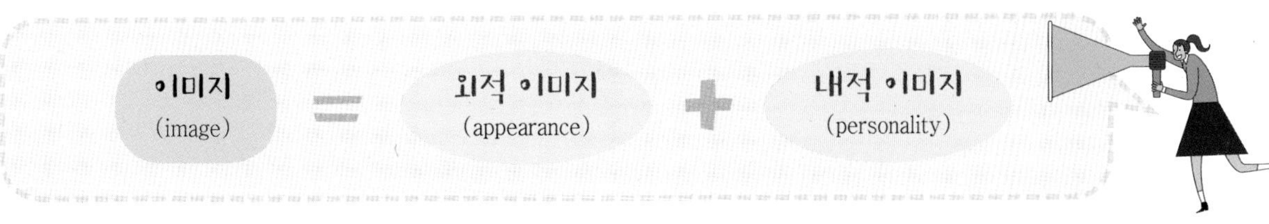

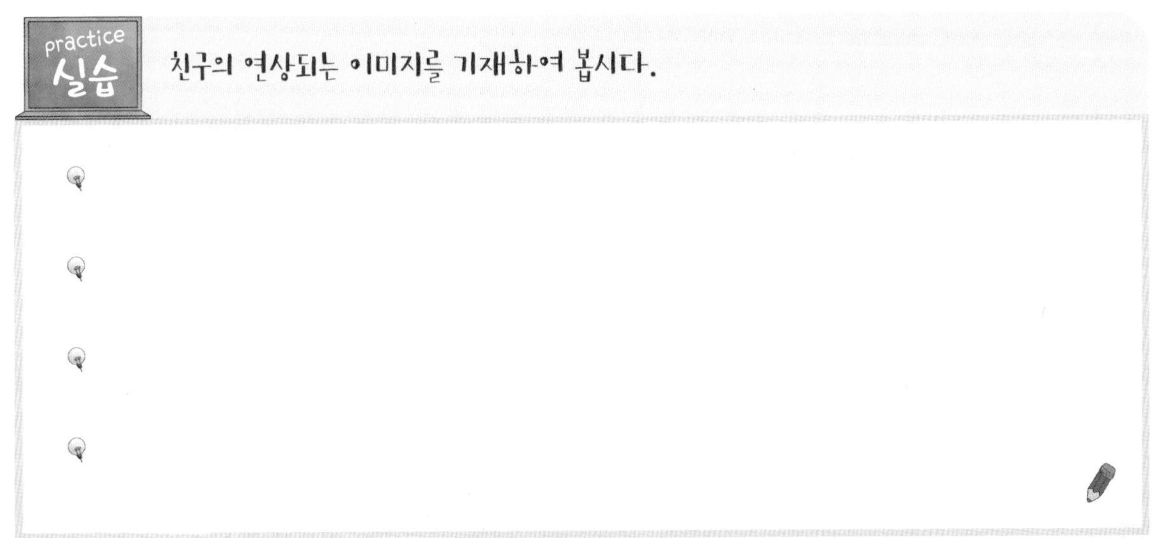

practice
실습
친구의 연상되는 이미지를 기재하여 봅시다.

- 어떤 사람을 생각할 때 떠오르는 형체, 표정, 음성, 말투, 옷차림, 성격, 헤어스타일, 자세, 걸음걸이, 얼굴 생김새 등 그 사람에 대한 수많은 생각들과 감정들이 모인 것이다.
- 자신이 갖고 있는 이미지 중 장점을 부각시키고 단점을 보완하여 타인에게 긍정적이고 차별화된 이미지를 만들어 내는 것이 이미지메이킹이다.

2. 이미지 인식

- 한 사람의 이미지를 인식하는 단서는 '시각적 요소'와 '청각적 요소', '언어' 등이며, 그림에서 보여주듯 시각적 요소가 압도적이다.

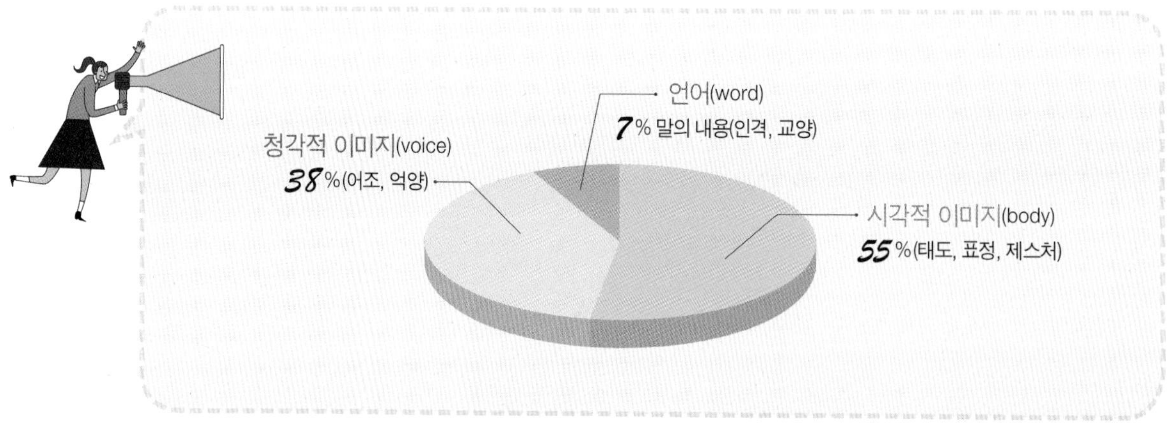

출처: 알버트 매러비안 차트(알버트 매러비안 : 미국 캘리포니아대학 심리학과 교수)

| 2 | 이미지의 구성요소

1. 이미지 구성요소

(1) **표정 이미지** ● 표정은 눈과 입의 표정에 따라서 달리 표현된다.
상대에게 호감도를 주기 때문에 얼굴의 눈, 입의 표정을 밝게 훈련하여 원만한 대인관계를 형성한다.

(2) **태도 이미지** ● 사람의 마음을 편안하게 해줄 수 있는 것은 상대방에 대한 존중의 마음으로 자연스런 태도이다. 가장 기본의 정중한 인사는 상대에 대한 예를 뜻하며 반가움을 주게 된다.
태도는 인격을 나타내는 중요한 매체가 되므로 선 자세, 앉는 자세, 걷는 자세, 바른 자세와 말할 때의 제스처 등 자신의 이미지를 결정하게 하는 요인이다.

(3) **화법 이미지** ● 인간관계에서 말씨는 모든 행동의 기본이다. 우리가 지켜야 할 매너 중에서 말은 행동으로 표현되는 것이다. 바른 대화법으로 친절하게 대하며, 반갑게 인사말을 전하는 것은 그사람의 인성과 인격을 전하게 하는 중요한 역할을 한다.

(4) **용모 이미지** ● 외모가 상대방에게 호감을 줄 수 있는 정도는 개인의 특성과 성향에 따라 다르지만 단정한 용모와 복장은 상대에게 친근감과 편안함을 전달할 수 있다. 너무 요란하고 화려한 이미지 연출로 타인에게 거부감을 느끼게 하지 않는 것이 좋다. 개인의 외모는 자신의 개성과 상황에 맞는 스타일로서 전체적인 조화로움으로 연출하는 것이 바람직하다.

2. 이미지메이킹 7단계

(1) **자신을 잘 안다(Know Yourself).**
● 자신을 객관화함으로써 자신의 장점과 단점을 파악한다.

(2) **자신의 모델을 설정한다(Model Yourself).**
● 자신이 나아갈 방향을 설정할 수 있도록 모델을 선택하여 모방한다.

(3) **자신을 개발한다(Develop Yourself).**
● 자신이 설정한 목표의 완성을 위해 지속적으로 노력한다.

(4) 자신을 연출한다(Direct Yourself).

- 자신의 이미지를 상황과 대상에 맞춰 표현한다.

(5) 자신을 포장한다(Paclcage Yourself).

- 자신의 능력을 상품화하고 브랜드화하여 가치를 높인다.

(6) 자신을 판매한다(Market Yourself).

- 자신의 가치를 인식시키고 이미지를 당당하게 보여 최상의 가치로 판매한다.

(7) 자신에게 진실한다(Be Yourself).

- 상대방에게 진실한 마음으로 대함으로써 나에 대한 신뢰감이 충분히 형성되도록 한다.

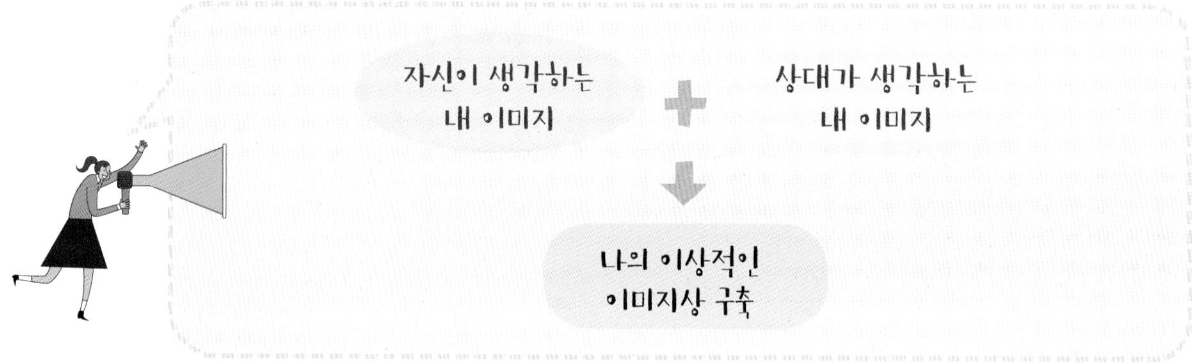

practice 실습 추구하는 나의 이미지를 자유롭게 기재하여 봅시다.

| 3 | 이미지 연출의 중요성

존 T. 몰러이의 저서「성공을 위한 복장」에서 다음과 같이 자신의 실험내용을 기재하였다.

- 뉴욕시에 있는 어느 회사 사무실에서 그 회사 비서직 100여 명을 두 그룹으로 나눈 다음 배우에게 옷을 각각 다르게 입고 비서들로 하여금 줄을 바르게 서도록 정돈시켜 보라고 했다.
  첫 번째 실험에서 배우는 굽이 없는 검은색 구두와 은으로 된 큰 버클이 달린 번쩍거리는 녹색 양복 그리고 값이 싼 넥타이를 착용했다. 배우의 명령에 따른 사람은 50명 중 20명이었다.
  두 번째 실험에서는 같은 배우가 감청색 계열의 양복에 흰 와이셔츠를 입고 은빛의 넥타이에 굽이 있는 가죽 구두를 신고 머리 스타일을 단정하게 바꾸었다. 배우가 줄을 서도록 명령하자 두 번째 그룹의 50명 중에서 42명이 그 명령에 따라 줄을 섰다.

- 100명에게 상류층이 즐겨 입는 고급옷을 입힌 뒤 호텔문으로 들어오는 다른 손님들과 동시에 걸어오게 했다. 손님들의 94%는 고급옷을 입은 사람에게 먼저 들어가도록 양보했다.
  동일인물에게 허름한 옷을 입힌 뒤 똑같은 실험을 해보았다. 손님의 82%가 양보하지 않았으며 심지어 5%는 욕설까지 하는 경우도 있었다.

이는 단지 제품을 판매하는 기업이나 연예인 등 특수직업에 종사하는 사람들뿐만이 아니라 현대를 살아가는 우리들에게도 반드시 필요한 이미지 전략, 이미지 표현의 시대인 것이다. 그러므로 성공적인 대인 관계를 위해서는 개인의 내면적인 품성은 물론 나아가서는 개인에게 적절한 이미지를 연출하는 것이 무엇보다 요구된다.

더불어 개인이 속해있는 조직과 신분, 그리고 역할에 어울리는 자기 표현 기법을 체크하여 개인의 경쟁력을 향상시키어 성공적인 자기계발과 삶의 가치를 높이기위해 자기 변화 과정이 필요하다.

퍼스널 컬러

나에게 맞는 컬러로 이미지를 스타일링 해야 하는 이유를 생각해 보라.

내가 주로 입는 컬러는 무엇인가?

| 1 | 컬러 스타일링의 실제

1. 색의 세 가지 차원

모든 색들은 세 가지 차원을 지니며 이는 심리적인 면과 구별되는 물리적인 속성이라고 한다. 일반적으로 색의 3속성은 색상, 명도, 채도이다.

(1) 색상

색 자체가 갖는 고유한 특성으로 색깔의 질이다. 감각에 따라 식별되는 색의 종류로 물체의 표면에서 색 파장의 종류에 의해 결정된다. 빛의 스펙트럼에서 확연하게 구분되는 색상은 빨간색, 노란색, 초록색, 파란색, 보라색이며 이 색상들 사이에는 점차적으로 변화하는 무수한 색상들이 존재한다. 주황, 빨강을 중심으로 한 따뜻한 느낌을 주는 난색계, 파랑을 중심으로 찬 느낌을 주는 한색계, 녹색이나 보라처럼 따뜻하거나 찬 느낌을 주지 않는 중성계로 구분된다.

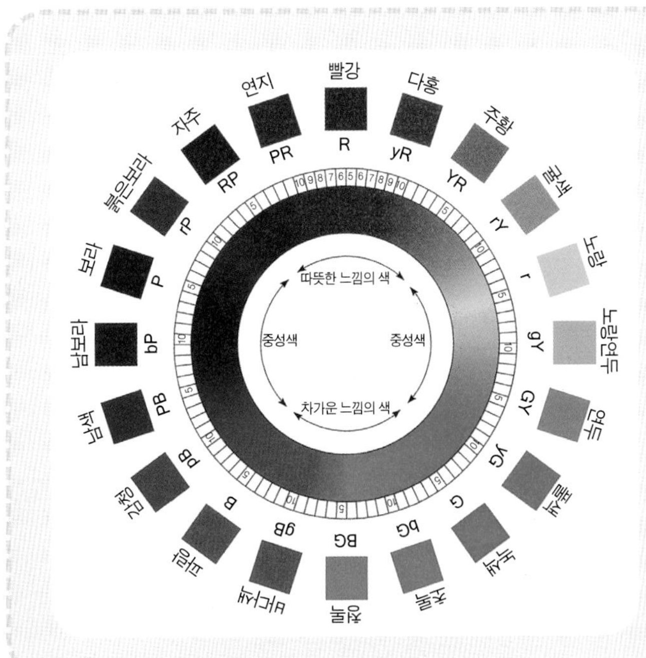

먼셀 표색계
(Munsell System)

미국의 화가이며 색채연구가인 먼셀(Albert H. Munsell 1858–1919)에 의해 창안되었으며, 표색방법이 합리적이므로 국제적으로 널리 사용되고 있다. 우리나라에서도 한국공업규격(KS A0062)에 의해 규정한 색채 교육용으로 채택된 표색계이다.

(2) 명도

밝음에서부터 어둠에 이르는 변화를 명도라 한다. 물체 표면이 빛을 반사하는 양에 따라 색의 밝고 어두움의 정도가 다르기 때문에 명도는 색의 밝기와 어두움이다. 가장 어두운 검은색을 0으로 시작해서 가장 밝은 흰색 10에 이르는 11단계로 표시한다. 어두운 명도를 저명도라 하고 밝은 명도를 고명도라 하며, 이 사이를 중명도라고 한다. 보통 색들은 중명도에 해당되는데 이는 어떤 색도 흰색보다 밝거나, 검은색보다 어둡지 못하기 때문이다.

발기	명도번호	무채색
고명도	0	
	1	
	2	
	3	
중명도	4	
	5	
	6	
저명도	7	
	8	
	9	
	10	

(3) 채도

색의 순수하고 선명한 정도이며 어떤 색도 섞이지 않은 순수한 색은 채도가 높은 것이다. 가장 선명한 색은 완전하고 표준적인 높은 채도의 색이다. 또한 탁한 컬러들은 부드럽고 회색빛이 도는 낮은 채도의 색이다. 즉, 채도는 색의 오염이나 순성의 정도를 나타낸다.

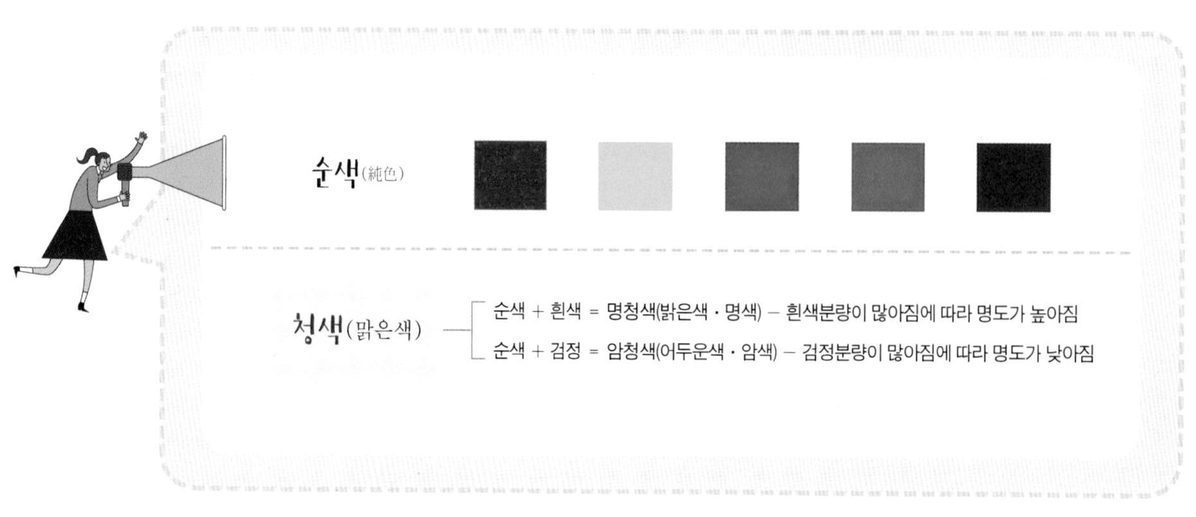

순색(純色)
청색(맑은색)
순색 + 흰색 = 명청색(밝은색 · 명색) – 흰색분량이 많아짐에 따라 명도가 높아짐
순색 + 검정 = 암청색(어두운색 · 암색) – 검정분량이 많아짐에 따라 명도가 낮아짐

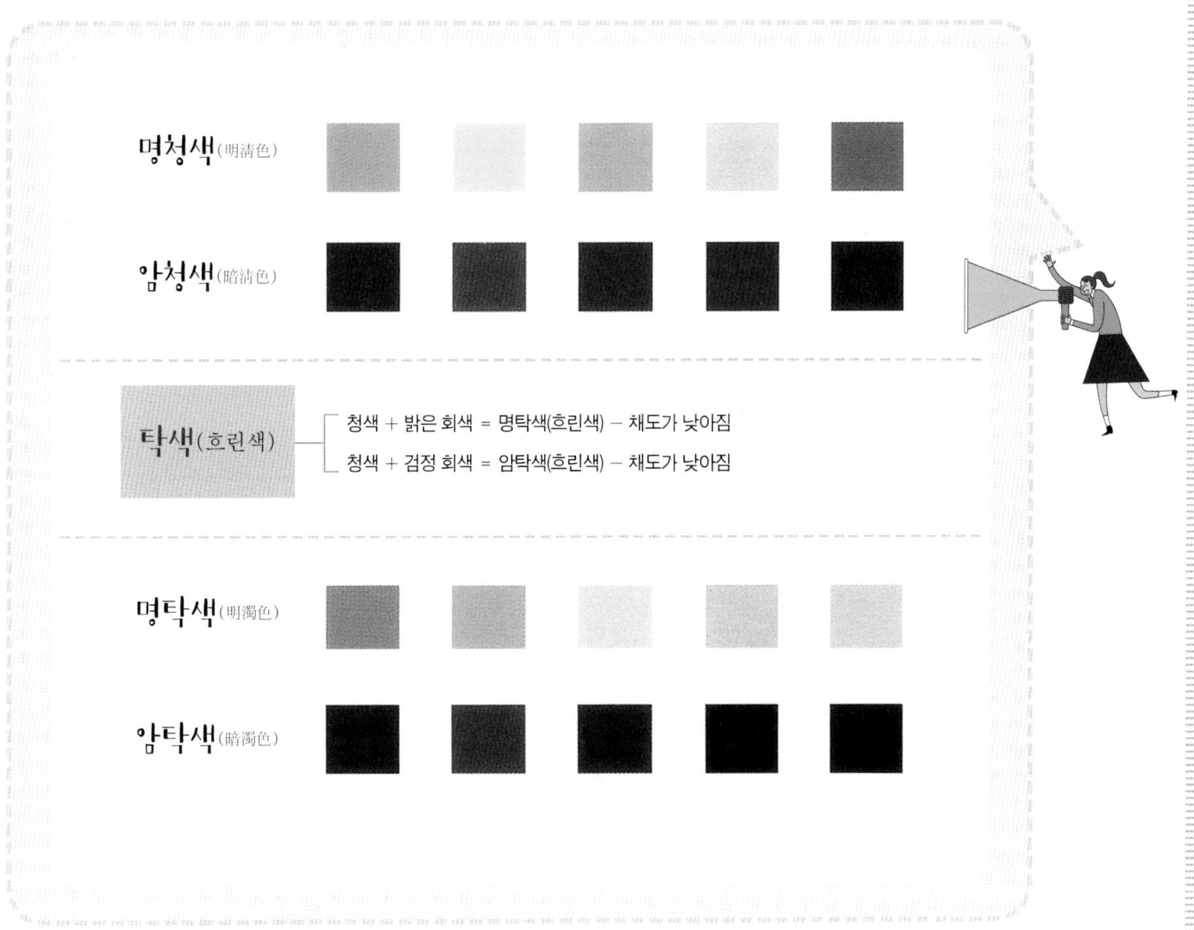

(4) 색조(Tone)

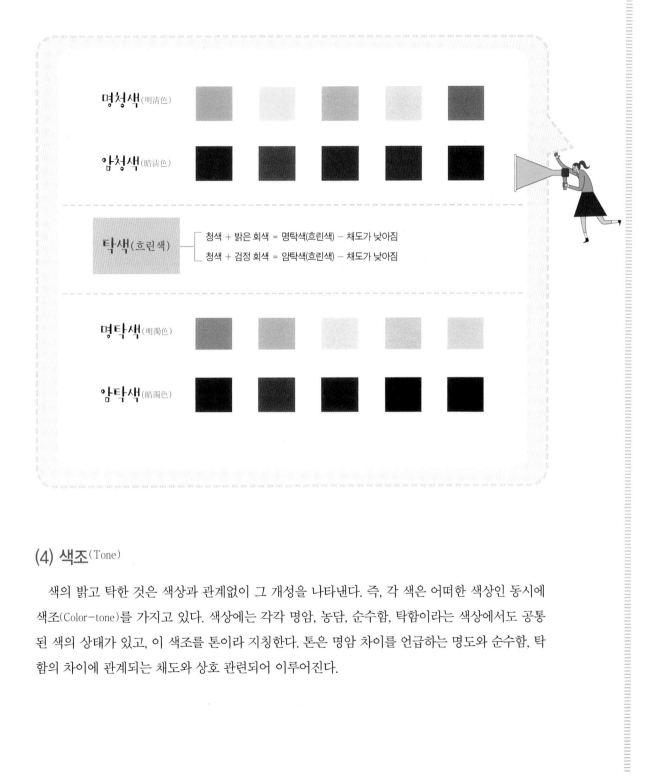

색의 밝고 탁한 것은 색상과 관계없이 그 개성을 나타낸다. 즉, 각 색은 어떠한 색상인 동시에 색조(Color-tone)를 가지고 있다. 색상에는 각각 명암, 농담, 순수함, 탁함이라는 색상에서도 공통된 색의 상태가 있고, 이 색조를 톤이라 지칭한다. 톤은 명암 차이를 언급하는 명도와 순수함, 탁함의 차이에 관계되는 채도와 상호 관련되어 이루어진다.

비비드 톤(Vivid tone)

명도가 높은 밝은 색의 그룹으로 선명한 색이다.

C0 M0 Y100 K0	C0 M100 Y100 K0	C0 M100 Y0 K0	C100 M100 Y0 K0	C100 M0 Y0 K0	C100 M0 Y100 K0
C0 M10 Y100 K0	C0 M100 Y90 K0	C10 M100 Y0 K0	C100 M90 Y0 K0	C100 M0 Y10 K0	C90 M0 Y100 K0
C0 M30 Y100 K0	C0 M100 Y80 K0	C30 M100 Y0 K0	C100 M80 Y0 K0	C100 M0 Y30 K0	C80 M0 Y100 K0
C0 M40 Y100 K0	C0 M100 Y60 K0	C40 M100 Y0 K0	C100 M60 Y0 K0	C100 M0 Y40 K0	C60 M0 Y100 K0
C0 M50 Y100 K0	C0 M100 Y50 K0	C50 M100 Y0 K0	C100 M50 Y0 K0	C100 M0 Y50 K0	C50 M0 Y100 K0
C0 M60 Y100 K0	C0 M100 Y40 K0	C60 M100 Y0 K0	C100 M40 Y0 K0	C100 M0 Y60 K0	C40 M0 Y100 K0
C0 M80 Y100 K0	C0 M100 Y30 K0	C80 M100 Y0 K0	C100 M30 Y0 K0	C100 M0 Y80 K0	C30 M0 Y100 K0
C0 M90 Y100 K0	C0 M100 Y10 K0	C90 M100 Y0 K0	C100 M10 Y0 K0	C100 M0 Y90 K0	C10 M0 Y100 K0

딥 톤(Deep tone)

저명도의 톤 중에서 짙은 색조이다.

C20 M20 Y100 K0	C20 M100 Y20 K0	C100 M20 Y20 K0	C0 M0 Y80 K0	C0 M80 Y0 K0	C80 M0 Y0 K0
C20 M40 Y100 K0	C40 M100 Y20 K0	C100 M20 Y40 K0	C0 M20 Y80 K0	C20 M80 Y0 K0	C80 M0 Y20 K0
C20 M60 Y100 K0	C60 M100 Y20 K0	C100 M20 Y60 K0	C0 M40 Y80 K0	C40 M80 Y0 K0	C80 M0 Y40 K0
C20 M80 Y100 K0	C80 M100 Y20 K0	C100 M20 Y80 K0	C0 M60 Y80 K0	C60 M80 Y0 K0	C80 M0 Y60 K0
C20 M100 Y100 K0	C100 M100 Y20 K0	C100 M20 Y100 K0	C0 M80 Y80 K0	C80 M80 Y0 K0	C80 M0 Y80 K0
C20 M100 Y80 K0	C100 M80 Y20 K0	C80 M20 Y100 K0	C0 M80 Y60 K0	C80 M60 Y0 K0	C60 M0 Y80 K0
C20 M100 Y60 K0	C100 M60 Y20 K0	C60 M20 Y100 K0	C0 M80 Y40 K0	C80 M40 Y0 K0	C40 M0 Y80 K0
C20 M100 Y40 K0	C100 M40 Y20 K0	C40 M20 Y100 K0	C0 M80 Y20 K0	C80 M20 Y0 K0	C20 M0 Y80 K0

브라이트 톤(Bright tone)

채도가 높은 색으로 순색이며 밝고 투명한 색이다.

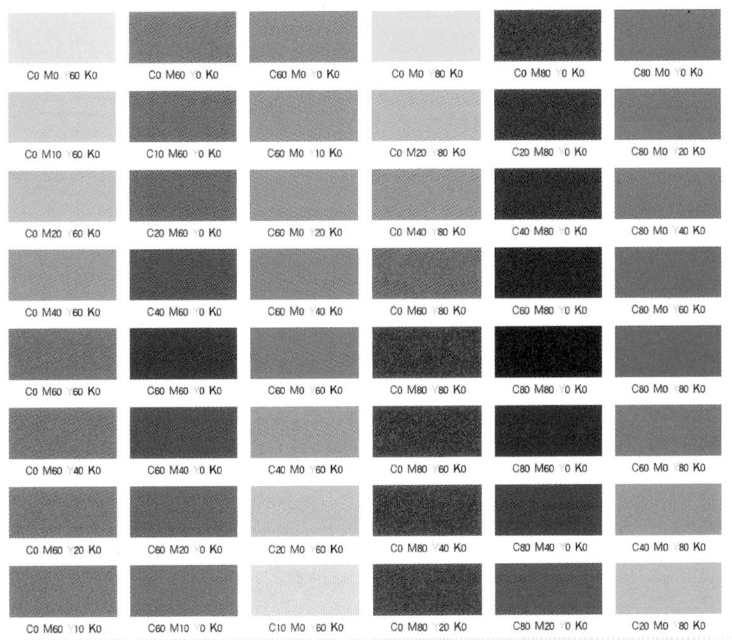
C0 M0 Y60 K0
C0 M60 Y0 K0
C60 M0 Y0 K0
C0 M0 Y80 K0
C0 M80 Y0 K0
C80 M0 Y0 K0
C0 M10 Y60 K0
C10 M60 Y0 K0
C60 M0 Y10 K0
C0 M20 Y80 K0
C20 M80 Y0 K0
C80 M0 Y20 K0
C0 M20 Y60 K0
C20 M60 Y0 K0
C60 M0 Y20 K0
C0 M40 Y80 K0
C40 M80 Y0 K0
C80 M0 Y40 K0
C0 M40 Y60 K0
C40 M60 Y0 K0
C60 M0 Y40 K0
C0 M60 Y80 K0
C60 M80 Y0 K0
C80 M0 Y60 K0
C0 M60 Y60 K0
C60 M60 Y0 K0
C60 M0 Y60 K0
C0 M80 Y80 K0
C80 M80 Y0 K0
C80 M0 Y80 K0
C0 M60 Y40 K0
C60 M40 Y0 K0
C40 M0 Y60 K0
C0 M80 Y60 K0
C80 M60 Y0 K0
C60 M0 Y80 K0
C0 M60 Y20 K0
C60 M20 Y0 K0
C20 M0 Y60 K0
C0 M80 Y40 K0
C80 M40 Y0 K0
C40 M0 Y80 K0
C0 M60 Y10 K0
C60 M10 Y0 K0
C10 M0 Y60 K0
C0 M80 Y20 K0
C80 M20 Y0 K0
C20 M0 Y80 K0

페일 톤(Pale tone)

명도가 높고 밝은 색 중에서 옅고 부드러운 색이다.

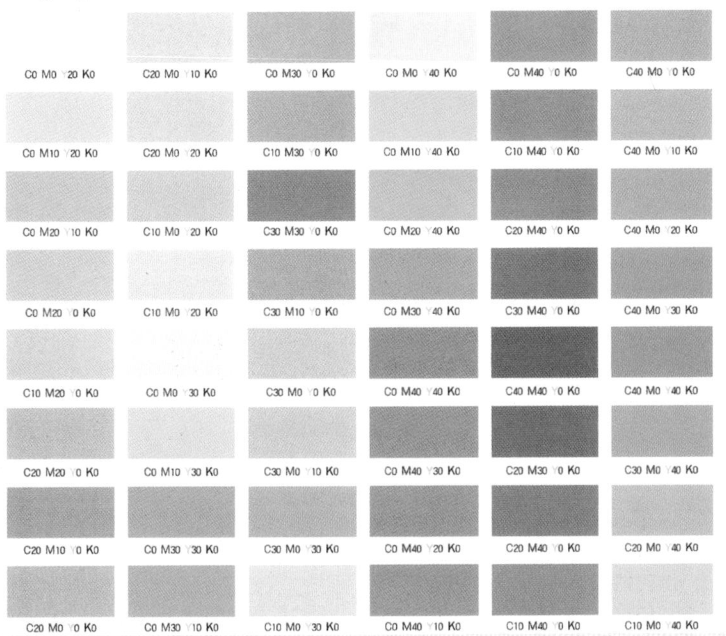
C0 M0 Y20 K0
C20 M0 Y10 K0
C0 M30 Y0 K0
C0 M0 Y40 K0
C0 M40 Y0 K0
C40 M0 Y0 K0
C0 M10 Y20 K0
C20 M0 Y20 K0
C10 M30 Y0 K0
C0 M10 Y40 K0
C10 M40 Y0 K0
C40 M0 Y10 K0
C0 M20 Y10 K0
C10 M0 Y20 K0
C30 M30 Y0 K0
C0 M20 Y40 K0
C20 M40 Y0 K0
C40 M0 Y20 K0
C0 M20 Y0 K0
C10 M0 Y20 K0
C30 M10 Y0 K0
C0 M30 Y40 K0
C30 M40 Y0 K0
C40 M0 Y30 K0
C10 M20 Y0 K0
C0 M0 Y30 K0
C30 M0 Y0 K0
C0 M40 Y40 K0
C40 M40 Y0 K0
C40 M0 Y40 K0
C20 M20 Y0 K0
C0 M10 Y30 K0
C30 M0 Y10 K0
C0 M40 Y30 K0
C20 M30 Y0 K0
C30 M0 Y40 K0
C20 M10 Y0 K0
C0 M30 Y30 K0
C30 M0 Y30 K0
C0 M40 Y20 K0
C20 M40 Y0 K0
C20 M0 Y40 K0
C20 M0 Y0 K0
C0 M30 Y10 K0
C10 M0 Y30 K0
C0 M40 Y10 K0
C10 M40 Y0 K0
C10 M0 Y40 K0

덜 톤(Dull tone)

중간색조 중에서 희미하고 부드러운 색이다.

C10 M10 30 K0	C30 M10 10 K0	C20 M60 20 K0	C30 M30 80 K0	C30 M80 30 K0	C80 M30 30 K0
C10 M20 30 K0	C30 M10 20 K0	C40 M60 20 K0	C30 M40 80 K0	C40 M80 30 K0	C80 M30 40 K0
C10 M30 30 K0	C30 M10 30 K0	C60 M60 20 K0	C30 M60 80 K0	C60 M80 30 K0	C80 M30 60 K0
C10 M30 20 K0	C20 M10 30 K0	C60 M40 20 K0	C30 M70 80 K0	C70 M80 30 K0	C80 M30 70 K0
C10 M30 10 K0	C20 M20 60 K0	C60 M20 20 K0	C30 M80 80 K0	C80 M80 30 K0	C80 M30 80 K0
C20 M30 10 K0	C20 M40 60 K0	C60 M20 40 K0	C30 M80 70 K0	C80 M70 30 K0	C70 M30 80 K0
C30 M30 10 K0	C20 M60 60 K0	C80 M20 60 K0	C30 M80 60 K0	C80 M60 30 K0	C60 M30 80 K0
C30 M20 10 K0	C20 M60 40 K0	C40 M20 60 K0	C30 M80 40 K0	C80 M40 30 K0	C40 M30 80 K0

다크 톤(Dark tone)

저명도색 중에서 어둡고 무거운 색이다.

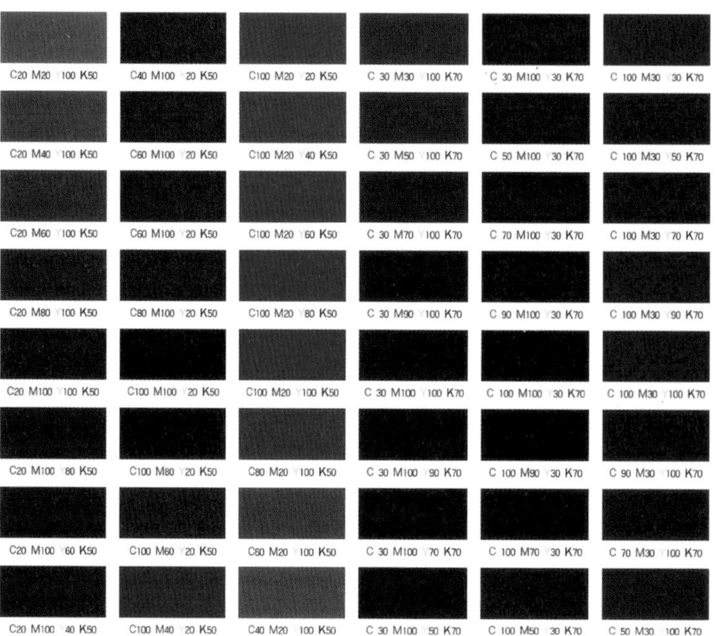

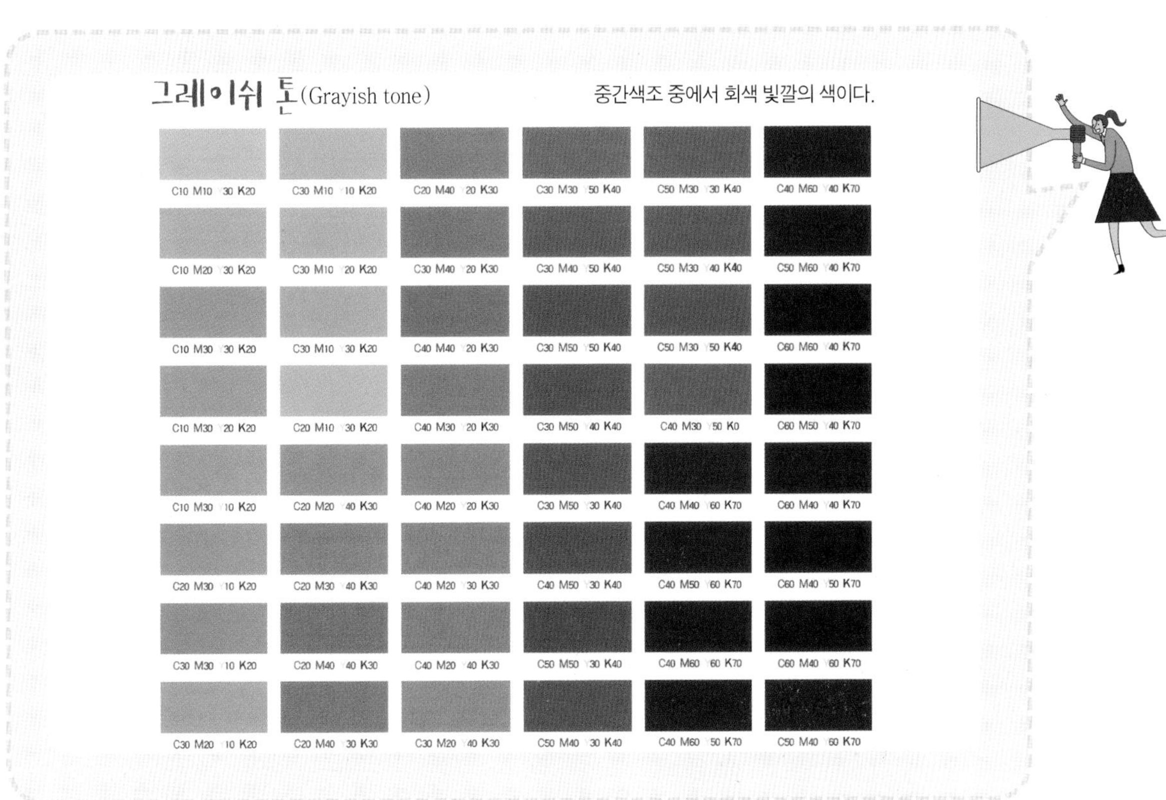

2. 컬러 코디네이션

두 가지 이상의 컬러를 여러 배색 방법으로 조화시켜 전체적인 스타일과 이미지메이킹 효과를 상승시킬 수 있다.

(1) 콘트라스트(Contrast) 배색

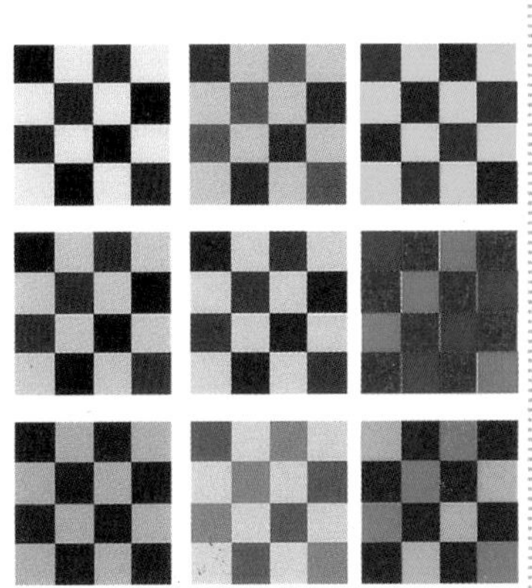

색상, 밝기, 농도 등 반대색끼리의 배색으로 분명하고 확실한 코디네이션이다. 그중에서도 밝기의 대비는 명쾌하여 시원한 느낌 색상에 비비드톤이 가장 콘트라스트가 강하고 예쁘다. 농도 대비는 실제로 바탕색상과 약간의 글자와 원, 포인트로서 대부분 활용된다. 바탕색상을 어둡게, 글자를 밝게 하는 것이 좋다.

(2) 그라데이션(Gradation) 배색

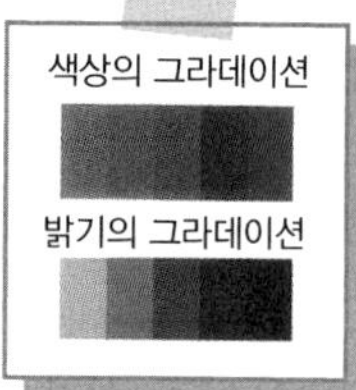

색상, 밝기, 농도 등에서 같은 감각으로 색상으로 넣으면 그라데이션 배색이다. 즉, 색상을 유사한 느낌으로 불분명하게 하는 것이다. 이 배색의 특징은 부드러운 코디네이션 방법이며 눈에 잘 들어온다. 특히 색상과 밝기의 그라데이션이 효과적이다.

(3) 세퍼레이션(Separation) 배색

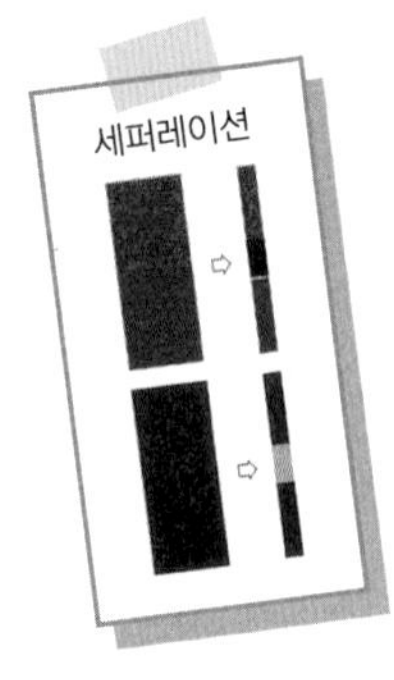

두 색상이 비슷하기 때문에 선명하게 보이지 않거나 색상이 심한 반대색의 경우 그것을 약하게 하기 위해 사용하는 배색이다. A색과 B색 사이에 중립적 성격을 가진 컬러를 사용하면 양쪽을 연결하는 역할을 하여 전체적으로 안정적인 코디네이션이 된다. 사이에 활용하는 색상으로는 흰색과 검정색이 가장 효과적이다. 또한 그레이나 경우에 따라서는 베이지도 무난하다.

(4) 원 포인트(One point) 배색

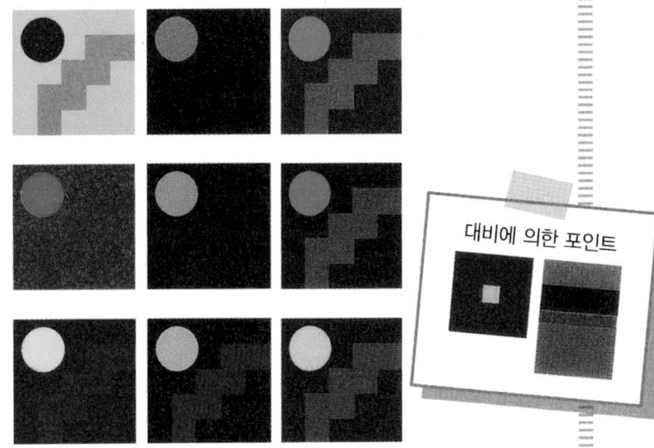

원 포인트 배색은 면적에 대소의 차이를 주고 작은 부분에 반대색을 넣어 전체적으로 분명하게 보이는 배색이다. 때문에 색상 대비, 밝기의 대비에서는 반대색 모두가 베이스가 될 수 있는데 농도 대비에서는 순수한 색상을 베이스로 선명한 색상을 포인트로 하는 것이 좋다.

3. 색의 이미지

색은 고유한 언어를 연상시키므로 언어는 색으로, 또한 색은 언어로 변환할 수가 있다. 색을 통해 인간의 정서적인 심리나 감정을 보다 잘 표현할 수 있는데 우리의 환경과 자연 속에서 자연스럽게 경험되어진 것이다.

(1) 회색(Gray)

품위 있고 세련된 색상으로 검정과 흰색을 혼합하여 만든 색이다. 편안함을 느끼게 해주며 확실한 주장보다는 우유부단한 느낌을 준다. 그러나 신중하고 성실하며 상대방에게 도움과 배려를 주는 이미지이다. 회색은 어떤 색과도 무난히 배색이 가능한 만능의 색이라고도 하며 색과 색을 중화시키는 역할을 한다.

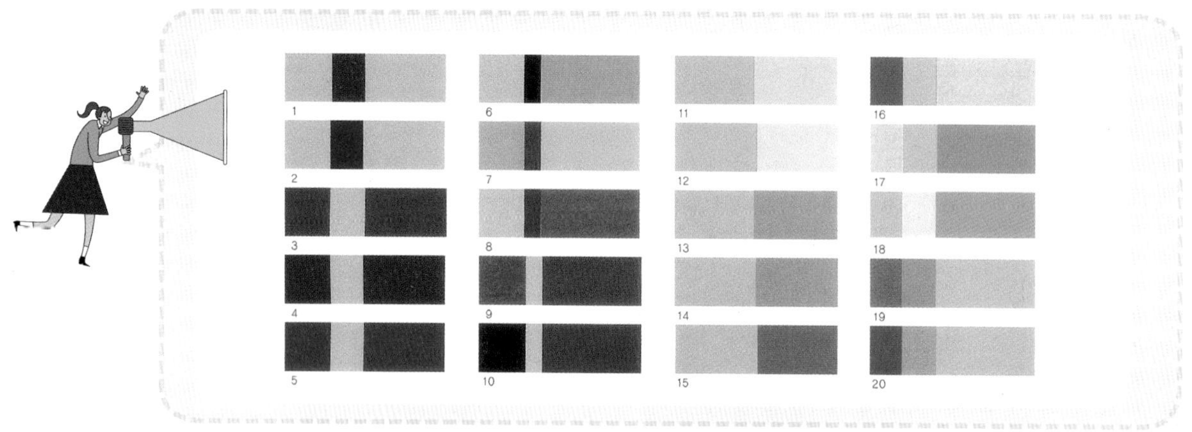

(2) 흰색(White)

흰색은 색이 없는 무색이지만 모든 색이 혼합된 색이다. 흰색은 순결, 청초, 청결, 숭고, 완벽의 이미지로 빛의 상징이다. 흰색은 감정적으로 청량감을 주는 시원함과 긴장감을 느끼게 하지만 다소 지나치게 사용하면 반사율이 높아 공허함과 지루함이 느껴질 수 있다.

모든 색을 커버할 수 있는 기초적인 색상이며 다른 색상들과 어울려 보다 부드럽고 밝게, 선명한 이미지를 만든다.

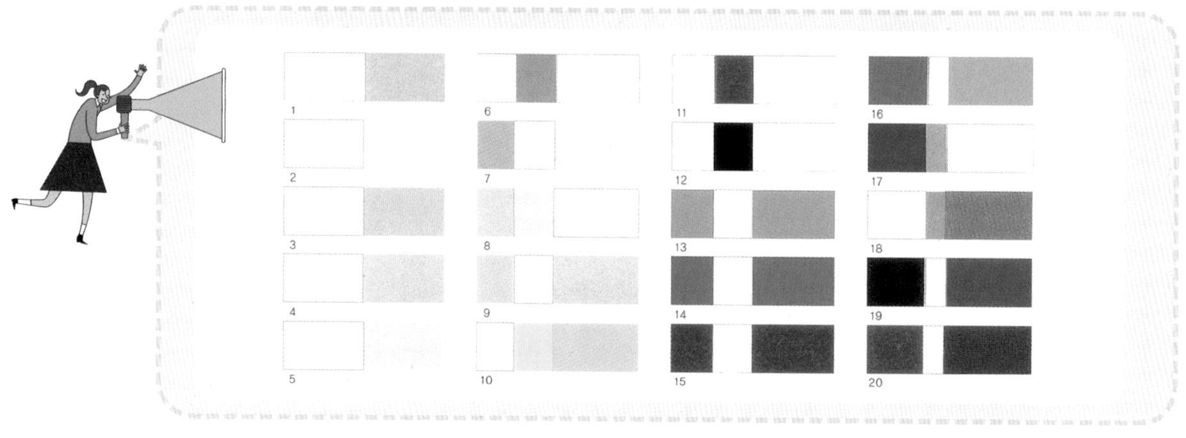

(3) 빨간색(Red)

정열적이고 자기주장이 강한 색이다. 불과 피를 연상시키고 육체적인 힘과 흥분을 상징한다. 강렬한 에너지와 강함을 갖는 색으로 시각적으로 열정적인 로맨틱한 이미지를 준다.

또한 고대 중국, 인도, 일본 등의 국가에서 많이 사용되어져 왔으며, 축제 이미지로 유희적인 이미지가 강한 색이다.

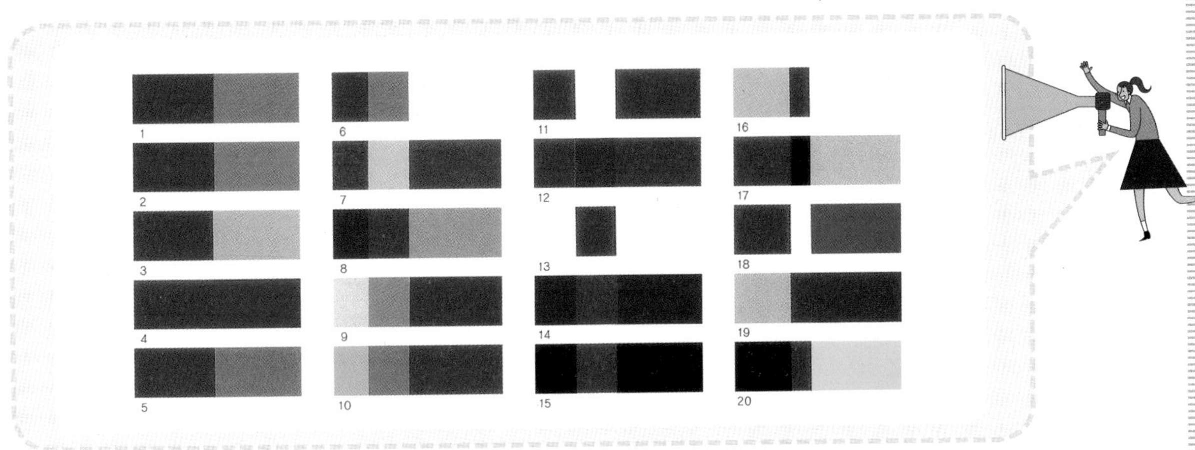

(4) 핑크색(Pink)

섬세하고 여성스러운 이미지로 낭만적인 달콤한 색이다. 로맨틱 무드를 대표하는 핑크는 매력적이고 어린 소녀의 생동감이 느껴지는 화사한 색이다. 하지만 잘못 사용하면 역효과가 날 수 있으니 색을 잘 보완할 수 있는 색과의 코디네이션이 필요하다.

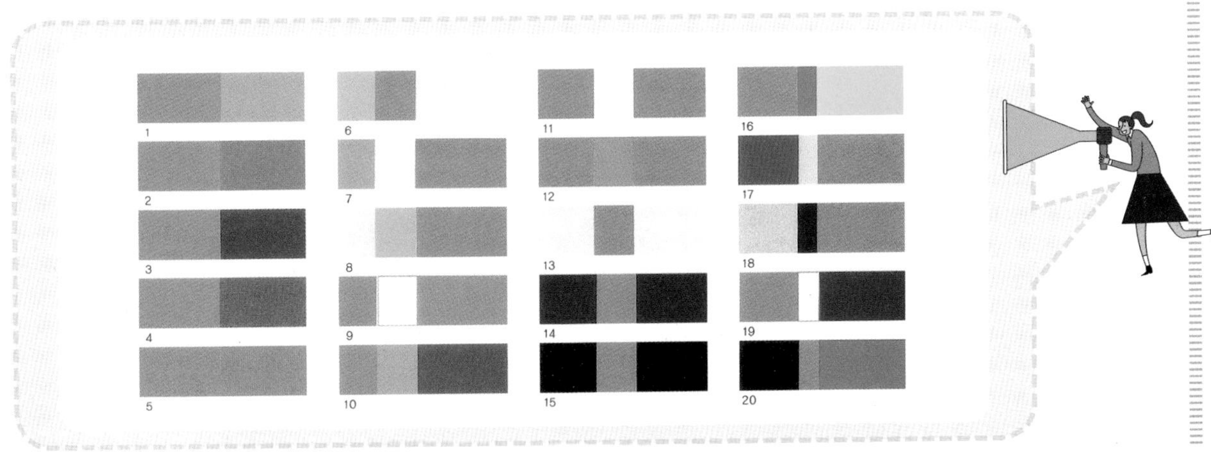

(5) 주황색(Orange)

주황색은 긍정적이고 활발한 성격의 이미지로 감수성을 향상시키는 색이다. 활력과 사교를 상징하고 있으며 식물의 성장을 촉진시키고 용기를 상징한다. 불꽃과 태양의 빛을 상징하는 주황색은 빨간색에 가까운 성질을 갖지만 신선함과 약동적이며 갈색계열과 조화시키면 가을의 배색이 된다.

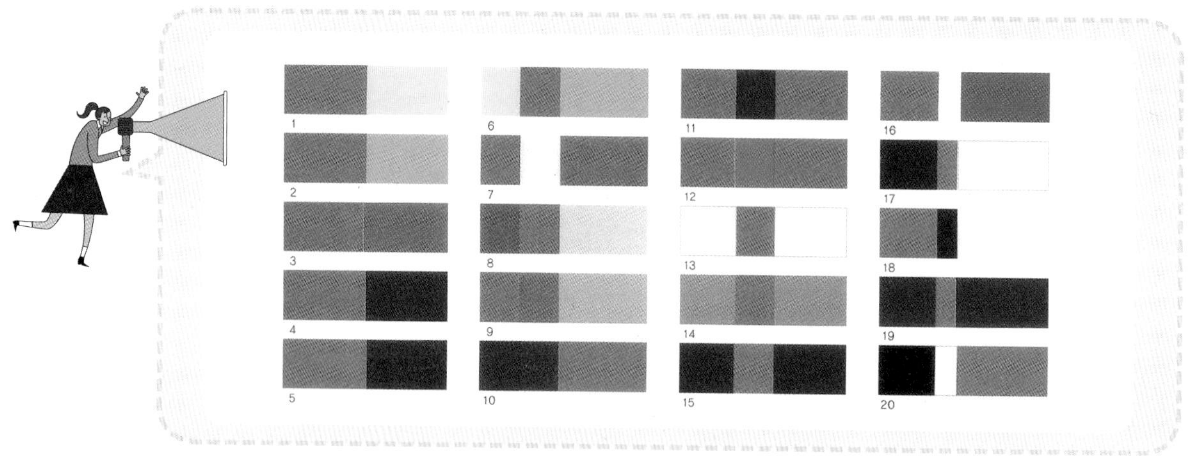

(6) 노란색(Yellow)

노란색은 태양광선의 상징으로 시각적인 이미지가 강한 색이다. 가장 높은 반사력으로 팽창되어 보이는 색이며 빛을 받았을 때 극도로 선명해진다. 또한 뇌의 활동력을 증가시켜 판단력을 빠르게 한다. 빛과 따뜻함, 겸손함이란 이미지로 즐겁고 친숙하기 쉬운 이미지로 연출될 수 있다.

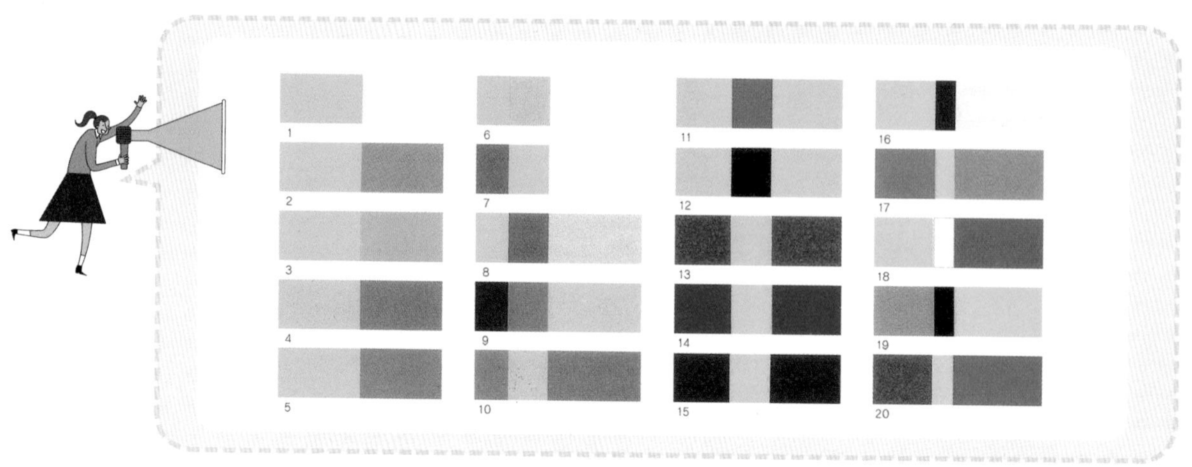

(7) 갈색(Brown)

갈색의 가을을 상징하는 대표적인 색이다. 대지, 흙, 낙엽을 연상시키며 동양인의 피부색 등 우리의 고유성을 상징한다. 수면 시 안정적인 느낌을 주고 정신적인 고통을 약화시켜 피로감을 줄여준다. 또한 보수적이고 책임감이 높은 이성적인 이미지를 만들어 낸다.

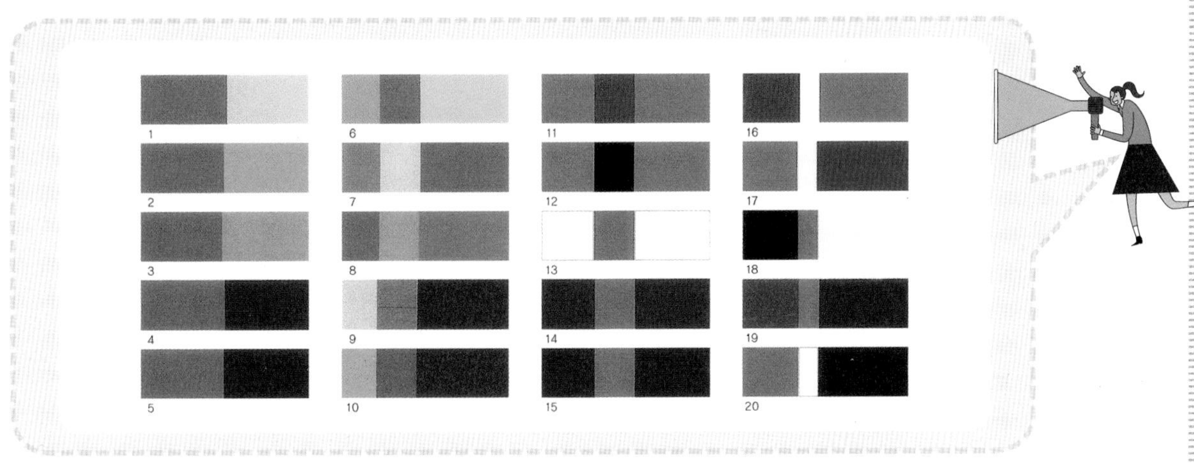

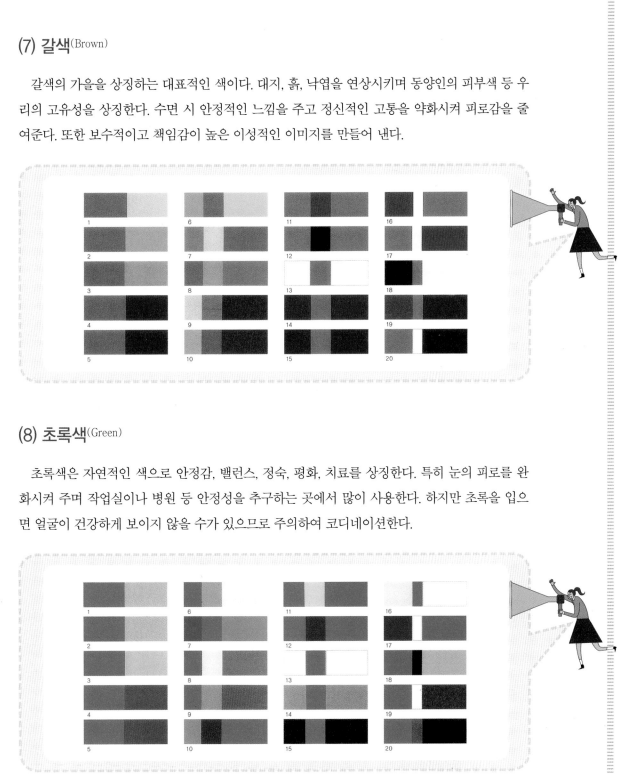

(8) 초록색(Green)

초록색은 자연적인 색으로 안정감, 밸런스, 정숙, 평화, 치료를 상징한다. 특히 눈의 피로를 완화시켜 주며 작업실이나 병원 등 안정성을 추구하는 곳에서 많이 사용한다. 하지만 초록을 입으면 얼굴이 건강하게 보이지 않을 수가 있으므로 주의하여 코디네이션한다.

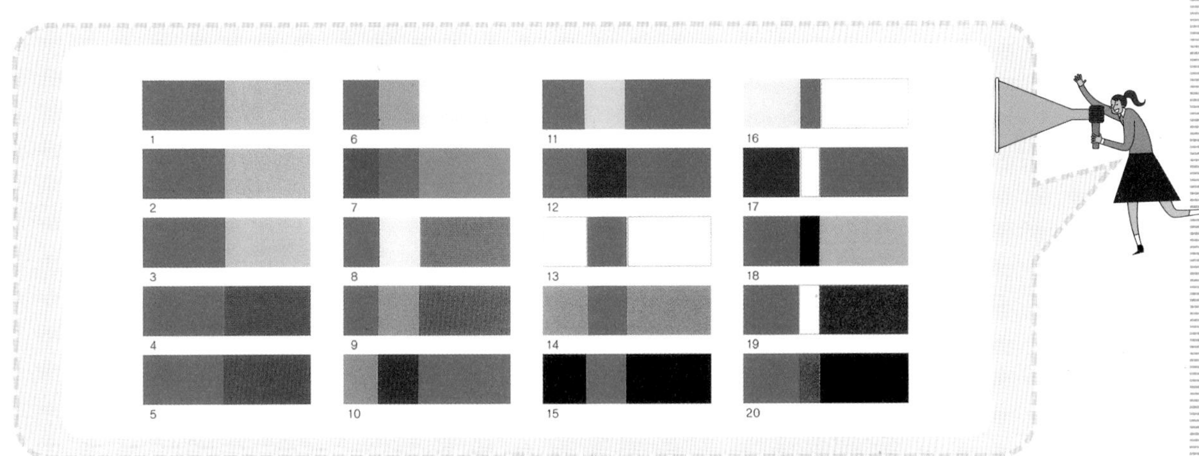

(9) 파란색(Blue)

파란색은 상쾌하고 신선한 색으로 하늘과 물의 상징이다. 창의력과 상상력을 만들어 주고 희망과 고귀함 그리고 차가움으로 상장되며 신뢰와 권력을 느끼게 하는 색이다. 진취적이고 합리적이며 이성적으로 리더십이 강한 이미지이다.

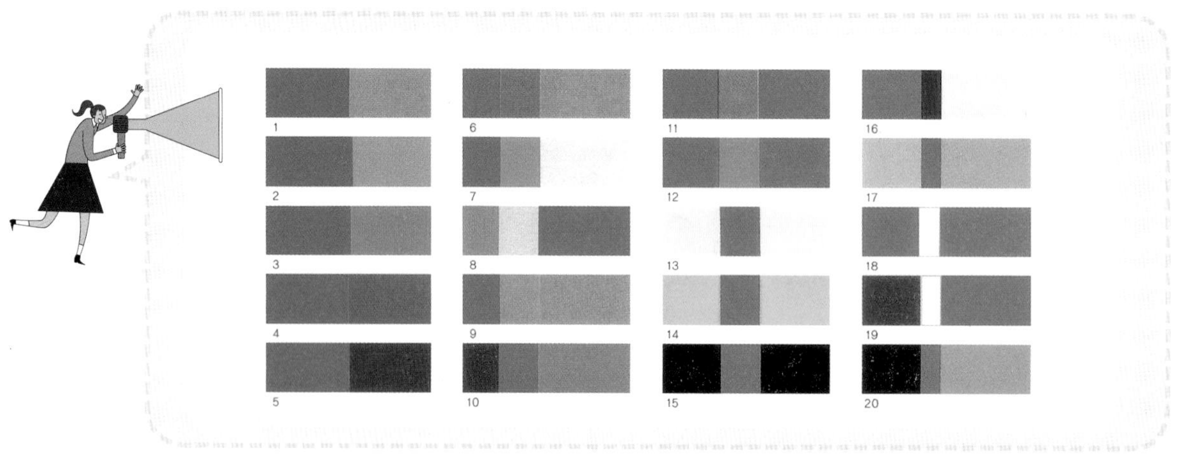

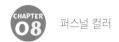

(10) 보라색(Purple)

보라색은 빨간색과 파란색이 혼합된 색으로 신비함이 강한 색이다. 염료가 귀하고 고가였던 고대에는 보라색이 부와 왕가의 상징이었으며 개성적, 예술적, 우아함을 갖춘 색이다.

창조적인 감성에 영향을 주어 인테리어와 패션에서 주요한 핵심 포인트로 사용한다.

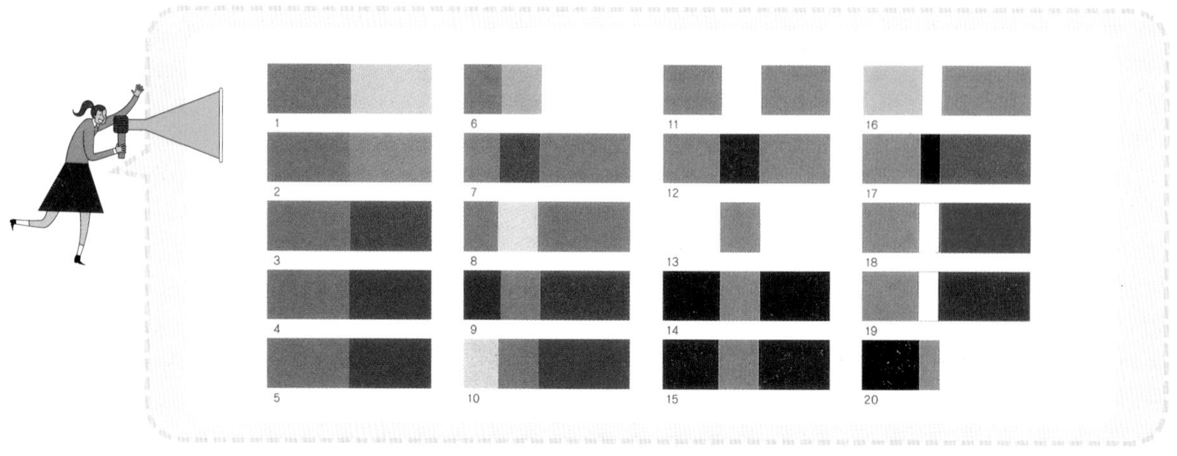

(11) 검정색(Black)

검정은 어둠을 상징하는 색으로 권력과 위엄의 이미지이다. 무엇과도 잘 배색되는 성질 때문에 패션 컬러 중에서 가장 기본이 되는 중요한 색이다. 검정색은 세련되고 엘레강스한 이미지로 공신력 있는 느낌을 주어 남자와 여자의 착장에 있어서 지배적인 색이다.

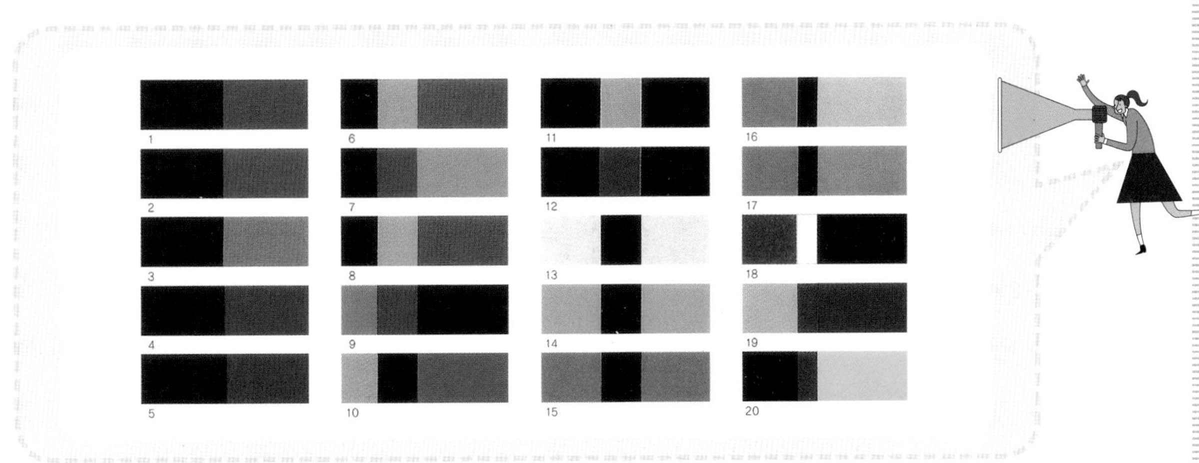

|2| 퍼스널 컬러에 따른 이미지 실습

컬러는 사람을 자극하거나 진정시키는 강한 힘을 가지고 있다.

컬러는 그 사람의 외적 이미지를 형성해 줌과 동시에 내적 이미지를 은연중에 보여 주기도 하고 심지어 상대방을 위압하거나 제압하는 역할까지 한다. 컬러는 감각적 요인으로서 정서 상태를 변화시키는 힘을 가지고 있어 이전의 정보나 경험의 연상작용을 통해 독특한 이미지와 다양한 감정을 느끼게도 한다.

'로버트 도'는 사람들의 피부톤을 차가움과 따뜻함의 두 그룹으로 나누고 기초 이론을 세웠다. 개인의 피부색, 모발색, 눈동자 색을 기준으로 퍼스널 컬러를 진단해서 패션에 적용함으로써 아름다운 스타일을 연출하는 데 활용한 것은 1980년 독일의 바인하우스 스쿨의 유명한 컬러리스트 '오하네스 이텐'이다.

1. 퍼스널 컬러 이미지 의미

각자가 타고난 그대로의 색, 즉 개개인의 신체 색상에 따라 본인에게 가장 어울리는 색을 진단하고 그에 따른 이미지, 색채유형, 스타일을 개인의 패션과 뷰티에 적용하는 컬러진단 프로그램이다.

2. 퍼스널 컬러 진단

- 퍼스널 컬러는 피부색이나 모발색, 눈동자색과 가장 잘 어울리는 색을 찾는 것이며 변하지 않는 색이다.

구분	봄	여름	가을	겨울
피 부	아이보리 투명	매우 얇음 희거나 붉음	윤기 없음 탁함	희고 투명 푸르거나 창백
눈 동 자	연한 갈색	짙은 브라운	밝은 갈색	선명한 블랙
헤어 컬러	금빛이 도는 브라운	소프트 블랙	구리빛(적갈색) 탁한 갈색	선명한 블랙 바이올렛 계열
Good	오렌지 계열 산호, 살구, 그린	파스텔 계열 핑크, 블루	브라운 계열 카키, 머스타드	비비드 계열 로얄 블루, 블랙

- 자연광(오전 10시에서 오후 3시 사이)에서 메이크업을 지우고 액세서리를 착용하지 않은 상태에서 실시한다.
- 머리카락을 염색했을 때는 흰색천으로 감싸고 진단한다.
- 따뜻한 계열(WARM)이 어울리는 사람은 사계절 중에 봄과 가을타입이다.
- 차가운 계열(COOL)이 어울리는 사람은 사계절 중에 여름과 겨울타입이다.

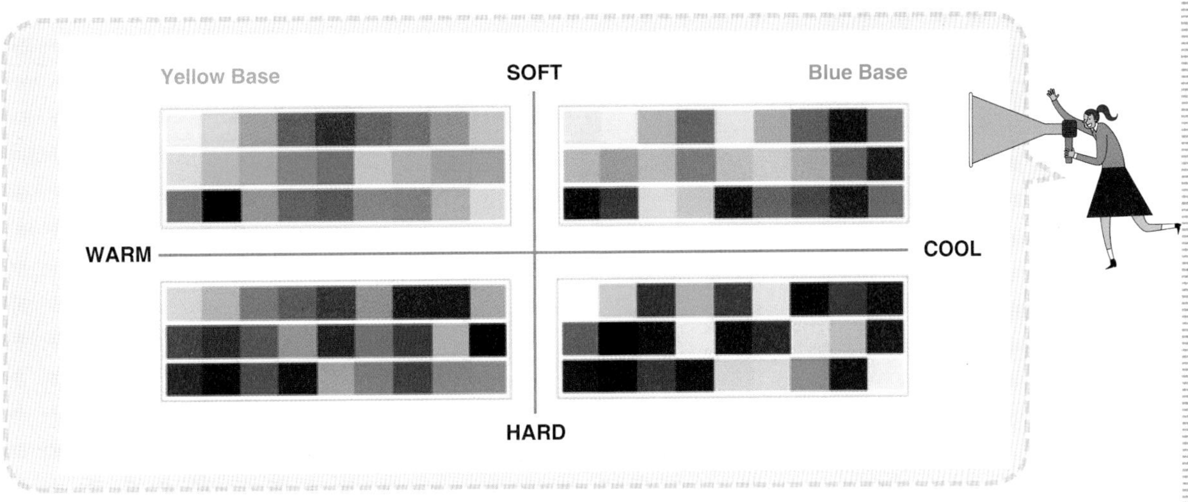

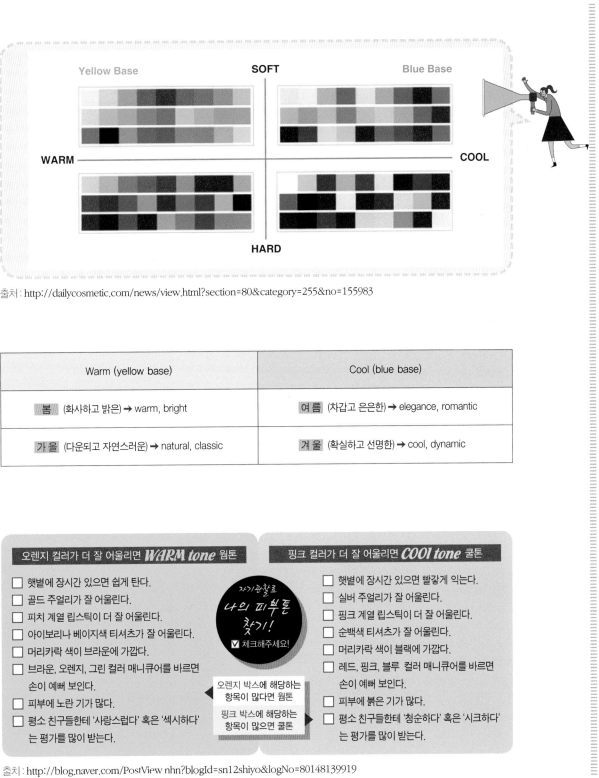

출처 : http://dailycosmetic.com/news/view.html?section=80&category=255&no=155983

Warm (yellow base)	Cool (blue base)
봄 (화사하고 밝은) ➔ warm, bright	여름 (차갑고 은은한) ➔ elegance, romantic
가을 (다운되고 자연스러운) ➔ natural, classic	겨울 (확실하고 선명한) ➔ cool, dynamic

자기관찰로 나의 피부톤 찾기!
☑ 체크해주세요!

오렌지 컬러가 더 잘 어울리면 *WARM tone* 웜톤

- ☐ 햇볕에 장시간 있으면 쉽게 탄다.
- ☐ 골드 주얼리가 잘 어울린다.
- ☐ 피치 계열 립스틱이 더 잘 어울린다.
- ☐ 아이보리나 베이지색 티셔츠가 잘 어울린다.
- ☐ 머리카락 색이 브라운에 가깝다.
- ☐ 브라운, 오렌지, 그린 컬러 매니큐어를 바르면 손이 예뻐 보인다.
- ☐ 피부에 노란 기가 많다.
- ☐ 평소 친구들한테 '사랑스럽다' 혹은 '섹시하다'는 평가를 많이 받는다.

핑크 컬러가 더 잘 어울리면 *COOl tone* 쿨톤

- ☐ 햇볕에 장시간 있으면 빨갛게 익는다.
- ☐ 실버 주얼리가 잘 어울린다.
- ☐ 핑크 계열 립스틱이 더 잘 어울린다.
- ☐ 순백색 티셔츠가 잘 어울린다.
- ☐ 머리카락 색이 블랙에 가깝다.
- ☐ 레드, 핑크, 블루 컬러 매니큐어를 바르면 손이 예뻐 보인다.
- ☐ 피부에 붉은 기가 많다.
- ☐ 평소 친구들한테 '청순하다' 혹은 '시크하다'는 평가를 많이 받는다.

◀ 오렌지 박스에 해당하는 항목이 많다면 웜톤
핑크 박스에 해당하는 항목이 많으면 쿨톤 ▶

출처 : http://blog.naver.com/PostView.nhn?blogId=sn12shiyo&logNo=80148139919

(1) 색종이 테스트

- 금색과 은색 색종이 위에 액세서리가 없는 상태의 손을 각각 올려놓는다.
- 손등, 손바닥 손등의 느낌이 어느 쪽이 더 깨끗하고 부드러운가를 분석한다.
- 금색이 어울리면 따뜻한 계열, 은색이 어울리면 차가운 계열로 분류할 수 있다.

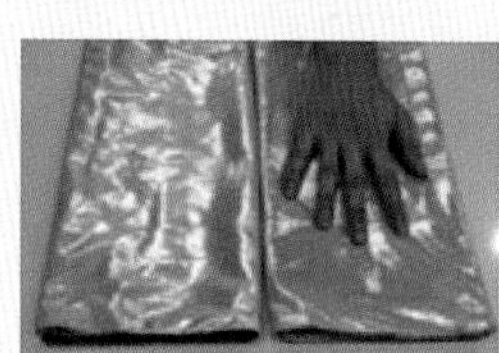
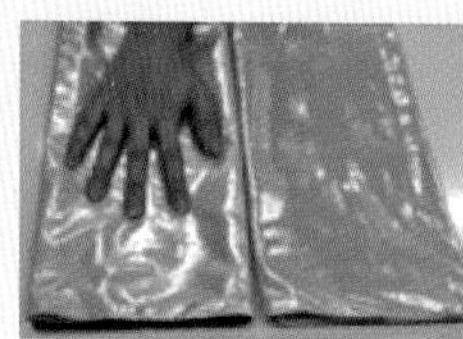

출처 : http://dailycosmetic.com/news/view.html?section=80&category=255&no=155983

(2) 메이크업 테스트

- 코를 중심으로 얼굴을 세로로 이등분해 한 쪽 눈에는 초록색 아이섀도와 오렌지 계열의 립스틱을 바르고 반대편에는 푸른색 아이섀도와 와인 컬러 립스틱을 바르고 종이를 세로로 세워 반쪽씩을 가리고 자신의 피부색, 모발색, 눈동자색에 잘 어울리는 타입을 선정한다. 초록색과 오렌지 계열이 잘 어울리면 따뜻한 계열, 푸른색과 와인 계열이 잘 어울리면 차가운 계열로 분류할 수 있다.

(3) 진단천 테스트

- 전문가용 진단천 및 무늬가 없는 단색의 스카프나 블라우스 등을 활용한다.
- 두 개의 컬러를 여러 차례 반복 비교하며 자신에게 어울리는 컬러를 찾는다.
- 어울리는 컬러는 피부가 맑고 부드러워 보이며 혈색이 살아난 느낌이다.
- 어울리지 않는 컬러는 피부색이 어둡고 칙칙해 보이며 얼굴선이 흐리고 주름이나 잡티 등이 두드러져 보인다. 인상이 강해 보이고 아파 보일 수 있다.

3. 사계절 컬러 이미지

나만의 사계절 컬러진단

spring type 봄 타입에 적절한 코디

특 징	상아색과 금색 피부가 전형적인 봄 타입이다. 피부색이 덜 희더라도 밝은 갈색인 사람도 해당된다.
머 리	자연색에 가까운 색으로 염색하는 것이 좋다. 밝거나 자연금발, 샴페인색, 밝은 금오렌지색, 벌꿀색이 적당하다.
스타킹	구두・치마・바지 색깔과 조화시킨다. 계피색, 밝은 미색, 금밤색이 잘 어울린다.
구 두	상아색, 금밤색, 노랑 밤색, 황토색이 잘 어울린다.
보 석	붉은 루비, 금, 노란색・크림색 구슬 종류가 잘 어울린다.

summer type 여름 타입에 적절한 코디

특 징	검은 머리・눈동자에 창백한 피부를 가진 사람이 해당된다.
머 리	가닥머리로 물들이는 것이 어울린다. 밝은 회색의 금발, 가지색이 어울린다.
스타킹	밝거나 중간회색, 연기색 계열의 밤색이 자연적인 피부색과 조화가 잘 된다.
구 두	회색, 무연탄색, 붉은 포도주색, 회청색, 청색이 어울린다.
안경태	밝은 회색・청색・연보라색이 좋다.
보 석	백금, 은, 핑크색・청색・회색 구슬 종류가 잘 어울린다.

autumn type 가을 타입에 적절한 코디

특 징	갈색 머리・눈동자에 짙은 갈색 피부를 가진 사람이 해당된다.
머 리	가닥머리로 물들이지 않는 것이 좋다.
스타킹	미색・계피색・올리브색・밤색이 피부색과 어울린다.
구 두	밤색・올리브색・상아색으로 고른다. 핸드백은 구두색과 같거나 약간 환한 색상을 고른다.
안경태	금색・금노랑색・초록색・밤색이 좋다.
보 석	금・붉은금・초록금과 노란색이나 크림색을 띤 구슬 종류, 상아색・뿔색이 잘 어울린다.

winter type 겨울 타입에 적절한 코디

특 징	숱이 많고 윤기 있는 검은 머리, 검은 눈동자에 피부가 조금 붉거나, 흙색(sallowness)인 사람이 해당된다.
머 리	가닥머리를 물들이지 않는 것이 좋다.
스타킹	회색・검은색・흰색・청색・은색이 피부색과 어울린다.
구 두	검은색, 회색, 청색, 붉은 포도주색으로 고른다.
안경태	은회색・청색・빨간색・핑크색이 좋다.
보 석	백금・은과 흰색・회색・핑크색 구슬 종류가 잘 어울린다.

출처 : http://article.joinsmsn.com/news/article/article.asp?total_id=6111878&cloc=olink|article|default

개개인 신체 고유의 색상과 조화를 이루는 색채 유형을 사계절로 구분하고, 그에 따라 자신에게 어울리는 색과 어울리지 않는 색을 구분하여 이미지 연출을 색채 중심으로 분석한 프로그램이다.

(1) 봄 타입

- 귀엽고 발랄한 활기 넘치는 이미지로서 젊은 이미지를 지닌다.
- 액세서리는 작은 크기의 가벼운 스타일이 어울리고, 골드 계열이나 아이보리 계열의 진주 등 비교적 밝고 선명한 색이 잘 어울린다.

(2) 여름 타입

- 다소 차가우면서도 부드러운 느낌을 겸비한 이지적인 분위기로 친근감을 주며 온화한 이미지를 지닌다.
- 한국사람의 50% 이상이 여름 타입에 속한다.
- 액세서리는 광택을 최소화하여 고급스러움을 돋보이고 시원한 이미지의 실버 계열, 크리스털 등이다.

(3) 가을 타입

- 차분한 느낌을 주며 따뜻하고 부드러운 이미지로 편안함을 지닌다.
- 액세서리는 부드럽고 자연스러운 느낌의 금, 동 제품이고 실버 계열이나 화이트 계열은 피한다.

(4) 겨울 타입

- 도회적이며 다이내믹한 이미지로 도시적이고 모던함을 지닌다.
- 액세서리는 모던하고 심플한 스타일로 차고 강하며 광택이 있는 것이 잘 어울린다.

CHAPTER 09

패션 코디네이션

Warming-Up

상황에 맞게 적절한 용모복장을 해야 하는 이유를 생각해 보라.

나의 체형의 장단점은 무엇인가?

|1| 패션 스타일링의 이해

패션은 어떤 상황에서도 우월하게 보이고자 하는 인간욕구이며 개인의 취미나 사회문화를 표출하는 수단이자 인체 위에 펼쳐지는 예술이다. 벤저민 프랭클린은 먹는 것은 자기가 좋아하는 것을 먹어도 입는 것을 남을 위해 입어야 한다는 말에서 느낄 수 있듯이 패션은 좋은 이미지를 만드는 이미지메이킹과 밀접한 관계가 있다. 특히 패션은 이상적 자기이미지를 표현하는 가장 중요한 도구로서 의복 아이템, 색상, 스타일, 소재 등에 따라서 인격과 교양이 타인에게 전달된다. 전체적인 용모와 조화를 이룬 패션은 개인의 이미지를 형성하는 중요한 요소이다. 따라서 착용하는 사람의 체형과 상황, 역할, 성격에 맞는 적절한 패션의 활용을 통한 효과적인 이미지 관리가 필요하다.

(1) 패션

- 이상적 자기이미지를 표현하는 가장 중요한 도구이다.
- 의복아이템, 색상, 스타일, 소재 등에 따라서 인격과 교양이 타인에게 전달된다.
- 전체적인 용모와 조화를 이룬 패션은 개인의 이미지를 형성하는 중요한 요소가 된다.
- 착용하는 사람의 체형과 상황, 역할, 성격에 맞는 적절한 패션의 활용을 통한 효과적인 이미지 관리가 필요하다.
- 특히 직장인의 패션은 직업인으로도 평가받는다.
- 직장 이미지를 고려하여 편안하고 단정한 복장으로 자신의 품격을 나타낼 수 있도록 한다.

|2| 패션 룩의 종류

1. 패션 룩(Fashion look / style)

(1) 패션 룩

- 외관 · 스타일 전체의 모양을 단적으로 나타내는 말이다.
- 색채 · 문양 · 소재 · 디테일 등을 포함해서 그 의복의 대표적인 특징과 경향을 나타낼 때 쓰이는 말로 실루엣과 같은 뜻으로 사용되며 스타일이라 부르기도 한다.

2. 패션 룩의 종류

1 로맨틱 스타일

룩

- 귀엽고 화사한 A라인 슈트, 원피스 등이 대표적인 디자인
- 가벼운 시폰, 얇은 면 등을 사용
- 색은 연한 페일 톤, 브라이트 톤을 사용
- 레이스나 프릴, 러플 등 귀여운 디테일과, 꽃, 하트 등 귀여운 트리밍 등은 로맨틱한 효과를 더해줌

메이크업

- 전체적으로 밝고 화사한 느낌
- 눈썹은 브라운 계열
- 아이섀도는 파스텔 톤으로 화사하게 표현
- 치크는 핑크 계열
- 입술은 곡선으로 그려주며 연한 핑크로 투명하게 표현

액세서리

- 소품과 액세서리는 부드러운 곡선 형태나 귀여운 장식이 있는 형태를 사용함
- 구두는 리본 장식이나 구슬 장식이 있는 귀여운 디자인 선택
- 핸드백은 부드러운 소재의 작은 것을 선택하고 리본 장식이나 코사지 등을 이용하는 것도 효과적

ROMANTIC
다사끼 지니어
Wedding Invitation

2 매니시 스타일

룩

- 패션에서의 매니시는 남성적이며 댄디와 같은 맨즈 패션적인 여성복 스타일
- 자립심이 강한 여성의 이미지
- 주로 딱딱한 직선적인 실루엣. 드레스 셔츠에 테일러드 칼라의 재킷, 팬츠 스타일
- 디테일은 최대한 심플하고 간결하게 사용
- 색은 진한 덜 톤이나 무채색, 감색, 카키 베이지색을 주로 사용

메이크업

- 진한 그레이나 블랙 등으로 약간 두껍게 각이 지게 그린다.
- 눈도 아이라인을 그려주며 아이섀도는 색깔이 나타나지 않게 음영 정도만 표현
- 치크는 브라운 계열
- 입술은 베이지나 브라운 등을 사용

액세서리

- 소품과 액세서리는 장식성이 없는 시크한 디자인을 선택하거나 생략
- 구두는 디테일이 적은 낮은 굽, 펌프스가 적당함
- 벨트나 넥타이, 중절모는 효과적인 소품

MANNISH
남성적
View
1975
이브 생 로랑의
핀 스트라이프 수트.
1991
조르지오 아르마니
턱시도 차림의 미셸 파이퍼.

3 에스닉 스타일

룩

- 에스닉은 특정 민족에 전해 내려오는 민족적인 복식을 의미함
- 에스닉 룩에는 중국, 일본, 한국, 인도, 동남아시아 등의 복식 이미지를 담은 오리엔탈 룩, 인디언 룩, 아프리카 원주민의 토속적인 이미지를 담은 이국적인 이미지 룩
- 천연소재의 원색대비, 신체굴곡을 강조하지 않는 실루엣 등이 포인트

메이크업

- 다크톤의 글로시한 피부톤
- 단색의 아이섀도를 넓게 펴 바른 색조 화장
- 짙은 색의 눈썹
- 내추럴한 입술화장을 포인트로 함

액세서리

- 천연가죽, 핸드메이드, 프린징 장식, 나무소재, 스프링 등을 소재로 함

ETHNIC

145
COUNTY OF
CHEAP & CH
3
4
12
Dries Van Noten
Jean Colonna
Christian Dior
1
2

4 모던 스타일

룩

- 패션에서 모던이미지는 자신감 있고 세련된 스타일로 다소 차가우면서 시크한 현대적 감각의 이미지
- 불편한 장식을 없애고 직선이나 단순한 곡선의 심플하고 간결한 디자인
- 소재는 라메, 개버딘, 가죽 등을 많이 사용
- 색은 차갑고 이지적인 느낌의 모노톤이나, 검정색이나 흰색의 배색, 그 반대의 화려한 색의 배색을 사용

MODERN

현대 모더니즘

View

Jean Paul Gaultier

메이크업

- 눈썹은 블랙이나 그레이로, 눈썹상은 각이 지지 않게 직선형이나 화살형으로 짧게 함
- 간결하고 현대적인 느낌
- 치크는 브라운
- 입술은 색감이 전혀 나타나지 않는 투명한 계열로 표현함

액세서리

- 심플하면서 독특한 분위기를 선택
- 구두는 장식이 없고 간결하고 심플한 부츠를 선택
- 가방은 심플한 디자인에 작고 독특하면서 세련된 디자인과 차가운 느낌이 나는 가죽소재나 메탈소재나 플라스틱 등의 모던한 디자인을 선택

5 내추럴 스타일

NATURAL

룩

- 에콜로지 룩은 자연으로 돌아가자는 뜻으로 내추럴리즘의 특성과 유사한 특성을 가져 내추럴리즘과 혼용되기도 함
- 자연을 테마로 한 비주얼 주류를 이룸
- 천연소재나 천연염료를 사용한 자연적인 이미지, 낡은 듯한 빛 바랜 색상의 이미지가 있음

메이크업

- 건강미 있는 정돈된 피부톤에 색조화장을 배제한 스타일
- 무색이나 연한 색상의 입술 화장 등을 포인트로 함

액세서리

- 천연소재를 그대로 사용
- 천연염색의 소품, 기계적인 것을 배제
- 낮은 굽이나 굽 없는 신발을 소재로 함

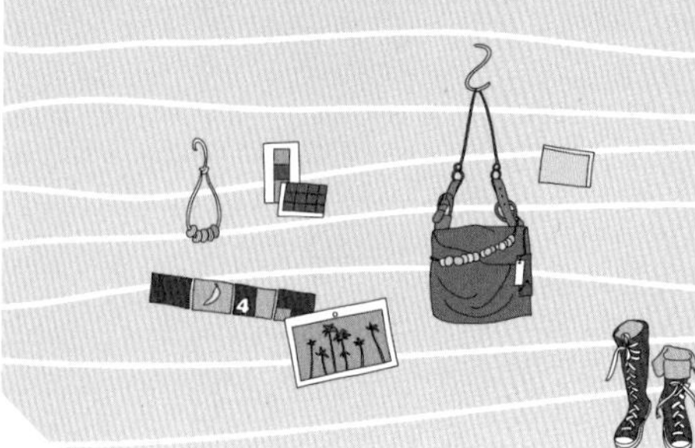

전원적

Morgan Court
COUNTRY
3

6 소피스티게이티(하이패션) 스타일

룩

- 도시적인 느낌, 인공적으로 다듬어진 세련미, 성숙미를 가진 전문 직장 여성들의 패션
- 높은 안목과 잘 다듬어진 도시 감각으로 지성미와 교양미를 표출하려는 20, 30대 여성들이 좋아하는 스타일
- 소재는 밸벳, 광택 소재, 가죽, 모헤어, 울, 실크 사용

메이크업

- 눈썹은 차가운 느낌, 그레이나 브라운 등으로 진하게 각이 지게 함
- 눈은 깊은 눈매를 표현
- 눈꼬리에 아이라인
- 치크는 차분한 색
- 입술은 아이섀도와 어울리는 색깔로 샤프하게 그림

액세서리

- 전체적인 이미지를 고려하여 세련된 디자인을 선택함
- 구두와 핸드백은 심플하면서 재질과 디자인이 독특한 스타일로 유행에 따라 전체적인 이미지와 매치되는 것을 선택함

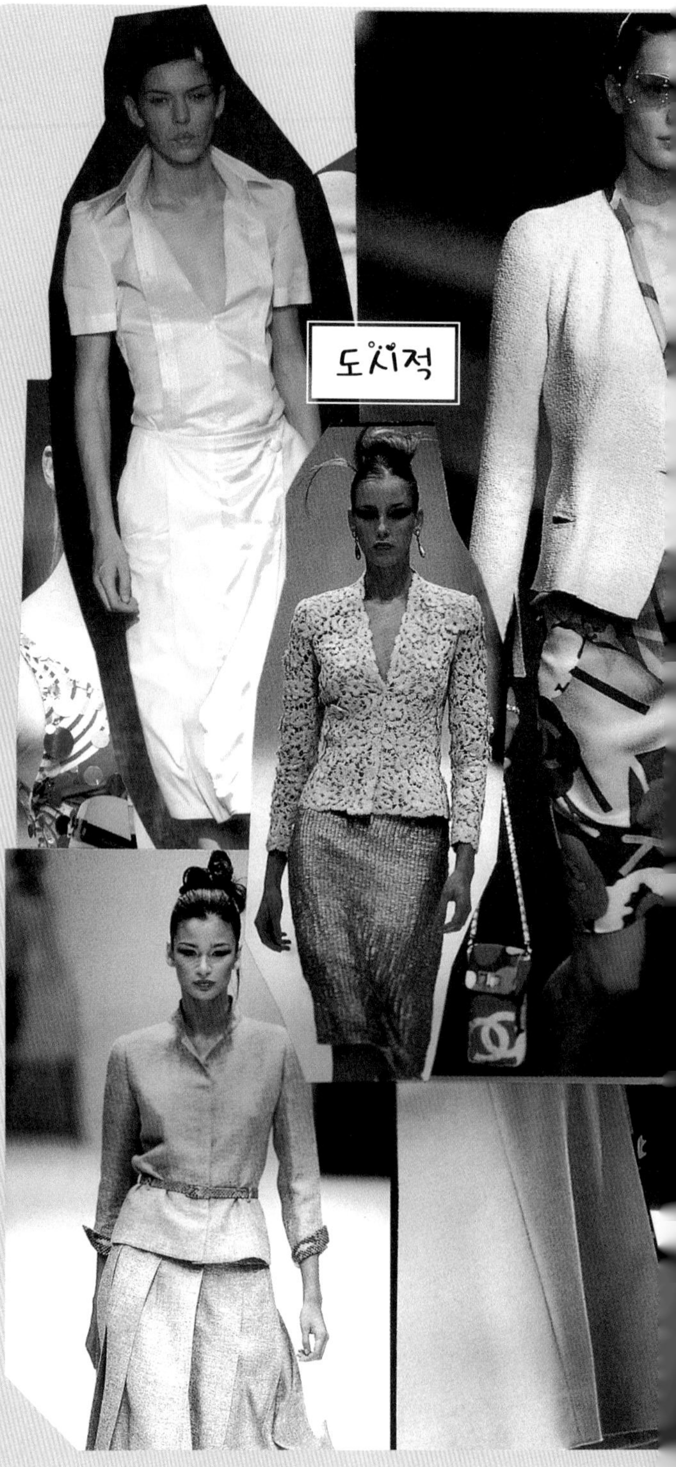

도시적

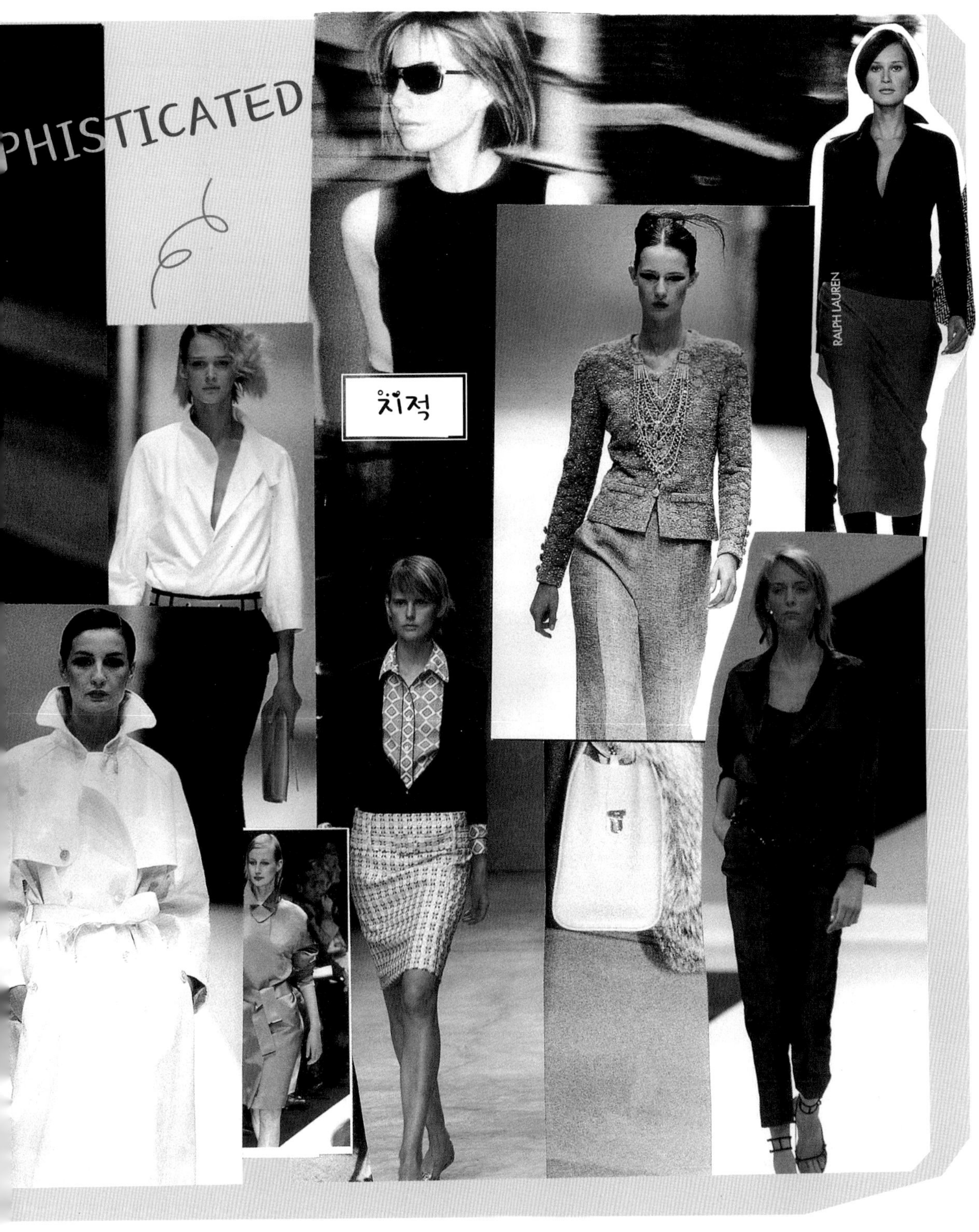
PHISTICATED
지적
RALPH LAUREN

7 액티브(스포티지) 스타일

룩

- 기능성과 편안함을 중시한 활동적인 캐주얼 감각의 디자인
- 소재는 데님, 저지, 니트, 캐시미어 등 신축성 소재가 사용됨
- 색은 라이트 톤이나 선명하고 강한 비비드 톤을 사용함

메이크업

- 발랄하고 경쾌한 이미지로 연출
- 눈썹은 직선이나 각이 진 형
- 아이섀도는 밝은 색
- 아이라인은 짧고 간결하게 젊고 선명한 눈매
- 치크는 핑크나 오렌지
- 입술은 밝은 색 약간 직선형

액세서리

- 활동적인 분위기의 메탈, 가죽, 체인 등을 사용
- 가방은 비비드 톤의 배색이 주로 사용
- 부드러운 소재로 크기가 큰 것이나 벨트, 파우치 등이 어울리며, 구두는 단화나 스포츠샌들, 운동화 등을 선택

활동적

ACTIVE
S NA 1562

8 엘레강스 스타일

ELEGANCE 2

룩

- 엘레강스 이미지는 자연스러운 품위와 우아함이 있는 세련된 스타일로 성숙한 여성의 패션이미지
- 부드럽고 유연한 곡선의 롱 드레스 슈트가 대표적인 디자인
- 소재는 벨벳, 실크, 새틴(공단)
- 색은 무채색이나 부드럽고 감미로운 파스텔 톤, 섬세해 보이는 중간 톤 사용

메이크업

- 눈썹은 브라운과 그레이 사용하여, 아치형으로 부드럽게 그려줌
- 아이섀도는 감미로운 느낌이 들도록 부드러운 색으로 표현
- 치크도 부드러운 느낌, 곡선으로 표현
- 입술은 곡선으로 도톰하고 색감이 잘 나타나도록 함

액세서리

- 절제된 화려함으로 우아함을 살려 지나친 장식을 피함
- 핸드백은 작은 토트백
- 진주는 잘 어울리는 액세서리 중 하나이며, 챙이 큰 모자나 장갑 등을 활용

TIFFANY & Co
우아한 왕비
Dom Pérignon Gala Dinner
'Inspired Harmonies'

| 3 | 체형에 따른 스타일 연출

1 살이 찐 여성

장점 따뜻하고 차분하고 편안해 보인다.

단점 단정치 못한 인상을 주고, 자제력이 없고 처져 보인다.

- 고급스럽고 바느질이 깨끗한 옷으로 단정한 인상을 주는 것이 중요하다.
- 너무 꼭 끼는 옷이나, 너무 여유가 있는 옷은 피한다. 몸에 잘 맞는 것이 좋다.
- 단정하고 위엄 있게 보이려면 진한 감청색, 밤색, 회색 계통의 정장이나 원피스를 입는다.
- 너무 두꺼운 옷감이나 살이 비치는 얇은 감은 피한다.
- 치마 단은 너무 많이 들어가면 키가 작아 보이고, 너무 적게 들어가면 옷이 여유가 없어 보이므로 단을 적당하게 넣는다.
- 블라우스 프릴, 요란한 무늬, 체크 무늬 등을 피하고 소매를 강조하는 것을 피한다.
- 신발은 하이힐, 앞이 트인 것, 줄로 엮은 것, 바클이 있는 것을 피한다.
- 안경테는 검정이나 진한 밤색을 피하고 밤색 계통의 가벼운 테로 한다.
- 서류 가방은 중간 크기로 하고 핸드백과 동시에 들지 않는다.
- 핸드백에 내용물을 너무 많이 넣어 핸드백이 불쑥 튀어나오지 않도록 조심한다.
- 얼굴 주위에 생기를 주는 화려한 색깔의 액세서리는 좋으나 심플한 것을 택한다.
- 단정한 머리, 깨끗한 화장으로 머리와 얼굴에 관심을 끌어 전체적으로 정돈된 이미지를 준다.

2 키가 큰 여성

장점 자신 있고 설득력 있게 보인다.

단점 체격까지 크면 권위적, 남성적으로 보이기 쉽고, 말랐으면 긴장되어 있고 어딘지 어색해 보일 수 있다.

- 체격이 크면, 베이직이나 연한 회색 정장이 다소 부드러운 이미지를 준다.
- 마른 사람은 진한 색 계통의 단색으로 정장/원피스를 택하고 부피를 더해 주는 소재를 택한다. 겨울에 고급 스웨터를 걸칠 수도 있다.
- 배가 나오지 않았으면 더블 상의를 입어도 좋다.
- 체격이 큰 사람은 단색의 심플한 디자인의 블라우스를 입고 큰 단추는 피한다.
- 마른 사람은 프릴이 있는 것도 입을 수 있지만 넓은 세로 줄무늬는 피한다.
- 허리가 긴 사람은 넓은 벨트를 눈에 띄게 할 수도 있다.
- 작은 무늬, 지나치게 앙증맞은 액세서리는 키가 큰 것을 강조할 뿐이다.
- 신발은 낮은 굽을 신고 너무 낮은 것을 피하며 장식이 요란한 것을 피한다.
- 얼굴이 큰 사람은 안경테를 연한 색으로 하고 마른 사람은 너무 진한 색, 무거운 테를 피한다.
- 핸드백이나 서류 가방은 중간 크기 이상으로 하고 작은 것은 절대 피한다.
- 액세서리를 가능한 조금 쓰고 단순한 것으로 한다.

3 키가 작은 여성

장 점	젊고 활동적으로 보인다.
단 점	위엄 있어 보이기가 힘들고 영향력도 없어 보인다.

- 자신 있고 위엄 있게 보이려면 감청색, 검정색, 낙타색, 회색 정장이나 재킷이 있는 원피스를 입는다. 정장이나 드레스는 단색이 좋고 재킷과 치마의 색이 대조적인 것을 피한다.
- 디자인은 단순하고 어깨가 지나치게 강조된 것을 피한다.
- 치마 단을 너무 작게 넣고 중심을 아래로 두는 것을 피한다.
- 신발, 스타킹까지 같은 계통의 색깔을 택한다.
- 신발은 하이힐을 신고 불안해 보일 정도로 높은 것은 피한다.
- 안경은 얼굴형과 크기에 맞추고 지나치게 큰 테를 피한다.
- 액세서리는 단순한 것으로 너무 크거나 요란한 것은 피한다.
- 서류 가방과 핸드백은 작은 것으로 해서 시선을 끌지 않도록 한다.
- 시계나 단순하면서 우아한 팔찌 등으로 포인트를 줄 수도 있다.

자신에게 맞는 네크라인

- **역삼각형 얼굴** : V자형의 각진 스타일의 옷은 더 가늘어 보일 수 있지만 굉장히 좁아 보이는 효과도 가져올 수 있다. 이런 이미지는 조금 깐깐해 보일 수도 있기 때문에 무늬도 둥근 형을 많이 사용하는 것이 바람직하다.
- **둥근 얼굴** : V자형의 스타일이 필요하다. 시선을 모아주는 효과를 가질 수 있다. U자형도 괜찮지만 접시처럼 넓은 U형은 절대 안 되고 옷의 무늬 또한 네모보다는 세모를 선택한다.
- **네모얼굴** : 깊은 U자형도 괜찮다. 하지만 V자형은 각진 형이기 때문에 네모에서 세모의 변화는 조금 거부감을 줄 수도 있다.
- **어깨가 넓은 경우** : 깊은 U자형이나 V자형이 좋고 어깨 끝 선을 보았을 때 옷을 크게 입지 말고 자신의 어깨보다 조금 끼게 입는다.
- **어깨가 좁은 경우** : 넓은 경우와 반대로 입고 넓은 느낌이 나도록 가로 넓은 목선이 되어 있는 옷이 좋다.
- **어깨에 살이 많은 경우** : 둥글게 목선이 되어 있는 옷은 피한다.

메이크업과 헤어

내가 메이크업과 헤어를 스타일링 할 때 가장 중요시하는 것은 무엇인지 생각해 보라.

나의 이미지에 적합한 메이크업과 헤어 스타일링은 무엇인가?

| 1 | 메이크업, 헤어 스타일링의 중요성

사회생활을 하는 여성에게 메이크업은 자신감을 높여줄 뿐만 아니라 자신의 이미지를 향상시킬 수 있는 무기이다. 17세기 초 영국의 시인 리처드 크래슈에 의해 처음 사용된 용어인 메이크업은 개인이 지닌 개성을 상황과 목적과 시간에 적합하도록 하여 원활한 사회활동과 임무수행에 도움을 주고 타인에게 좋은 이미지를 전달하여 원만한 인간관계를 보상받을 수 있도록 해주는 기능을 한다.

헤어스타일은 인상을 좌우하는 절대적인 변수로서 얼굴형에 따라 결정된다. 헤어스타일로 얼굴형이 변화될 수도 있고 키나 신체의 전체적 비례 및 균형에 영향을 주므로 메이크업과 마찬가지로 외모에서 중요한 역할을 한다. 장점을 부각시키고 개성을 살리며 결점을 보완할 수 있는 메이크업과 스킨케어, 헤어스타일을 연출하는 방법을 살펴보자.

(1) 메이크업

- 17세기 초 영국의 시인 리처드 크래슈에 의해 처음 사용된 용어이다.
- 사회생활을 하는 여성에게 화장은 자신감을 높여줄 뿐만 아니라 자신의 이미지를 향상시킬 수 있는 무기가 된다.
- 개인이 지닌 개성을 상황, 목적과 시간에 적합하도록 하여 원활한 사회활동과 임무수행에 도움을 주고 타인에게 좋은 이미지를 전달해 원만한 인간관계를 보상받을 수 있도록 해주는 기능이다.

(2) 헤어스타일링

- 헤어스타일은 인상을 좌우하는 절대적인 변수로서 얼굴형에 따라 결정된다.
- 헤어스타일로 얼굴형이 변화될 수도 있고 키나 신체의 전체적 비례 및 균형에 영향을 주므로 메이크업과 마찬가지로 외모에서 중요한 역할을 한다.
- 장점을 부각시키고 개성을 살리며 결점을 보완할 수 있는 메이크업과 스킨케어, 헤어스타일을 연출하는 방법을 숙지한다.

| 2 | 스킨케어와 메이크업의 실제

1 스킨케어 순서

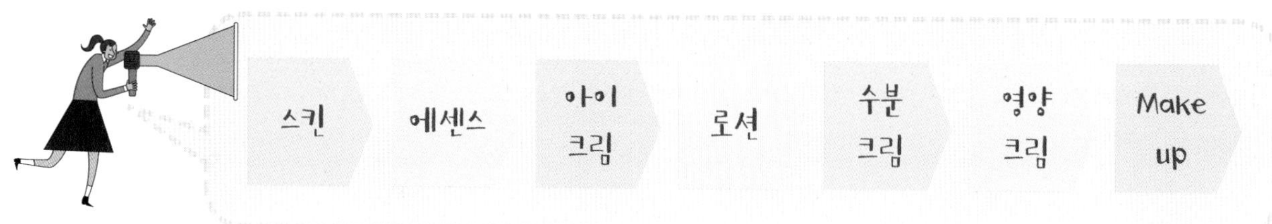

❶ 크림은 수분함량이 높은 것부터 쓴다. 수분공급과 영양공급은 역할이 다르다.

❷ 손바닥으로 얼굴을 5초 정도 감싸서 흡수되는 것을 기다리는 것도 좋다.

❸ 세럼과 에센스는 같은 말이다.

2 클렌징

(1) 기본적인 세안법

"화장은 하는 것보다 지우는 것이 중요합니다."
손을 깨끗이 씻기
얼굴에 물을 묻히기
폼 클렌저 이용하기
얼굴 헹구기
마무리

(2) 타입별 클렌징

1) 건성 피부

- 문지르지 말고 두드리면서 세안해 피부결을 보호한다.
- 뜨거운 물 세안은 절대 금지한다.
- 수분이 함유된 약산성이나 식물성 기름이 풍부한 폼 타입의 세안제를 사용한다.

2) 지성 피부

- 산뜻한 워터나 젤 타입으로 클렌징하고 폼 클렌징으로 이중 세안한다.
- 약간 뜨거운 물로 세안해 피지를 녹인다.
- 이마, 턱, 코 등을 중점적으로 문지르며 딥 클렌징한다.

3) 복합성 피부

- T존은 부드러운 세안용 스펀지로 주기적으로 딥 클렌징한다.
- 눈과 볼 주위는 과도한 세안을 피하고 로션 타입의 민감성 클렌저를 사용한다.
- 코 주변은 민감성 클렌저로 별도로 클렌징한다.

4) 민감성 피부

- 아침에는 물 세안, 저녁에는 비누 세안만 한다.
- 온도에 민감하므로 미지근한 물을 사용한다.
- 손에서 거품을 내어 얼굴은 거품만으로 문지른다.

(3) 솜털 세안법

솜털 세안법은 솜털의 반대 방향으로 최대한 미세하고 많은 거품 세안제를 문지르고 씻어내는 것으로 피부결을 손상시키지 않는 최상의 세안법이다.

솜털 세안 방법

1. 손을 청결히 한 후 천연비누 또는 폼 클렌징을 준비한다.
2. 얼굴전용 거품망을 준비한다.
3. 최대한 많은 거품을 낸다.
4. 거품망에서 거품만 쏙 빼내어 피부결을 따라 부드럽게 아기피를 만지듯 살살 만져준다.

Key point

- 세안 시 피부와 손은 최대한 닿지 않게 쿠션감 있는 세안
- 세안은 2분 안에 마무리

(4) 뾰루지 제거법

1) **녹차팩** 세안 후 마지막 헹굴 때 녹차 티백을 물에 담가 우려낸 물로 마무리하면 트러블 방지에 도움이 되며, 장기간 사용 시 여드름 흉터 자국도 현저히 줄어든다.
2) **죽염** 마무리 헹굼 단계에서 죽염을 조금 넣은 물로 헹구거나 죽염 대신 대나무 추출 성분이 들어간 세안제를 사용한다.

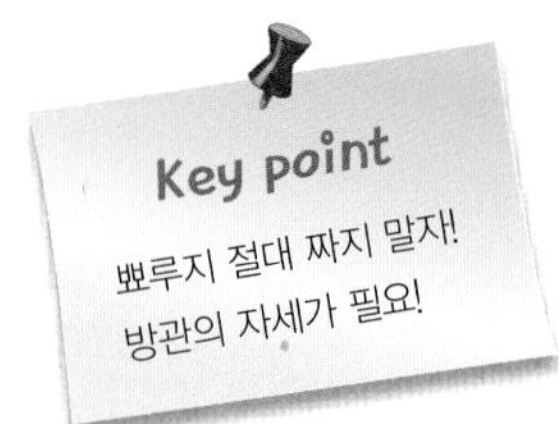

Key point
뾰루지 절대 짜지 말자!
방관의 자세가 필요!

(5) 지압 마사지

- 매일 저녁 세안 후 잠자기 전 많이 할수록 좋다.
- 피부의 직접적 자극은 피해야 한다.
- 목, 두피, 귀, 이마, 눈썹부위 마사지한다.
- 지나치게 힘을 주지 않으며 광대뼈나 아래턱뼈는 오래 누른다.
- 강하게 눌러야 할 부분은 아픔이 올 때 그대로 멈춘다.
- 어깨, 목, 두피, 귀 순으로 한다.
- 지압점을 누르고 스스로 할 때는 맨 얼굴이 좋다.
- 5분 이상일 때에는 쿨한 사용감의 크림이나 수분크림을 사용한다.

깨끗한 피부 만들기 십계명

1. 하루 물 8잔 이상 마신다.
2. 충분한 수면을 취한다.
3. 신선한 공기를 마시도록 한다.
4. 자외선 차단은 필수다.
5. 자주하는 사우나는 금물이다.
6. 딥 클렌징으로 정기적인 각질 제거를 해준다.
7. 번들거리는 화장은 오일프리 제품으로 해결한다.
8. 티슈보다는 퍼프, 면봉을 열심히 사용한다.
9. 아름다운 목선을 만든다.
10. 표정관리가 곧 주름살 관리이다.

참고

보디관리

1. 붓는 다리 관리

■ 부기를 일으키는 습관

● 옆으로 눕거나 엎드린 자세

• 옆으로 드러눕거나 엎드린 자세는 척추에 무리를 가한다.

● 다리를 꼬고 앉는 자세

• 골반에 무리를 주어 골반 자체가 틀어진다.

• 정맥이 눌려 혈액순환을 방해한다.

● 하이힐

• 발바닥뿐만 아니라 다리의 피로를 일으킨다.

• 스트레스와 원활하지 못한 혈액순환이 부종을 일으킨다.

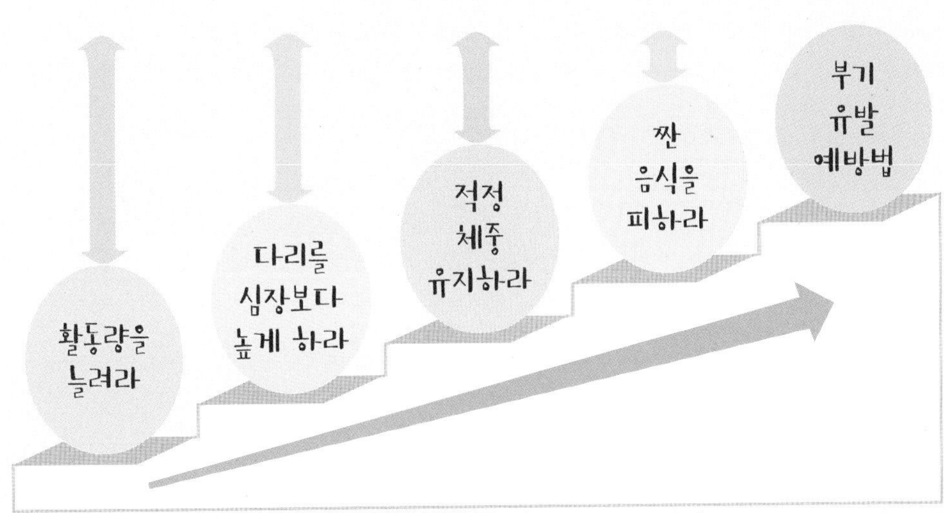
부기 예방법
활동량을 늘려라
다리를 심장보다 높게 하라
적정 체중 유지하라
짠 음식을 피하라
부기 유발 예방법

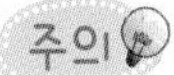
주의

● 오랜 시간 자세 유지 시, 하체 수분 축적

● 잠들기 전 다리를 심장보다 높게 정맥 혈압 감소

● 비만하게 되면 체중을 지탱하는 다리의 혈압 높아짐

● 염분이 많은 음식 섭취 시, 물의 양 증가 세포부피 늘어남

2. 몸매 예뻐지는 방법

1) 따뜻한 물을 자주 마심

- 따뜻한 물이 체내 노폐물을 배출한다.
- 혈액순환 및 변비를 예방한다.
- 공복 중이나 식사 전 한 컵씩 마신다.
- 커피나 콜라 대신 녹차, 한방차를 마신다.

2) 복식 호흡을 함

- 숨을 들이쉴 때 천천히 들이마셨다가 숨을 참고 3~5초 정도 잠시 정지한다.
- 숨을 내쉴 때도 천천히 내뱉으며 배를 집어 넣으면서 입으로 숨을 내뱉는다.

닭살

1. 관리법

- 닭살은 평상시에 조금만 신경을 써 주어도 비교적 조절이 잘 되는 피부질환으로, 관리하는데 가장 중요한 것은 피부를 건조하지 않게 유지하는 것이 중요하다.
- 습도가 낮고 추운 겨울뿐만 아니라 일교차가 심한 초봄이나 가을에도 반드시 가습기를 사용하고, 샤워 횟수나 샤워시간 또한 줄여야 한다.
- 피부의 수분 손실을 방지하는 역할을 하는 각질층의 손상을 막기 위해 너무 자주 때를 미는 것은 삼가고, 대신 스크럽이 함유된 클렌징 제품으로 1주일에 1회 이상 딥 클렌징을 하는 것이 좋다. 그리고 피부에 영양을 주는 보습제를 꼼꼼하게 사용해야 한다.
- 그 중에서도 가장 간편하게 사용할 수 있는 것이 오일로써 보습력도 높고 경제적인 부담도 없어서 손쉽게 쓸 수 있다. 보습제가 함유된 보디 로션을 사용하는 것도 좋다.
- 물을 하루 2리터 정도 마셔야 충분한 수분을 섭취하기 때문에 피부의 건조함을 예방할 수 있다.

2. 목욕법

- 목욕 시 물의 온도는 평상시와 같이 미지근한 물이 좋으며 약 10분 정도 탕 속에서 몸을 따뜻하게 한다.

- AHA 등이 포함된 필링 제품을 발라 두었다가 닦아낸 후 자극이 약한 목욕솔로 가볍게 문질러 주고, 미백효과가 있는 레몬이나 귤 등의 즙을 내거나 잘라서 마사지한다.
- 마지막으로 아스트린젠트를 발라주고 크림이나 보습로션을 발라준다.

3. 예방법

- 닭살 예방은 피부를 건조하지 않게 유지해야 한다.
- 샤워 횟수를 줄이는 것이 좋은데 만일 매일 샤워를 하지 않으면 안 되는 상황이라면 비누칠 횟수를 줄이는 것이 좋다.
- 얼굴, 겨드랑이 등 피지분비가 많은 부위를 제외한 나머지는 일주일에 2~3회 이상 비누칠을 하지 않는 것이 좋으며, 가능하면 샤워나 목욕은 짧게 하는 것이 좋다.
- 샤워 후에는 항상 베이비 오일 같은 보습제를 충분히 사용하여 건조하지 않도록 한다.
- 선탠은 피해야 하는데 건조해지고 닭살이 더 심해질 수 있다.
- 목욕 시 때수건으로 미는 행위는 금물이다.
- 때라고 부르는 각질층은 외부에서 들어오는 세균에 대하여 피부를 보호하는 역할을 하고 피부에서 수분을 공급하고 손실을 방지하는 역할 - 각질층을 인위적으로 너무 자주 심하게 벗겨내면 피부의 건조는 더 심해진다.
- 적당한 운동을 통해 체내 면역력을 높여주고 건강한 상태를 유지해 주는 것이 중요하다. 그러나 실내수영의 경우, 소독된 물 때문에 피부를 더 건조하게 할 수가 있으므로 삼가는 것이 좋다.
- 피부가 건조한 시기에는 로션이나 크림을 평소보다 1.5배 정도 많이 발라주어야 한다.
- 잦은 과로, 과음을 피하고 충분한 숙면이 중요하다.
- 정전기는 피부에 자극이 가기 때문에 피부가 더욱 건조해지기 쉽다.
- 털 옷이나 깔깔한 내의보다는 부드러운 면 내의를 입어야 하며, 옷은 되도록 약간 느슨하게 입는 것이 좋다.
- 가습기를 사용하여 피부에서 수분 손실을 막고 피부를 건조하지 않게 유지하는 것이 중요하다.

3 투명 메이크업 테크닉

(1) 파운데이션

피부상태에 따라 적합한 파운데이션을 선택하고 처음부터 많은 양의 파운데이션을 바르게 되면 투명한 피부톤을 표현하기가 어렵다. 적은 양에서 조금씩 양을 늘리면서 피부를 커버하는 것이 효과적이다.

1) 리퀴드 파운데이션

- 자연스럽고 투명한 화장, 가벼운 화장, 화장 초보자에게 적당하다.

2) 크림 파운데이션

- 잡티, 기미, 주근깨, 여드름 자국 등을 확실히 커버하기 원한다면 크림 파운데이션이 적합하다.

3) 스틱 파운데이션

- 립스틱처럼 딱딱한 고형 타입으로 커버력이 뛰어나고 휴대가 간편하다.
- 화장 초보들에게는 진한 화장은 금물이다. 한 듯, 안한 듯 투명하게 시작해서 색조 메이크업 스킬을 키워나가는 것이 좋다. 예쁜 피부를 더욱 돋보이게 하는 투명 테크닉을 하나씩 배워보자.

컨실러를 이용한 커버

컨실러의 종류를 먼저 알고 어느 부위에 잡티를 감출지를 파악한다. 눈 주위는 민감하기 때문에 리퀴드 타입 또는 파운데이션에 컨실러를 믹스해서 사용한다. 볼 부분은 얼굴 중에서 과감하게 표현해도 되는 부분이므로 스틱 타입으로 조금은 두껍게 표현해도 무방하다.

1. 리퀴드 타입
- 눈가의 색소를 감추는 데 사용할 수 있으나, 붉은 반점이나 뾰루지를 커버하기에는 불충분하다.

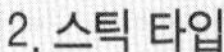

2. 스틱 타입

- 붉은 반점이나 뾰루지 등을 커버하는 데 적당하다.
- 피부를 수축시키지 않으면서 고르게 펴준다는 것에 어려움이 있다.
- 섬세한 눈가에 사용하는 것은 피하는 것이 좋다.

3. 크림 타입

- 완벽한 커버력을 가지고 있어 가장 보편적으로 사용한다.
- 리퀴드와 스틱 타입의 장점을 모두 가지고 있는 것이 특징이다.

(2) 파우더

- 투명 메이크업의 성패는 파운데이션의 피부 밀착도에 따라 결정된다.
- 파운데이션은 리퀴드 타입으로 콩알만한 사이즈가 적당하며 손이나 퍼프를 이용해 두드리면서 발라 피부 밀착도를 높인다.
- 가루 파우더를 꼼꼼히 바르는 것으로 마무리한다.

Do
파우더
Don't
트윈 케이크
고운 파우더 입자로 피부 밀착력이 뛰어나 투명 메이크업이 오랫동안 유지됨
파우더에 비해 커버력과 지속력은 뛰어나지만, 피부 투명도는 떨어짐
메이크업을 수정할 때는 피지를 제거한 뒤 할 것

출처: http://www.goldqueen.co.kr/Shop

다크서클 가려주는 노하우

- 눈 주위가 환하기만 해도 자기 나이보다 훨씬 어려 보이는 효과를 얻을 수 있다. 하지만 눈은 움직임이 많아 두텁게 표현해서는 안 된다.
- 먼저 눈 밑과 주위에 촉촉할 수 있게 아이크림을 바르고 한 톤 밝은 색상의 리퀴드 타입의 컨실러 소량을 얇게 펴 바르고 두드려준다.
- 다크서클이나 피부 결점을 커버하는 데는 보통 파운데이션 기본색보다 1~2톤 더 밝은 것을 사용하며 가장 무난한 색상은 살구빛 베이지색이다.

■ 파우더 사용법

- 파우더는 피부에 남아 있는 파운데이션의 수분이나 유분을 흡수해 피부에 잘 스며들도록 한다.
- 피부를 투명하게 마무리하여 화장을 오래 지속시켜주는 역할을 한다.
- 메이크업 색상의 발색을 돕고 부드러운 피부표현과 화사하고 투명하게 보이는 역할을 한다.

- **루즈 파우더** : 피부를 뽀송하게 하고 투명하게 표현하지만 금방 날라가고 휴대가 어렵다.
- **프레스트 파우더** : 가루파우더를 압축시킨 상태로 루즈 파우더보다 촉촉하고 휴대가 편리하나 커버력이 떨어나진 않다.
- **스킨 커버** : 피부트러블의 커버에 좋으며 가볍게 발린다.
- **콤팩트** : 커버력이 매우 우수하지만 두껍게 발리고 화장이 두꺼워 보일 수 있다.

(3) 아이섀도

- 피치, 연 옐로, 화이트 등의 베이스 컬러가 초년생에게 가장 적합하다.
- 짙은 컬러는 쌍커풀 라인을 따라 아주 얇게 발라야 부담스럽지 않다.

Do
연피치 컬러
Don't
핑크 컬러
눈두덩이 전체에 펴 발라도 전혀 부담스럽지 않은 은은한 베이스 컬러
아주 하얀 피부가 아니라면 부담스러울 밝은 핑크 컬러
아이라인을 따라 얇게 바르는 포인트 메이크업에 적합

출처: http://blog.naver.com/PostView.nhn?blogId=myjinhee00&logNo=100119135527

(4) 아이라이너

- 눈썹 사이사이를 메워 주듯이 그리는 것이 자연스러운 아이라이너 그리는 요령이다.
- 너무 오버해서 눈꼬리를 길게 빼는 것은 절대 피하는 것이 좋다.

Do
연피치 컬러
Don't
리퀴드 타입
손쉽게 그리고 지울 수 있는 펜슬 타입. 하지만 쉽게 번질 수 있으므로 워터 프루프 타입을 고를 것
섬세하고 명확한 라인 연출이 가능하지만 초보자는 그리기 쉽지 않다는 것이 단점
반드시 전용 메이크업 리무버로 지울 것

출처: http://www.goldqueen.co.kr/Shop

(5) 마스카라

- 뷰러로 속눈썹을 한 번 집은 뒤 마스카라를 발라야 드라마틱한 효과를 볼 수 있다.
- 마스카라가 뭉칠 때는 면봉의 나무 부분을 이용해서 떼어준다.

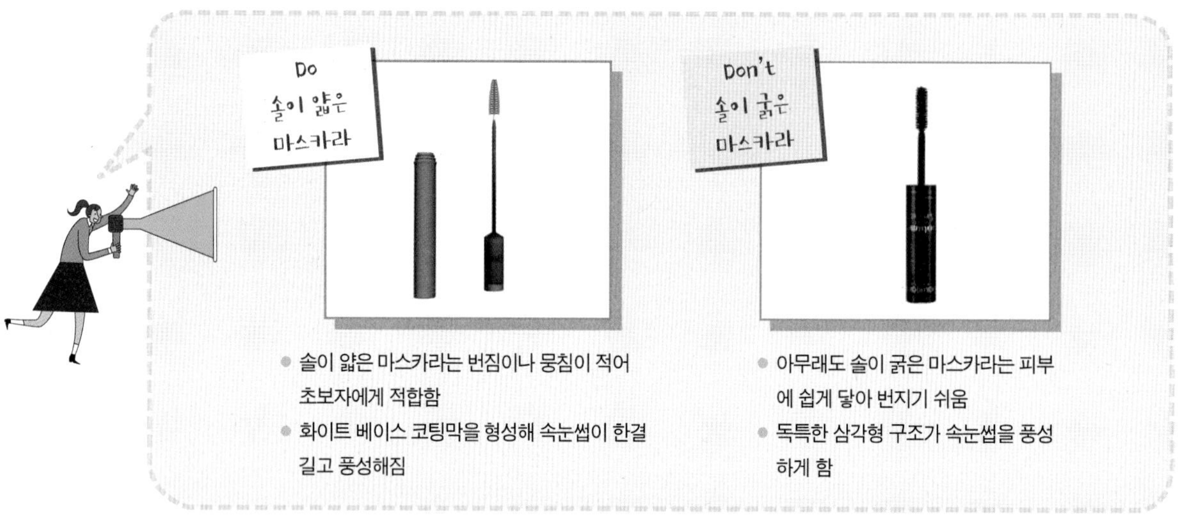

Do
솔이 얇은
마스카라
Don't
솔이 굵은
마스카라
솔이 얇은 마스카라는 번짐이나 뭉침이 적어 초보자에게 적합함
화이트 베이스 코팅막을 형성해 속눈썹이 한결 길고 풍성해짐
아무래도 솔이 굵은 마스카라는 피부에 쉽게 닿아 번지기 쉬움
독특한 삼각형 구조가 속눈썹을 풍성하게 함

출처: http://weddingholic.tistory.com

(6) 볼터치(치크)

- 연핑크나 오렌지 계열의 볼터치를 광대뼈 부분에 부드럽게 넓은 U자를 그린다는 생각으로 터치한다.
- 부드러운 솔을 사용하여야 피부 자극을 최소화할 수 있다.

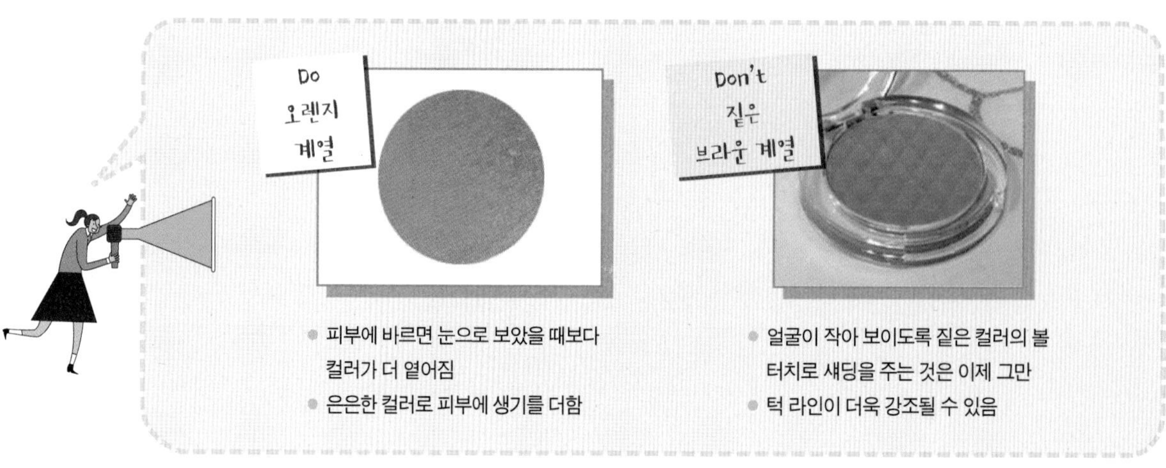

Do
오렌지
계열
Don't
짙은
브라운 계열
피부에 바르면 눈으로 보았을 때보다 컬러가 더 옅어짐
은은한 컬러로 피부에 생기를 더함
얼굴이 작아 보이도록 짙은 컬러의 볼터치로 섀딩을 주는 것은 이제 그만
턱 라인이 더욱 강조될 수 있음

출처: http://blog.naver.com/PostView.nhn?blogId=sujiyaya&logNo=40146472749&redirect=Dlog&widgetTypeCall=true

(7) 립라이너

- 립글로스를 바를 때도 누드 계열의 립라이너로 입술 라인을 그리면 한결 또렷한 입술을 연출할 수 있다.

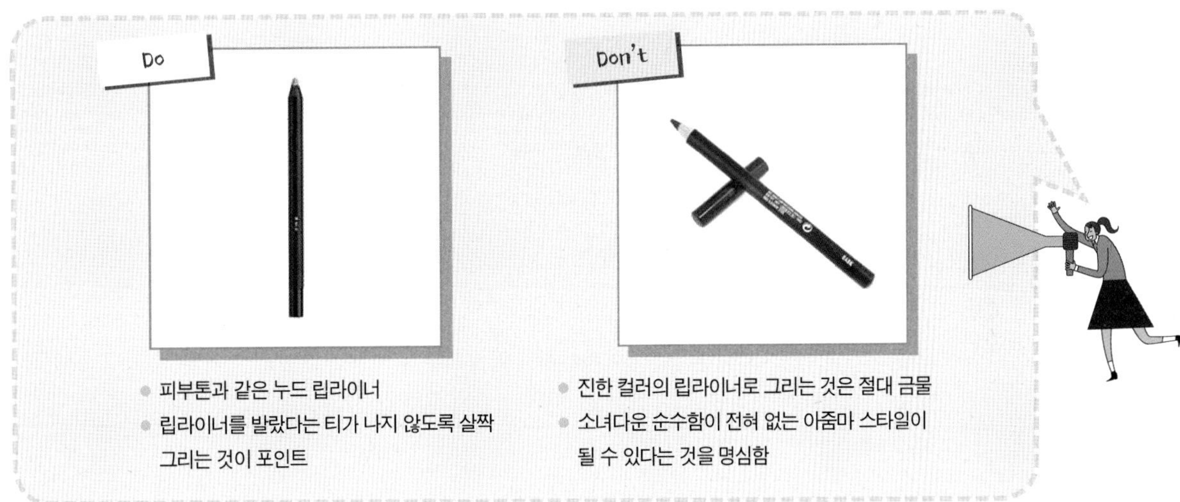

Do
Don't
피부톤과 같은 누드 립라이너
립라이너를 발랐다는 티가 나지 않도록 살짝 그리는 것이 포인트
진한 컬러의 립라이너로 그리는 것은 절대 금물
소녀다운 순수함이 전혀 없는 아줌마 스타일이 될 수 있다는 것을 명심함

출처: http://mm.co.kr/category http://www.yes24.com/24/goods/3947224

(8) 립글로스

- 촉촉하지만 지나치게 많이 발라 번들거리지 않도록 주의한다.
- 립 브러시를 이용해 바르면 한결 정교하고 깔끔한 입술을 연출할 수 있다.

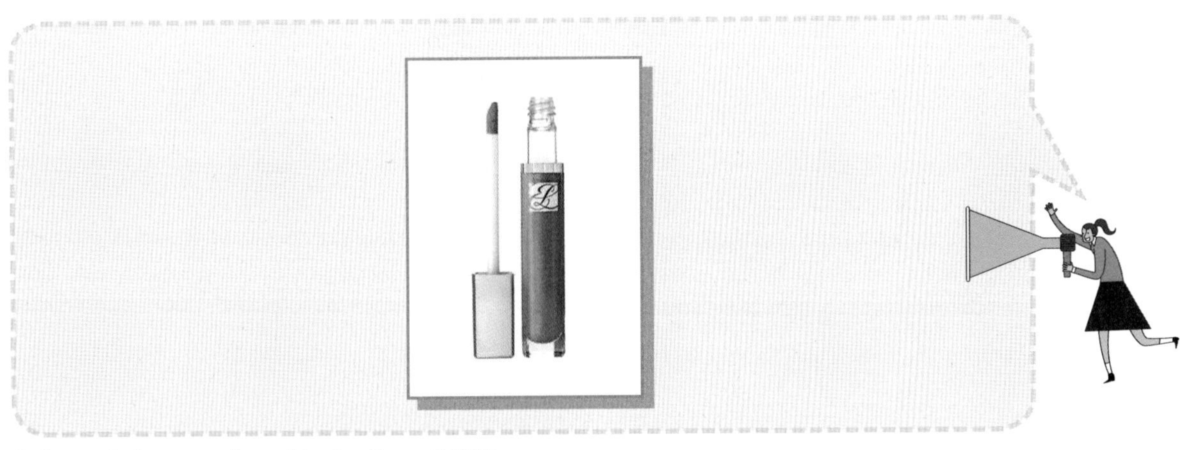

출처: http://ask.nate.com/knote/view.html?num=172985

1. 얼굴이 작아 보이는 아이 메이크업

눈 쪽으로 시선을 모으거나 자신의 얼굴형을 커버하도록 그려준다면 실제보다 작아 보이는 효과를 얻을 수 있다.

❶ 눈썹은 자연스러우면서도 두껍게

- 눈썹이 가늘면 큰 얼굴을 커버하기가 어렵다. 본인의 눈썹 라인을 살리되, 눈썹이 얇다면 케이크 타입의 아이브로우로 약간 더 두껍게 그리는 게 좋다.

❷ 짙은 컬러보다는 내추럴한 컬러로 눈썹 그리기

- 눈썹 컬러는 아주 짙은 컬러보다는 자연스러운 브라운톤이 얼굴을 작아 보이게 한다.
- 젤 타입의 아이브로 브러시로 자신의 눈썹 컬러를 그대로 살리면서 윤곽만 또렷하게 해준다.

❸ 눈썹결을 따라 빗어주어 눈썹을 또렷하게

- 눈썹을 그릴 때 눈썹결을 따라 아이브로 브러시로 빗어주면서 눈썹이 선명해지도록 한다.
- 눈썹이 선명해야 시선이 눈 쪽으로 모이면서 얼굴도 작아 보인다.

❹ 은은한 펄 제품으로 눈에 입체감 주기

- 눈썹과 눈 사이가 멀수록 얼굴도 커 보이고 눈도 작아 보일 수 있으므로 눈썹을 시원하게 다듬고 눈썹산을 살짝 살려준다.
- 아이 메이크업을 할 때도 포인트 컬러는 쌍꺼풀 라인에만 바른다.

❺ 자신의 얼굴형에 꼭 맞춰 눈썹 라인 정하기

- 긴 얼굴형은 눈썹 길이를 짧게 그리고, 각진 사람은 살짝 둥글게, 둥근 얼굴형은 눈썹산을 살려주어야 얼굴이 작아 보인다.
- 자신의 눈썹결을 따라서 스치듯 그려준다.

❻ 아이섀도는 눈꼬리 쪽으로 갈수록 얇게

- 아이섀도를 바를 때 눈 앞쪽부터 눈두덩까지는 두껍게, 눈꼬리로 갈수록 얇게 바른다.
- 눈이 자연스럽게 커 보이면서 얼굴이 작아 보이는 효과가 있다.

❼ 눈과 코의 비율은 1 : 2.5로 맞추기

- 눈의 가로 길이와 코 길이의 비율이 1 : 2.5가 되도록 메이크업한다.
- 코가 짧은 경우에는 하이라이터를 콧등부터 눈썹 라인까지 발라서 비율을 맞춰준다.

2. 눈이 커 보이는 매직 아이 메이크업

❶ 눈썹뼈 부분에는 베이지나 피치, 라이트 핑크 섀도

- 눈이 커 보이려면 눈썹뼈를 강조하는 게 좋은데 이때 컬러는 베이지 등의 은은한 컬러 톤을 선택한다.
- 화이트나 실버 혹은 강한 펄 제품을 바르면 오히려 과장되어 보이기 쉽다.

❷ 마스카라는 속눈썹 중앙을 풍성하게

- 마스카라를 바를 때에는 속눈썹 중앙에 볼륨감을 강하게 준다.
- 뷰러로 속눈썹을 올린 다음, 속눈썹 중앙에 가장 먼저 바르고 양 끝 쪽을 바른다.

❸ 아이섀도 믹스는 같은 컬러 계열로

- 컬러 톤이 차이가 나는 여러 가지 컬러를 믹스하면 오히려 역효과다.
- 같은 컬러 계열로 통일시켜주고, 비비드한 컬러보다는 파스텔 컬러가 훨씬 잘 어울린다는 걸 명심하자.

❹ 펜슬 라이너로 눈 가로 라인 확장시키기

- 초보자라면 리퀴드 타입보다는 펜슬 라이너로 라인을 그려야 눈이 더 선명해진다. 펜슬 라이너로 눈꼬리에서 조금 더 길게 그려주는 게 포인트다.

❺ 눈두덩 중앙에 아이홀 만들기

- 눈두덩 중앙의 들어간 부분에 홀을 만들 듯 피치톤 섀도를 발라준다.
- 눈에 입체감이 강해져서 눈이 커 보이는 효과가 있다.

❻ 포인트 아이섀도는 쌍꺼풀 라인에만 바르기

- 아이섀도를 너무 넓게 바르면 오히려 눈이 작아 보일 수 있다.
- 포인트 섀도는 쌍꺼풀 라인에만 발라 강조해 눈매를 또렷해 보이게 한다(대신 경계가 지지 않도록 주의할 것).

4 얼굴형에 따른 메이크업

- 기초가 탄탄해야 무너지지 않는 법, 먼저 피부상태를 파악하고 각질이 매끄럽게 정리되었는지 점검하고 지금 내 피부상태에 맞는 제품을 사용해 유 · 수분 밸런스를 맞춘다.
- 기초를 꼼꼼히 한 다음에 색조를 해야 원하는 메이크업이 나오게 된다.
- 자신의 피부 색상을 인식하고 어떤 메이크업(내추럴, 파티, 면접 등)을 할 것인지를 파악한다.

메이크업베이스 색상 선택

- 청색은 피부를 희게 표현하거나 얼굴의 붉은기를 감출 때 사용한다.
- 그린색은 자연스러우면서도 깨끗한 피부로 표현하고 싶을 때 사용한다.
- 분홍색은 창백한 얼굴을 혈색 있는 피부로 표현하고자 할 때 사용한다.
- 노란색은 붉은기가 많은 피부를 자연스럽게 커버하고자 할 때 사용한다.
- 무색은 색상의 조절 없이 있는 그대로 피부표현을 하고 싶을 때 사용한다.

(1) 긴 얼굴형

- 얼굴 폭이 좁고 그에 비해 길이가 긴 형이다.
- 치크 컬러 효과를 살릴 수 있도록 꼭 볼 화장을 하도록 한다.
- 긴 얼굴형은 보통 갸름하지만 나이보다 더 들어 보이기 쉽다.

수정방법 : 이마와 턱 부분 섀딩

- 긴 얼굴 커버를 위해 이마와 턱 부분에 짙은 색 파운데이션으로 섀딩한다.
- 피부와 컬러가 너무 차이나지 않도록 주의한다.
- 볼 터치는 수평으로 길게 넣어주며 눈썹부터 광대뼈까지 스치듯이 발라준다.
- 브라운 색 섀도를 브러시에 발라 이마와 턱 부분에 가볍게 섀딩해준다.
- 볼뼈를 중심으로 둥글려 눈과 평행으로 그려주되 콧방울선 밑으로 내려가지 않게 옆면을 넓게 펴 바름으로써 긴 볼을 조금 짧아 보이도록 한다.
- 턱 끝에도 살짝 섀도를 펴주면 전체적으로 갸름하게 된다.

(2) 동그란 얼굴형

- 동그란 얼굴형은 큐트해 보이지만 나이에 맞지 않게 어려 보일 수도 있다.
- 지적이거나 세련된 느낌을 주기 힘들다.
- 얼굴 길이는 짧은 편이며, 얼굴 폭은 약간 넓은 편이고 볼이 통통하다.
- 둔한 인상을 주기 쉽고 또 퉁퉁 부어 보이기 쉽다.
- 얼굴 윤곽이 갸름해 보이도록 수정해야 하며 볼 화장을 강조하지 않는 것이 중요하다.

수정방법
: 볼 터치를 이용하여
세로로 길어 보이게

- 코 부분 노즈 섀도를 길게 넣고 볼 터치를 세로로 길게 하는 것이 포인트이다.
- 얼굴형이 갸름하고 지적인 스타일로 보인다.
- 볼 터치는 얼굴 라인을 따라 세로로 길게 넣어준다.
- 컬러를 너무 진하지 않게 하는 것이 좋다.

(3) 각진 얼굴형

- 살이 많아 보이기보다 뼈가 두드러져 보이는 스타일이다.
- 안정감이 있어 보이고 활동적인 느낌을 준다.
- 다이내믹한 개성이 있어 보이는 반면 고집스러워 보이면서 도전적인 인상을 준다.
- 양 턱이 나와 딱딱한 인상을 주는 각진 얼굴은 남성적이고 강한 분위기를 준다.
- 여성스러워 보이려면 각진 턱을 감추고 전체적으로 곡선을 살리는 것이 좋다.
- 각진 부분에 섀도를 주는 방법이 효과적이다.

수정방법 : 볼 터치를 보이게

- 짙은 색 파운데이션을 이마 양쪽과 각진 턱 양쪽의 네 모서리에 자연스럽게 펴 발라 섀도 효과를 내고 파우더를 바르고 다시 브러시로 네 모서리에 섀도를 주면 효과적이다.
- 광대뼈의 중심보다 약간 아래에서 볼뼈를 따라 헤어라인에서 코끝 방향으로 너무 진하지 않게 안쪽 사선 방향으로 샤프하게 터치한다.
- 치크 컬러가 넓어지지 않도록 한다.
- 네 모서리는 브라운 계열 섀도나 치크 컬러를 이용, 파우더 브러시나 볼 터치 브러시로 음영을 주어 턱선을 깎듯이 터치하여 얼굴이 둥글게 보이도록 한다.

(4) 역삼각 얼굴형

- 이마 폭이 넓고, 턱으로 내려 갈수록 좁아지는 형으로 연약하고 소녀스런 느낌을 준다.
- 시원스러운 성격처럼 보이나 이마를 가린다고 앞머리를 내리면 답답해 보이고 보수적인 이미지를 주기 쉽다.
- 샤프한 느낌이 나기 때문에 볼 터치는 밝은 색으로 부드럽고 은은하게 표현해야 한다.
- 지나치게 턱 선이 모가 났다든지 각진 부분은 섀도를 주어 타원형 얼굴이 되도록 한다.

수정방법 : 짙은 파운데이션으로 입체화장, 이마에 집중 메이크업

- 턱이 가늘어 보일 경우 볼 양 옆에 밝은 하이라이트를 넣어 통통해 보이도록 하고 각지고 넓은 이마는 피부톤보다 한 단계 어두운 치크 컬러로 헤어라인 중심에서부터 눈썹 끝 부분까지 섀도 처리를 한다.
- 턱 끝이 뾰족하다면 가로로 섀도를 넣어 타원형에 가깝도록 수정한다.
- 얼굴색과 같은 파운데이션을 얼굴 전체에 바르고 이마 가장자리와 얼굴 윤곽선을 자연스럽게 연결해 한 단계 더 밝은 파운데이션을 발라 베이스 화장을 하고 그 위에 브러시로 파우더를 바른다.
- 넓은 이마엔 어두운 컬러로 이마 라인을 둥글게 만들며 섀딩한다.

하이라이트 메이크업

입체감 있는 화장의 스킬은 하이라이트 메이크업이다. 하이라이트 효과 하나로 밋밋했던 얼굴이 화사하게 살아남과 동시에 얼굴 축소 효과를 줄 수 있다.

1. 선명한 T자는 가라, 흐릿한 T자를 그리자

- 하이라이트를 줄 때 가장 많이 하는 실수는 이마 선을 –자로 그리고 콧등을 l 자로 그리는 일명 T라인 그림이다.
- 코가 길어 보일 뿐 아니라 전체적으로 부자연스러워 보일 수 있으니 강한 T자는 피하도록 한다.
- 대신 눈썹 앞머리 부분에 살짝, 콧등 2/3 지점에서 콧망울까지 살짝 흐릿한 T자를 그려야 한다.

2. 얼굴에서 가장 밝아야 하는 눈가는 살리자

- 눈썹 위는 길게, 눈썹 아래는 꼬리 부분에 얇게 터치하는 방식으로 눈썹뼈에 하이라이트를 준다.
- 눈 바로 아래 튀어나온 광대뼈 중심을 연결하듯 터치하여 전체 모양이 누운 C가 되도록 한다.

3. 하이라이트는 인중과 턱도 놓치지 말자

- 메이크업을 마무리 할 때 입술산과 인중이 만나는 부위, 턱 중간 부위에 하이라이트를 준다.
- 작은 차이지만 인중과 턱에 하이라이트를 한 얼굴과 안 한 얼굴은 차이가 의외로 엄청나다.
- 턱 부분을 더 돋보이게 하려면 대칭이 되는 부위인 이마 끝에 어두운 섀딩을 넣는 것도 하나의 방법이다.

| 3 | 헤어스타일링 연출

1 얼굴형에 따른 헤어스타일 – 여자

(1) 달걀형

1) 얼굴형의 특징

- 이상적인 얼굴형이다.
- 세로가 가로의 약 1.5배 정도의 비율을 유지하는 스타일이다.
- 다른 얼굴형을 수정할 때 기준이 되는 얼굴형이다.

2) 어울리는 헤어스타일

- 어떤 디자인도 어울릴 수 있는 형이므로 얼굴의 윤곽을 그대로 드러내는 것이 좋다.
- 다양한 헤어스타일을 연출할 수 있다.

(2) 둥근 얼굴형

1) 얼굴형의 특징

- 얼굴형이 강조되는 얼굴로 헤어라인과 턱선이 눈에 띄게 둥근형이다.
- 얼굴이 넓이와 길이가 거의 동일한 형이다.
- 다소 귀엽고 발랄한 분위기를 주어 나이에 비해 어려보이는 장점이 있다.

2) 어울리는 헤어스타일

- 둥근 얼굴을 최대한 길어보이도록 하기 위해서는 앞가르마를 피하고, 옆가르마를 이용하여 톱부분으로 볼륨을 주고 옆부분은 볼륨을 피한다.
- 수평선보다 수직선이 강조되는 헤어스타일을 통해 둥근형을 세련되고 개성있게 보이도록 연출한다.
- 긴 머리가 강조되는 스트레이트나 톱부분에 볼륨을 주는 자연스러운 업스타일, 옆가르마를

이용한 톱부분에 볼륨이 들어간 헤어스타일이 비교적 둥근 얼굴형에 어울리는 헤어스타일로 볼 수 있다.

3) 피해야 할 헤어스타일

- 귀 뒤로 두발을 넘겨 얼굴을 드러내면 더욱더 둥근 느낌을 강조하게 되므로 피한다.
- 양 옆쪽으로 볼륨을 주는 것은 절대로 피한다.

(3) 사각형 얼굴

1) 얼굴형의 특징

- 얼굴 광대뼈와 턱부분이 돌출되어 있어서 딱딱하고 고집스러운 인상을 줄 수 있다.

2) 어울리는 헤어스타일

- 길어보이는 것보다는 둥글게 보이는 것이 중요하므로 얼굴을 감싸는 느낌의 헤어라인 부위에 그라데이션을 많이 내는 헤어스타일이 적당하며 턱선이 드러나지 않도록 하는 것에 유의한다.
- 비대칭의 스타일이나 전체적으로 굵고 부르러운 웨이브의 스타일이 어울린다.

(4) 장발형 얼굴

1) 얼굴형의 특징

- 공허한 분위기의 뺨을 가진 길고 가는 얼굴이다.
- 얼굴의 세로 길이가 가로폭에 비해 매우 길다.
- 긴 얼굴은 지루해 보이고 턱이 길고 뾰족하면 자칫 날카로운 느낌을 주기 쉽다.

2) 어울리는 헤어스타일

- 얼굴이 전체적으로 길어 보이지 않게 하는 데 중점을 둔다.
- 이상적인 헤어스타일은 단발형의 보브스타일이다.
- 앞머리는 낮게 뱅(bang)을 만들고 옆머리는 전체적으로 층을 준 헤어스타일로 산뜻한 느낌을 준다.

3) 피해야 할 헤어스타일

- 얼굴형이 그대로 드러나 보이는 업스타일(up style), 앞가르마를 나누는 것은 절대 피한다.
- 스트레이트 단발이나 머리길이가 얼굴 윤곽보다 짧으면 긴 얼굴형이 돋보이게 되므로 적합하지 않다.

(5) 역삼각형 얼굴

1) 얼굴형의 특징

- 얼굴이나 이마 폭이 넓고 양 턱의 선이 좁은 얼굴형이다.
- 시원하고 보기 좋은 이미지를 준다.

2) 어울리는 헤어스타일

- 모든 헤어스타일이 비교적 잘 어울리는 얼굴형이다.
- 톱(top)을 조금 높게 하고 뱅(bang)으로 이마를 좁게 하며 옆은 턱쪽부분에 양감을 많게 하면 턱선을 부풀어 보이게 하여 뾰족한 것을 보완한다.

3) 피해야 할 헤어스타일

- 머리 윗부분을 평평하게 하거나 옆선을 강조하지 않도록 한다.
- 키가 작은 사람은 롱 헤어스타일을 삼가는 것이 좋다. 특히 파마 등으로 볼륨을 살리면 머리나 얼굴이 실제보다 더 커 보이게 되고 키를 더 작아보이게 한다.

2 얼굴형에 따른 헤어스타일 – 남자

(1) 둥근형

윗머리는 볼륨을 살리고 옆머리는 최대한 가라앉혀 준다. 또한 앞머리를 이용해 가르마를 나눠 페이스라인을 따라 넘겨주면 동그란 얼굴이 길어 보인다. 옆머리는 귀를 덮지 않도록 커팅해 주는 것이 한결 산뜻한 느낌을 준다.

(2) 역삼각형

턱이 뾰족해 보이기 때문에 날카로워 보일 수 있다. 또한 이마부터 눈까지의 면적이 턱 부분에 비해 상대적으로 넓어 보일 수 있으므로 옆머리를 내려 커버한다. 짧은 머리의 경우 단점을 가리려고 애쓰는 것보다 자연스럽게 손질해 주는 것이 더욱 보기 좋다.

(3) 마름모형

마름모형 얼굴은 튀어나온 광대뼈를 가리려고 하는 것보다 이를 자연스럽게 드러내고 시선을 유도할 수 있는 스타일을 만들어 주는 것이 좋다. 따라서 옆머리를 기르면 돌출된 광대뼈를 부각시키므로 없애주는 것이 좋다. 또한 머리카락을 위로 뻗치게 하는 펑키스타일을 하면 머리로 시선이 가기 때문에 얼굴윤곽이 부드러워 보인다.

(4) 긴 타원형

긴 얼굴은 넓은 이마가 답답하게 보이지 않을 만큼 살짝 커버해 주는 것이 좋다. 덥수룩하게 얼굴을 가린 것보다는 짧은 헤어스타일이 오히려 깔끔하고 지적이게 보인다. 눈을 덮을 정도로 긴 앞머리는 긴 얼굴을 강조하므로 피하도록 하자.

(5) 사각형

각진 얼굴은 윤곽이 딱딱하고 투박해 보인다. 따라서 웨이브 파마를 통해 가벼운 컬을 만들어 얼굴 윤곽을 부드럽게 감싸주는 것이 좋다. 또한 긴 머리가 지루하다면 옆머리는 내리고 윗머리는 위로 뻗치게 만들어보자. 강한 헤어스타일이 턱으로 몰리는 시선을 자연스럽게 분산시켜 줄 것이다.

글로벌 매너와
이미지 스타일링

면접 이미지

신뢰감을 주는 용모 복장이란 무엇인지 생각해보라.

면접 시 가장 중요시해야 하는 용모 복장은 무엇인가?

| 1 | 신뢰감을 주는 용모 복장

- 우리는 사람들이 옷을 입은 것을 보고 그 사람의 모든 것을 평가하기도 한다.
- 단정하고 깔끔한 용모는 인품까지 돋보이게 하며 실제로 사회생활을 하는 데 있어서 단정한 복장은 신뢰감을 증진시킨다.
- 남들에게 호감을 줄 수 있는 이미지를 만들기 위해서는 깨끗하고 단정한 용모와 복장이야말로 가장 기본적인 요소라고 할 수 있다.
- 매일 하루 일과를 시작하기 전 자신의 모습을 점검하는 습관을 들이고 자신의 모습과 일에 어울리는 용모와 복장을 갖춤으로써 프로다운 이미지를 연출할 필요가 있다.

> 옷을 잘 못입은 여성을 보면 사람들은 그녀의 옷에 주목하지만 옷을 잘 입은 여성을 보면 그녀라는 사람을 주목할 것입니다.
>
> 코코 샤넬

1 용모 · 복장 중요성

(1) 용모와 복장의 기본적인 포인트

- 자신의 개성을 나타내는 것은 좋으나 너무 튀거나 촌스러워서는 안 된다.
- 항상 단정함과 청결을 유지한다.
- 업무관리에 효율적인 용모와 복장이 되도록 한다.
- 자신의 인격 및 회사의 이미지를 고려한다.
- 지나치게 화려한 복장과 유행의 맹목적인 추종은 지양한다.

(2) 용모와 복장의 전략적인 연출로 기대할 수 있는 효과

- 새로운 마음으로 자신감을 갖고 긍정적으로 자신의 일을 시작할 수 있다.
- 첫인상을 좌우한다.
- 타인, 즉 고객에게 신뢰감을 형성한다.

- 일과 성과에 영향을 미친다.
- 기분을 전환시킨다.

2 남성 용모 복장

(1) 헤어

- 앞머리는 이마를 가리지 않도록 한다.
- 옆머리는 귀를 덮지 않도록 한다.
- 뒷머리는 셔츠 깃에 닿지 않도록 한다.
- 빗질을 하거나 헤어 제품을 사용하여 단정한 모양을 유지한다.
- 머리가 지나치게 길거나 유행을 따르는 머리는 피한다.
- 지나치게 튀는 염색이나 헤어스타일은 피한다.

(2) 남성복 : 슈트(suit)의 개념과 종류

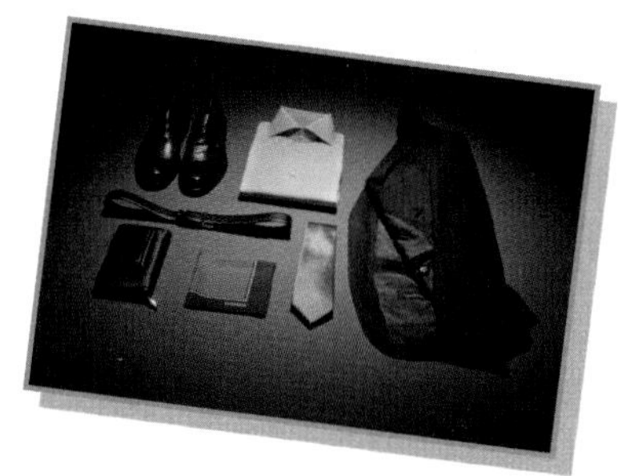

- 슈트(suit)는 '세트', '갖춤'의 의미로, 아래와 위를 같은 소재로 지은 남성복 한 벌을 의미하는 것이다. → 정장을 대표
- 직장인 남성의 경우 슈트는 단순히 옷이기 이전에 비즈니스맨의 매너와 품격을 상징한다.

슈트(suit)의 종류

- AMERICAN STYLE : 가장 실용적인 형태의 슈트로 활동성에 주안점을 두어 넉넉하고 편안함을 강조한 스타일이다. 보수적이고 유행에 흔들리지 않는 스타일이다.
- EUROPEAN STYLE : 각이 진 어깨선과 좁은 소매, 가슴에서 엉덩이까지 꼭 맞는 스타일로 허리선을 최대한 살려 실루엣을 강조한 스타일이다. 마른 체형의 사람에게 잘 어울리며 유행에 민감한 스타일이다.
- BRITISH STYLE : 영국의 전통적인 스타일이다. 몸의 흐름에 따라 흐르는 자연스러운 선을 강조하며 부드러운 허리선과 어깨에 패드를 넣지 않으면서도 각이 지게 만든 어깨 선이 특징이다. 또한 사이드 벤트(뒤트임)와 주름이 들어간 바지 등이 특징인 고전적인 스타일이다.
- ITALIAN STYLE : 최근에 유행하는 스타일로, 아메리칸 스타일의 편안함과 유럽형 스타일의 곡선미 그리고 브리티시 스타일의 균형미를 조화시킨 스타일이다. 어깨의 폭이 넓고 허리선이 약간 들어가는 스타일로 착용 시 편안하고 세련된 느낌을 준다.

(3) 색상에 따른 슈트의 특징

1) **청색 계열** 가장 기본이 되는 색상으로 비즈니스 웨어로 적당한 색이다. 다소 차가운 인상을 줄 수 있지만 깔끔하면서도 생동감을 준다.
2) **회색 계열** 회색은 청색과 아울러 슈트의 기본 색상이다. 회색 계열의 슈트는 차분하고 지적인 분위기와 자신감 있는 모습을 연출한다.
3) **검정색 계열** 정중하고 성실해 보인다. 예의를 차려야 하는 자리에 어울리지만 색상 자체가

강하기 때문에 타이의 색과 무늬를 신중하게 선택해야 한다. 경조사 시에도 착용할 수 있는 색상으로 반드시 갖추고 있어야 할 슈트다.

4) **밤색 계열** 부드러운 느낌과 함께 세련된 멋을 풍기지만 연출하기가 어려워 초보자에게는 적당하지 않다.

3 남성복 올바른 착용법

(1) 양복

- 체형에 맞춰 색상, 옷감의 패턴을 선택한다.
- 키가 작은 사람은 밝은 색상, 줄무늬를 살린 패턴을 선택한다.
- 뚱뚱한 사람은 커다란 체크무늬의 옷은 피한다.
- 상의 주머니에는 가급적 소지품을 넣지 않는다.
- 무릎이 튀어나온 바지는 입지 않는다.
- 허리띠를 반드시 맨다.

(2) 드레스 셔츠

- 흰색 또는 옅은 색깔에서 크게 벗어나지 않는 것이 좋다.
- 목 단추까지 모두 채워 착용한다.

- 팔 길이는 양복 소매 밖으로 1~2cm 정도 나오는 것이 좋다.
- 화려한 디자인이나 무늬는 지양한다.

(3) 타이

- 길이는 벨트의 버클을 약간 덮을 정도가 좋으며, 안쪽 넥타이가 바깥쪽 넥타이 길이보다 길지 않아야 한다.
- 조끼 착용 시는 넥타이가 조끼 밑으로 나오지 않는 것이 좋다.
- 넥타이 매듭이 중앙에 와야 하며 느슨하지 않도록 한다.
- 색깔은 양복과 동일색이거나 보색 계통이 좋다.

(4) 벨트

- 색상은 양복이나 구두의 색깔과 동색 또는 어울리는 색이 좋다.
- 지나치게 요란한 버클 장식은 피한다.
- 적당한 길이는 벨트의 버클 위치이다.

(5) 구두

- 지저분하지 않도록 항상 잘 닦는다.
- 뒷굽이 많이 닳은 구두는 신지 않는다.
- 양복의 색깔과 맞춘다.
- 구두의 뒤축을 구겨 신지 않는다.
- 한 켤레 이상의 구두를 장만하여 번갈아 가며 신는다.

(6) 양말

- 바지나 구두 중 색이 진한 쪽으로 선택한다.
- 목이 지나치게 짧은 양말은 피한다.
- 정장 착용 시 흰색 양말은 피한다.

4 여성 용모 복장

(1) 헤어

- 앞머리는 눈을 가리지 않게 한다.
- 지나치게 화려한 머리 장식은 피한다.
- 지나친 파마나 염색 등은 피한다.
- 머리가 흘러내리지 않도록 헤어 제품으로 고정시킨다.

(2) 여성복

남성복과 달리 여성복은 상의와 하의, 즉 재킷과 스커트가 같은 재질로 만들어진 것 또는 재킷과 블라우스 그리고 스커트가 한 세트로 이루어진 것을 슈트라 한다.

(3) 직장인에게 어울리는 슈트의 구성

1) 재킷

무늬가 단순하고 단색에 가까운 디자인의 슈트는 한 벌의 재킷으로 다양한 연출이 가능하며 실용적이다.

2) 스커트

비즈니스 정장의 스커트는 무릎 아래 길이, 즉 샤넬 라인이다.

- **타이트**(tight) : 가장 기본적인 스타일
- **플레어**(flare) : 키가 작은 사람이 폭넓은 플레어를 입으면 키가 더욱 작게 보인다.
- **플리츠**(pleats) : 살찐 체형의 여성이 굵은 주름의 플리츠 스커트를 착용하면 더 살쪄 보인다.

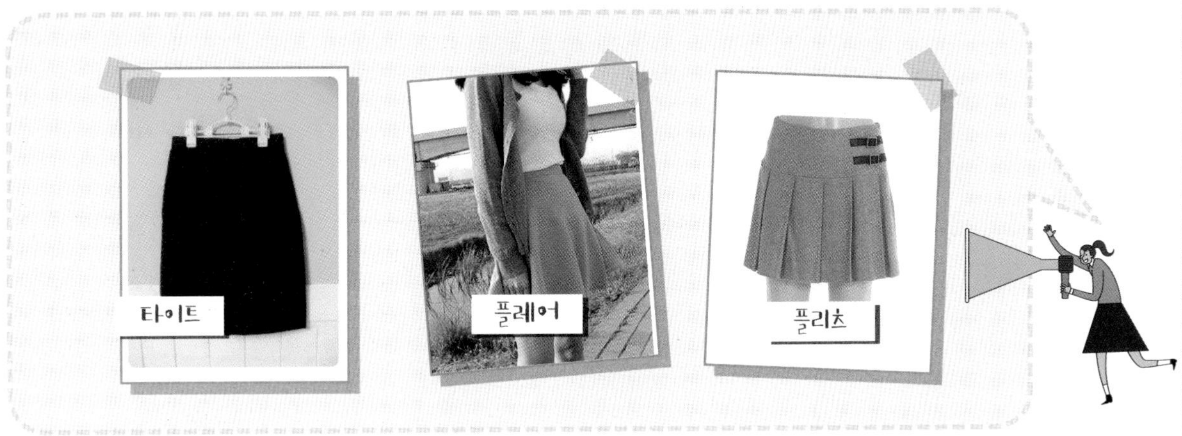

3) 바지

남성 전용의 의복인 팬츠(pants)가 여성복으로 착용된 것은 승마가 여성들에게 보급되면서 기능적이고 활동성이 풍부한 여성복으로 정착되었다.

바지는 스커트보다 체형 커버에 유리하고, 길이, 넓이, 실루엣에 따라 코디네이션의 방법과 그 명칭이 달라진다.

(4) 스타킹

- 옷과 구두의 색상과 조화를 이루어야 한다.
- 화사한 색상이 좋지만 무늬가 들어있는 것은 피한다.
- 주름이 잡히거나 올이 터지지 않도록 한다.

(5) 구두

- 청결하게 유지한다.
- 의상과의 조화를 이루는 색상을 선택한다.
- 걸음걸이를 균형 있게 유지할 수 있는 구두를 선택한다.
- 출근 후 사무실에서 샌들로 바꿔 신는 것은 피한다. 불가피한 경우는 굽이 낮고 편한 정장용 구두를 선택한다.

(6) 액세서리

- 간결한 것이 좋고 나이, 신분에 맞도록 착용한다.
- 자신의 경제 사정을 고려한다.
- 포인트만 주고 너무 산만하지 않도록 한다.
- 액세서리는 강 · 중 · 약으로 배치하는 것이 보기 좋다.

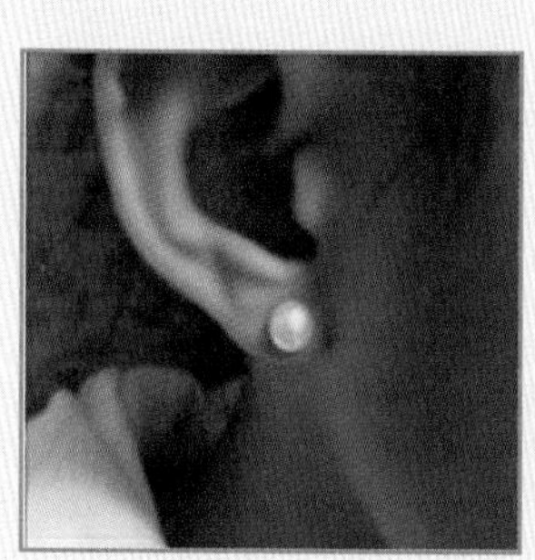

1. 남성

❶ 상의, 바지의 주름은 잘 잡혀 있는지 확인한다.

- 유니폼은 항상 깨끗하고 지정된 유니폼을 착용해야 하며 맵시가 있어야 한다.
- 포켓이나 주머니에 물건을 넣어 불룩하게 보이지 않도록 한다.

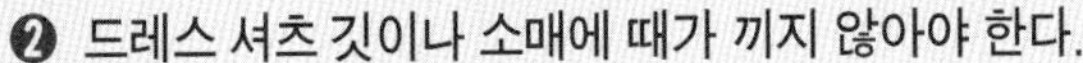

❷ 드레스 셔츠 깃이나 소매에 때가 끼지 않아야 한다.

- 매일 새 것으로 갈아입는다.

❸ 헤지거나 낡아 떨어진 것은 없는지 확인한다.

- 헤진 부분은 반드시 수선을 한 후 입는다.

❹ 단추가 떨어진 것은 없는지 확인한다.

- 소매단추까지 다 채우고 떨어진 단추가 있으면 반드시 수선한 후 입어야 한다.

❺ 상의, 하의, 넥타이 등 얼룩진 부분이 없어야 한다.

- 수시로 체크한다.

❻ 바지의 길이는 짧거나 길지 않아야 한다.

- 구두 뒷굽이 시작되는 부분에 바지 끝이 닿도록 한다.
- 사무실 등에서 사복을 착용할 경우 몸에 꼭 붙는 바지는 착용하지 않는다. 특별한 경우가 아니라면 청바지나 스키니 진은 피한다.

❼ 벨트를 착용한다.

❽ 드레스 셔츠 소매길이는 짧거나 길지 않아야 한다.

- 악수를 할 때 드레스 셔츠 소매 끝이 손목뼈에 와야 한다.

❾ 넥타이 길이를 조정한다.

- 넥타이를 매었을 때 넥타이 끝이 벨트의 버클 끝에서 2~3cm 내려오는 것이 적당하다.

2. 여성

❶ 치마의 길이는 유니폼의 규정대로 유지해야 한다.

- 개인 취향에 따라 임의로 줄이거나 늘려서는 안 된다.
- 사무실 등에서 사복을 착용하는 경우 무릎 위 10cm 이상은 올라가지 않아야 한다.
- 근무 시 발목까지 내려오는 긴 치마는 입지 않는다.

❷ 속옷을 입어 살이 비치지 않도록 한다.

- 속옷이 밖으로 보이지 않아야 한다.
- 속옷은 겉옷과 동일한 색상이어야 한다.
- 근무 시 소매 없는 옷은 입지 않는다.

❸ 블라우스 깃이나 소매에 때가 끼지 않아야 한다.

- 적어도 하루에 한 번 이상은 갈아입는다.

❹ 헤지거나 낡아서 너덜해진 부분이 없어야 한다.

- 헤진 부분은 반드시 수선을 한 후 입는다.

❺ 단추가 떨어져 있는지 확인한다.

- 소매단추까지 다 채우고, 떨어진 단추가 있으면 반드시 수선한 후 입어야 한다.

❻ 블라우스 착용시 반드시 리본을 묶는다.

- 리본의 머리는 양쪽 모두 중앙에서 7~8cm 정도 나오도록 한다.
- 리본의 꼬리는 양쪽 길이가 일치하도록 한다.

❼ 거울을 보고 복장상태를 확인한다.

참고문헌

지희진, 지교수의 행동하는 매너 메이킹하는 이미지, 한올출판사, 2014

지희진 외 1명, 바른인성과 자기계발, 2014

김주희 국제매너 이미지 연구소(http://blog.daum.net/hs7005/6707264)

손일락 외 2명 공저, 국제매너의 이해, 한올출판사, 2008

알버트 매러비안 차트(알버트 매러비안 : 미국 캘리포니아대학 심리학과 교수)

에모토 마사루, 물은 답을 알고 있다, 나무심는사람, 2004

용인시 예절교육관

조영신 외 2명 공저, 서비스매너, 한국방송통신대학교 출판부, 2014

최영진, 동양과 서양의 세계의 사상 · 문화적 거리, 지식산업사, 1998

한식 세계화 공식포털 한식 스토리 핵심내용정리

MBC 스페셜 첫인상 핵심내용 요약 재정리

http://article.joinsmsn.com/news/article/article.asp?total_id=6111878&cloc=olink|article|default

http://ask.nate.com/knote/view.html?num=172985

http://blog.daum.net/coseacommunity/23

http://blog.joinsmsn.com/media/folderListSlide.asp?uid=iseek&folder=95&list_id=10876968

http://blog.naver.com/amadas_?Redirect=Log&logNo=20009842328

http://blog.naver.com/aparys?Redirect=Log&logNo=30117512132

http://blog.naver.com/dressraum?Redirect=Log&logNo=130113282577

http://blog.naver.com/ginibs?Redirect=Log&logNo=100131054876

http://blog.naver.com/jinchowoo?Redirect=Log&logNo=80007480110

http://blog.naver.com/pjyzzin?Redirect=Log&logNo=40136304175

http://blog.naver.com/PostView.nhn?blogId=myjinhee00&logNo=100119135527

http://blog.naver.com/PostView.nhn?blogId=sn12shiyo&logNo=80148139919

http://blog.naver.com/PostView.nhn?blogId=wolfji&logNo=30091133991&redirect=Dlog&widgetTypeCall=true

http://blog.naver.com/ppangsujin?Redirect=Log&logNo=60097253386

http://blog.naver.com/qhdend?Redirect=Log&logNo=40125786544

reference

http://blog.naver.com/wooar88?Redirect=Log&logNo=80134747309
http://bohee218.blog.me/30088176136
http://boom.naver.com/1/20050429222516937
http://cafe.daum.net/crewnews/3vSq
http://cafe.daum.net/hotelscout/em5/
http://cafe.daum.net/nikewing/JXOP/16763?docid=16vEc|JXOP|16763|20081122033959&srchid=IIMQtbpd100#A1207888705142.JPG
http://cafe.daum.net/sorabolstern/ATrr/18?srchid=IIMDuTFd000#A4.bmp
http://cafe.naver.com/allformoment.cafe?iframe_url=/ArticleRead.nhn%3Farticleid=1667&
http://dailycosmetic.com/news/view.html?section=80&category=255&no=155983
http://ko.wikipedia.org/wiki
http://ko.wikipedia.org/wiki/다례#.EC.B0.A8_.EC.A4.80.EB.B9.84
http://lovelyminute.tistory.com/13
http://lovetoon.net
http://media.daum.net/culture/fashion/view.html?cateid=100025&newsid=20120112114410529&p=yonhap
http://media.daum.net/culture/others/view.html?cateid=1026&newsid=20110902071415800&p=akn
http://mm.co.kr/category
http://weddingholic.tistory.com
http://www.goldqueen.co.kr/Shop
http://www.goldqueen.co.kr/Shop
http://www.hansik.org/contents/clinical.do
http://www.hansik.org/contents/servings.do
http://www.hansik.org/contents/sort.do
http://www.sb-global.com/?doc=bbs/gnuboard.php&bo_table=m24&page=8&wr_id=31
http://www.yes24.com/24/goods/3947224
www.clipartkorea.co.kr

글로벌 매너와 이미지 스타일링

초판 1쇄 발행 2016년 3월 15일
초판 2쇄 발행 2018년 8월 10일

저 자 지 희 진
펴 낸 이 임 순 재
펴 낸 곳 (주)도서출판 **한올출판사**
등 록 제11-403호
주 소 서울시 마포구 모래내로 83(성산동, 한올빌딩 3층)
전 화 (02)376-4298(대표)
팩 스 (02)302-8073
홈페이지 www.hanol.co.kr
e-메일 hanol@hanol.co.kr

ISBN 979-11-5685-388-6